数学教学方法思考与探究

彭光明　著

内 容 简 介

本书围绕《基础教育课程改革纲要（试行）》，从新课程下的数学教育价值、数学思想方法的教学、数学教学模式、数学教学设计的合理性、数学建模与数学问题解决及高考数学命题分析及题型示例等多方面对数学教学与思维方法进行了回顾、整理与阐述，并对中学数学教学改革提出了一些看法和探索。

本书适合中学数学教师、数学教学研究工作者、师范院校数学专业学生参考阅读。

图书在版编目（CIP）数据

数学教学方法思考与探究/彭光明著. —北京：北京大学出版社，2008.9
ISBN 978-7-301-14222-6

Ⅰ.数… Ⅱ.彭… Ⅲ.数学课—教学研究—高中 Ⅳ.G633.602

中国版本图书馆 CIP 数据核字（2008）第 136497 号

书　　　　名：	数学教学方法思考与探究
著作责任者：	彭光明 著
责 任 编 辑：	黄庆生　胡　林
标 准 书 号：	ISBN 978-7-301-14222-6/O · 0762
出 版 发 行：	北京大学出版社
地　　　　址：	北京市海淀区成府路 205 号　100871
电　　　　话：	邮购部 62752015　发行部 62750672　编辑部 62765013　出版部 62754962
网　　　　址：	http://www.pup.cn
电 子 信 箱：	xxjs@pup.pku.edu.cn
印　　刷　者：	北京飞达印刷有限责任公司
经　　销　者：	新华书店

787 毫米×980 毫米　16 开本　15.5 印张　300 千字
2008 年 9 月第 1 版　2008 年 9 月第 1 次印刷

定　　价：35.00 元

未经许可，不得以任何方式复制或抄袭本书之部分或全部内容。

版权所有，侵权必究

举报电话：010－62752024；电子信箱：fd@pup.pku.edu.cn

前　言

　　教育如何培养出适应知识经济时代的创造型人才，这是当前我国学校教育面临的一个严峻挑战。大力推进基础课程教育改革，调整和发展适合基础教育的课程体系、结构、内容已势在必行。

　　《基础教育课程改革纲要（试行）》的颁布，标志着我国基础教育进入一个崭新的时代——课程改革时代。新课程顺应时代发展的需要，转变传统应试教育的弊端，以培养学生健全的个性和完整的人格为己任，努力构建符合素质教育要求的新的基础教育课程体系，明示了课程改革的基本理念。数学课程的目标既是数学课程的重要组成部分，也从本质上反映着特定的数学教育价值取向，探讨了知识与技能、过程与方法、情感、态度与价值这三维目标的整合对提升数学教育价值的意义，并根据数与代数、空间与图形、统计概率、实践与综合应用四个领域的特征、探讨有关的数学教育价值问题。

　　数学是一种思维科学，其基本思维方法包括观察、实验、比较、分类、分析、综合、抽象、概括、类比、归纳、演绎、联想、猜想、一般、特殊化等。所以数学思维方法就是对数学内容思维形式的认识。数学思想方法是学习数学的重要途径，函数与方程思想、分类讨论思想、数形结合思想、转化与化归思想在教学中更是得以充分的体现，无处不在。

　　教学有法，教无定法。教学方法可界定为：为实现一定的教学目标，在某种教与学的原理指导下的师生的相互活动方法。教学有一些固定的方法，每一位教师也都在自己的教学实践中有意或无意地倾向于使用一些教学方法。新课改要求以学生为主体，教师为引导，让学生了解数学知识的形成和发生的过程。数学情境与提出问题教学模式是贵州师范大学吕传汉教授推行的一项新的教学实验，旨在抓住数学情境的创设，引导学生主动提出问题和解决问题，进而增加学生的创新意识和实践能力。此项实验已在贵州部分中小学得到了推广，作者也参与了这项教改实验。

　　每一位数学教师，要使数学教学活动富有成效，事先必须有所计划，在教学活动开始之前制订教学计划。教学设计是教师为将要进行的教学勾画的图景，主题明确、结构清晰，脉络分明，教学设计在很大程度上决定了教学活动的效果，如何从事教学设计，显然可有多种选择，而每一位设计者的选择依据更多地牵涉到他对数学教学目标看法和对数学教学设计工作的定位。数学教学设计是一个系统性活动，由于教学任务或教学目标不同，数学教学设计又有多种类型。尽管如此，数学教学设计的基本过程却大致相同，即有：确立目标、分析任务、了解学生、设计活动、评价结果等五个环节。

数学最引人注目的特点是人的思维抽象性、推理的严谨性和应用的广泛性。不少人反映"学了不少数学，但是不会用它去解决实际问题"，这表明"学数学"与"用数学"是不同的，会学数学的人不一定肯定会用数学。数学建模是应用数学知识和计算机解决实际问题的一种有效的重要工具，是通过抽象和简化，使用数学语言对实际现象的一个近似的刻画，以便于人们更深刻地认识新研究的对象。数学模型是对现实对象的信息通过提炼、分析、归纳、翻译的结果，它使用数学语言精确地表达了对象的内在特征。解决问题是一种非常有意义的学习活动，是学生学习数学的核心。学生解决问题的活动富有"挑战性"和"启发性"。在新的数学课程中，解决问题处于重要地位，解决问题的要求贯穿在知识与技能的四个部分的内容中（数与代数、空间与图形、统计与概率、实践与综合应用）。同时，在新课程中，解决问题有两个基本的课程渠道：（1）应用问题的学习；（2）实践与综合的应用。

本书第六章主要是针对近几年来高考数学命题趋势及题型进行分析和总结，探究高考动向，对知识点的考查以及数学思想方法考查，结合高考数学题型特点，着重介绍了选择题和填空题的解法，目的是为了和广大同仁共同探讨解题的合理性和完备性，为中学数学教师教学提供参考。

另外，增加了附录一和二，目的是训练学生的数学思想方法。

本书具有针对性和实用性，可供中学数学教师、普通高校和成人高校数学专业本、专科学生作为教学参考用书。

由于时间仓促，加之本人能力之限，本书可能有不尽圆满之处，敬请广大读者和同行批评指正。另外，在撰写过程中得到贵州师范大学项昭教授指导，受益匪浅，作者表示诚挚的谢意！

作　者

2008 年 7 月

目　录

第一章　新课程下的数学教育价值 1
　1.1　数学课程的基本理念导引对数学教育价值的再认 1
　1.2　数学课程目标与数学教育价值 11
　1.3　对各领域内容的数学教育价值的认识 25
　1.4　实践与综合应用——数学课程中的"新面孔" 42

第二章　数学思想方法的教学 46
　2.1　关于数学思想方法教学 46
　2.2　几种重要的数学思想方法及教学 50
　2.3　常见数学思想方法的教学解析 53

第三章　数学教学模式 84
　3.1　《数学课程标准》的特点分析 84
　3.2　数学教学模式 88
　3.3　新课程改革中的数学教学 100

第四章　数学教学设计的合理性 108
　4.1　数学教学设计的基本过程 108
　4.2　认识新课程 120
　4.3　实施"我"的教学反思——教学反思的四个视角 136

第五章　数学建模与数学问题解决 145
　5.1　数学建模 145
　5.2　数学问题解决 153
　5.3　数学问题解决的框架 155
　5.4　解决问题与实践活动 156

第六章 高考数学命题分析及题型示例 164
  6.1 基础知识命题分析 164
  6.2 对数学思想与数学方法的考查 184
  6.3 高考数学试卷命题探讨 190
  6.4 选择题、填空题的解法 197

附一 函数的周期性探讨 218
附二 三大几何作图问题 233
参考文献 240

第一章 新课程下的数学教育价值

1.1 数学课程的基本理念导引对数学教育价值的再认

在全国范围展开并积极推进的数学新课程实验,引发了对数学教育改革理论与实践诸多问题的讨论。实验区反馈回来的信息表明,新课程改革实验中的关键问题仍然是教育思想及观念的转变问题。义务教育阶段数学新课程基于时代发展的要求,为我们展示了一系列崭新的数学课程基本理念,这些基本理念集中体现为新的课程观、数学观、学习观、教学观、评价观、现代数学技术观等,是对数学教育价值再认的基本依据。

1.1.1 数学课程观的核心理念与数学课程的价值定位点

《全日制义务教育数学课程标准(实验稿)》(以下简称《标准》)明确指出:"义务教育阶段的数学课程,其基本出发点是促进学生全面、持续、和谐地发展。"这个"基本点"构成了数学课程设计与构建中最重要的价值定位点。

《标准》用精炼的语言表述了新数学课程的基本理念:"义务教育阶段的数学课程应突出体现基础性、普及性和发展性,使数学教育面向全体学生,实现:人人学有价值的数学;人人都能获得必需的数学;不同的人在数学上得到不同的发展。"

由上述基本理念出发,我们可以对数学教育的价值从如下方面作进一步认识。

1. 数学教育的价值要立足于数学课程的基本属性

义务教育阶段的数学课程,其阶段性特征决定了它必须具备基础性、普及性和发展性,这是由义务教育阶段教育的本质属性所决定的。《标准》用"突出体现"四字强调了数学课程理念这一重心所在。事实上数学教育现状所反映出的一些问题表明,这些本应被"突出体现"的属性有被弱化(或"异化")的倾向。在相当大范围内,义务教育阶段的数学课程从一开始就被导入应试升学的轨道,"突出体现"的是竞争性、区分性和筛选性。因此,新课程对义务教育阶段数学课程本质属性的强调颇有"正本清源"之意,而数学教育的价值观念当然应该在这一本质问题上"站稳立场"。

2. 数学教育价值实现的前提条件是为学生提供"有价值的数学"和"必需的数学"

传统数学教育中，一个不容回避的事实是：学生通过艰辛的努力却学了不少"没有价值的数学"，与此相对应的是，还有许多在相应年龄段应该学的、必需的数学却在数学课程中又学不到。不该学（或无价值）的花了大量时间去学，而该学的却没有（或无法）学，这就不仅是一个教学内容合理选择的问题，而首先是一个教育价值错位的问题。

数学教育中难道还存在无价值的数学让学生去耗费精力吗？当然存在！君不见那些在数学课堂上刻意让学生死记硬背的数学；刻板、重复、堆砌量的训练的数学；无来龙去脉、掐头去尾"烧中段"的数学；靠人为编制追求某种"噱头"的偏题、怪题的数学；追求繁琐求证与求解、故弄玄虚的数学；远离现实（或不肯联系现实）自我封闭的数学；追求形式上的字眼不追求实质理解的数学；毫无生气、板着面孔教训人的数学；故意居高临下、让人望而生畏或敬而远之的数学……，凡此种种，不一而足。上述数学不但不能从正面产生数学教育的价值，反而可能产生负面价值，比如形成错误的数学观，形成刻板的数学思维方式，产生对数学的厌恶情绪等等。

真正有价值的数学不是仅以数学知识本身是否有实用价值为判断依据的，除了考虑数学知识本身的价值，更要看这一知识转变为教育形态后，产生的对学生全面、协调发展所具有的教育价值。换句话说，真正有价值的数学是知识价值与教育过程价值融合、统一的数学，因此真正有价值的数学是那些能够体现数学的本质特征、与学生的现实生活及以往的知识体验有密切关系、能够吸引学生亲身参与及体验、能够促使学生在知识、技能、方法、思维素养等多方面发展的数学。

所谓必需的数学，更强调了学习主体适应社会发展的需求和自我发展需求的目标特征，要求我们的课程充分保证这种必需性的实现。以课程内容为例，社会的发展对公民的数学素养提出了更高要求，人们越来越多地需要对已有数据或根据要求收集到的数据进行分析、处理，然后做出决策。统计图和统计表等统计方式在日常生活中已经变得很常见。另外，对事物不确定性的认识和理解，也是人们更好地处理问题和解决问题的关键。因此，对学生进行信息处理内容的教育和思想熏陶，让他们掌握统计与概率的基础知识和方法，就显得非常必要。而在《标准》研制过程中，对东西方9个国家和地区的内容设计的比较研究结果表明，我国在概率这个知识主题上比平均水平延迟了3年才介绍（即到高中才介绍），这同其他各国及地区从小学就引进概率观念，并用于表达、交流信息的做法相去甚远。在统计方面，我国内地主要是介绍有关公式及解决相关问题（小学高年级开始)，而其他各国及地区从小学低段就开始非正式地介绍统计思想，注重发展学生的统计意识，及用统计方法解释数据和表达、交流信息的能力。相比之下，我们在这一知识板块上的教学是滞后的，显然难以保证数学课程应具有的社会必需性和学生发展的必需性。

由以上分析可知，符合新课程理念的作为学科教育的数学必须在"有价值"和"必需"上下功夫，通过教学内容、方式等多方面的改革，彻底扭转"学了无用"及"需要的学不到"的状况，这样，才能保证《标准》倡导的数学教育价值的实现。

3. 数学教育价值实现的核心是关注"人的发展"

什么是数学课程标准的根本指导思想？什么是新数学课程的核心理念？郑毓信先生指出"一个好的数学课程标准还应具有明确的指导思想"，"这事实上构成了新的改革运动的主要特征"，因此"在素质教育目标下实现'人的发展'，应成为根本的指导思想"。有鉴于此，就必须实现如下转变：从面向少数学生转变为面向全体学生；从强调以获取知识为首要目标转变为首先关注人的情感、态度、价值观和一般能力的培养；从被动学习数学转变为在数学活动中主动建构学习；从仅于数学内部学数学转变到更多的联系数学外部（社会、生活、其他学科等）学数学；从追求特定时限学习目标的实现转变到着眼于学生终身学习及可持续性发展基础的养成"。从数学教育与 21 世纪发展更紧密的结合揭示数学教育价值的变化的角度入手，认为"数学教育应该培养人的更内在、更深刻的东西——数学素质"。基于此，数学课程应更突出数学的文化价值，并且着眼于人的'终身学习'和'可持续发展'。因此，"关注人的发展已经成为数学课程标准中的根本指导思想"。

数学教育价值要在数学课程这一首要目标上得到实现，还必须注意《标准》理念中的几个提法：

其一，立足点是"人人"，即面向全体学生，不是少数学生。

其二，要兼顾"不同的人"，即"不同的人在数学上有不同的发展"，事实上为数学教育价值目标定位提出了更高的要求。因为这里的"不同"是多方面的，可能是基础、水平、经验、背景、思维习惯、学习方式乃至情感和性格，而"不同的发展"更是相对的、多维度的。这样的要求必然对教育方式、过程组织、课程管理及评价带来较大的影响，当然也会对这些具体过程中的教育价值取向带来影响。

其三，应实现"全面、持续、和谐的发展"；这样的要求既是新数学课程的基本出发点，也是数学课程最终应实现的价值标准，我们从后面的分析中将看到，其特有的丰富内涵将具体反映在数学教学的各个环节、各个层次之中。

1.1.2 数学观所揭示的数学教育价值的多维性

我们可通过教师和学生数学观的国际比较案例,得出我国教师及学生在数学观上的狭隘性和片面性;通过对我国学生数学学习现状的分析,又使我们看到我国数学教育在数学观上的诸多误区,这些误区已经导致数学教育价值的失落。因此,树立一个正确的科学的数学观就成为数学课程构建极为重要的指导性观念,也成为形成正确、科学的数学教育价值观的重要依据。

《标准》的数学观充分反映了人们对数学认识的进步和深入。它以这样一些维度来展示数学的本质的特征:

(1)"数学是人们生活、劳动和学习必不可少的工具,能够帮助人们处理数据、进行计算、推理和证明,数学模型可以有效地描述自然现象和社会现象。"这是对数学工具性特征的揭示,但值得注意的是,这种工具性特征的认识具有某种发展性,除了传统的计算与证明外,还提到数据处理、数学模型,其应用环境也不只是日常生活或科技领域,而是"可以有效地描述自然现象和社会现象"。

(2)"数学为其他科学提供了语言、思想和方法,是一切重大技术发展的基础。"这方面的事例从本书的第二章、第三章的阐述中俯拾皆是,不再一一列举。我们关注的是在数学教育中如何通过这些本质属性来实现其应有的教育价值,如,数学作为一种语言的价值(美国"数学交流"、"数学表示"就反映出这一价值)、数学作为思想和方法的价值(这里有极为丰富的内涵,但在传统教科书中,思想、方法总是处于潜形态,因而常被人忽视,其教育价值当然也就被消隐了),等等。还应注意到这些语言、思想、方法也适用于很多学科,并成为重大技术的基础。以这样的认识角度看数学教育,其价值就跨越了学科自身而进入了一个相当广泛的领域,这也为跨学科的数学学习和综合性数学学习开辟了空间。

(3)"数学作为一种普遍适用的技术,有助于人们收集、整理、描述信息",数学"为人们交流信息提供了一种有效、简捷的手段"。数学技术特征的凸现,是数学在计算机技术条件下现代社会发展的一个必然趋势,数学课程不可能对此熟视无睹。以技术的眼光看,数学进入了一个更加绚丽的世界,这个世界是和数字化、信息化融为一体的。数学教育在这样一个世界中寻找自我的价值归宿,应该最终落实到学生数学信息素养的养成。

(4)"数学在提高人的推理能力、抽象能力、想像力和创造力等方面有着独特的作用。"这一认识强调了在培养现代社会公民理性思维和能力素养方面的作用。想像力和创造力的提出,显然提升了数学教育在这一方面价值的功能。

(5)"数学是人类的一种文化,它的内容、思想、方法和语言是现代文明的重要组成部分。"数学被提升到数学文化和现代文明的高度并非是不切实际的无限爬高。问题的关键是，传统的以应试教育为唯一目标的数学教育使人们的数学眼光受到重重遮拦，看不到生活中的数学、社会中的数学、文化中的数学，看到的只是试卷中的数学，这可能是我们大家都不愿接受的事实。在文化层面上找回失落的数学教育价值，是《标准》赋予我们的职责。

《标准》展示的如此丰富多彩的数学观除了引领我们在众多的维度上各自探寻数学教育价值的生长点外，这种多维度数学观最终形成的过程恰恰成为形成学生正确的数学态度和价值观的一个重要方面，而这又是《标准》所追求的一个极其重要的目标。

1.1.3 从数学学习观看数学教育价值的重心转移

在传统数学课程理念之下，如果我们从教学过程看数学教育的价值定位及其实现，显然是把重点放在教师的"教"上，实现教育价值的策略首先也体现于教师教的策略。新课程理念下数学教学的重心是关注学生的"学"，转变学生的学习方式，使学生学会学习，成为数学学习观的核心。在这样的理念之下，数学教育价值的定位及实现就应该将重心转移到学生的"学"上，而实现教育价值的策略，更重要应体现于学生学的策略。

认识数学教育价值重心转移的理论依据之一是建构主义的数学学习观。我们知道，数学学习是学习者积极主动的建构过程，学生不是被动地接受外在信息，而是根据先前的认知结构主动地和有选择地知觉外在信息，建构其意义。

如果将数学教育价值实现的重心转移到学生的学习建构上，就要关注学生学习活动中价值实现的一些新特点：

1. 知识并不能简单地由教师或其他人传授给学生，而只能由每个学生依据自身的知识和经验主动地加以建构

依据这样的认识，学习内容的提供应该是基于学习者原有的认知经验的、现实的、有意义的、富于挑战性的。内容的呈现也应采用不同的表达方式（而不是像过去那样，仅以数学知识的逻辑结构或形式化体系来呈现），以满足多样化的学习需求。因此，生动的问题情境素材不只是掌握知识的铺垫或激趣的手段，这些问题情境本身应是学生体验数学发生发展的过程、建构对数学对象认识的材料和实现数学价值的有机载体。

2. 数学学习的建构方式是多样化的，学生的数学学习过程应该充满观察、实验、猜测、验证、推理与交流等多样化的数学活动

教师讲授、学生练题的单一学习方式已不能适应学生在数学学习活动中的发

展需求了。学生学习过程中的多样化学习方式,能使学生经历数学的生动的发生发展过程,体验"做数学"的乐趣,尝试数学创造的成功。因此数学教育的价值更重要的不是体现在活动的结果上,而是体现在生动的各有特色的活动过程之中。

3. 学生的数学学习过程应当是富有个性的、体现多样化的学习需求的过程

由于学生所处的文化环境、家庭背景和自身思维方式的不同,学生学习的个性就不能不得到尊重和关注。传统的数学教育希望通过统一的标准和齐步走的方式实现教学目标,加之这一目标又是以应试的所谓"高难度"为基准而制定的,就不可避免地牺牲了学生数学学习个性化的需求,数学教育的价值就只能实现于少数学生的数学学习之中,而无法实现于每一个学生不同的、多样化的学习过程中。这一状况是新课程希望改变的。

1.1.4 从数学教学观看教师角色变化对数学教育价值产生的影响

《标准》认为,数学教学活动必须建立在学生的认知发展水平和已有知识经验的基础之上。教师应激发学生的学习积极性,向学生提供充分从事数学活动的机会,帮助他们在自主探索和合作交流的过程中理解和掌握基本的数学知识与技能、数学思想和方法,获得广泛的数学活动经验。学生是数学学习的主人,教师是数学学习的组织者、引导者与合作者。

新课程所展示的数学教学观其实质可以归结为一点:实现教师角色的转变。即由传授者转变为促进者,由管理者转变为引导者,由以自我为主转变为合作交流,由居高临下转变为平等对话。

这种角色变化对数学教育价值产生的影响是多方面的,以下仅从几个主要方面做一分析。

1. 教学的不确定性增强,使教学的有效性引起人们重视,教学的有效性直接关系到教学价值的实现

与原课程对教师具有的确定性(统一内容、统一考试、统一教材、教参乃至于统一备课)相比,新课程增加了对教师的不确定性:教学目标与结果的不确定性,由知识技能、能力、态度、情感、价值观等多元价值取向引起;教学对象的不确定性,不用统一的规格、评价标准,强调个别化教育;教学内容的不确定性,其综合性加大,有弹性空间,需自主补充较多素材;教学方法和教学过程的不确定性,表现为教师的自主权增大,教学中可支配的以及此前不可预设的因素增多等等。如何对待这种不确定性?课程实验区反馈的信息表明,有的教师充分利用这种不确定性形成的空间,更好地发挥了教师在教学中的创造性。但有的教师却

极不适应这种不确定性,感觉教学"落不到实处",心中无底,反而变得不知道怎么上课了。

面对此种情况,为了数学教育价值的实现,我们有必要倡导有效教学(effective teaching)的理念。该理念源于20世纪上半叶西方的教学科学化运动,其核心是教学的效益。而所谓"有效",即指通过教学,学生获得了具体进步或发展。换句话说,学生有无进步或发展是教学是否有效益的唯一指标。新课程理念之下的有效教学,应该充分利用教学的不确定带来的随机性和创新性,更准确地把握教师的角色定位,更艺术地发挥教师的教学机智,调动学生的学习积极性和主动参与性,去获取理想的教学效益,实现数学教育应有的价值。

2. 教师角色变化,导致课程交往行为增强,由此形成数学教育价值最具活力的生长性

一方面,合作交流与平等对话,使师生之间形成了一种平等、理解、双向的关系,在这样的关系中,学生会体验到民主、尊重、理解、宽容、关怀,同时受到激励、感化、鼓舞。通过互动与交往,学生心态开放,主体性凸现,个性张扬,创造性解放,这样的师生关系将形成学生积极丰富的人生态度与情感体验。另一方面,建立在互动与交流之上的"学习共同体"是具有自我生长力的学习组织,它的生长活力能孕育出许多新的难以估量的教育价值。

以课堂中的知识结构来看,可以感受到这一变化。

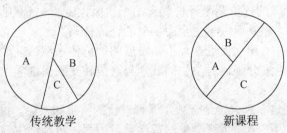

图 1-1

图 1-1 中,A 表示教科书提供的知识,B 表示教师个人的知识,C 表示师生互动产生的新知识,在传统教学中,教科书及教师占据统治地位,师生互动产生的知识很有限,而在新课程中,师生互动产生的新知识占有较大比例。这种互动生长性正是新的数学教育价值产生的"沃土"。

3. 教学结构发生变化,也会对数学教育价值产生影响

由图 1-2 可以看出,新课程下的教育结构已由过去的教师、学生、内容"三元结构"转变为教师、学生、内容、环境"四元结构"。通过四因素空间的关联、

沟通与整合，形成了动态的、具有生长性的教学"生态环境"。这里，我们要特别关注教学环境因素，它包括了课堂内的环境（教室氛围、人数、硬件、教学媒体、教学过程支持手段、其他资源等）及课堂外环境（学校、社区、学习共同体等）。教学结构的这些变化，促使教师、学生行为方式及信息沟通渠道的变化，当然也会对教育价值的定位与产生带来影响。

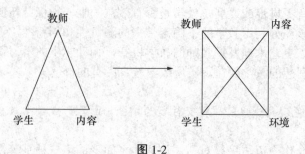

图 1-2

1.1.5 课程评价观念转变对数学教育价值取向及实现所产生的功能

"应试教育"背景下的教学教育，以"考"指挥"教"的现象相当普遍，考什么及怎么考，几乎严格对位于教什么及怎么教，可以说，考试对数学教育的目标制定和价值取向起着决定性的作用。

《标准》理念下的评价观是评价观念的一次极大转变。《基础教育课程改革纲要》明确提出要"建立促进学生全面发展的评价体系"，"建立促进教师不断提高的评价体系"，"建立促进课程不断发展的评价体系"。显然，这样的评价观表明评价观念已由过分强调对学生的甄别与选拔转变到促进学生、教师和课程的发展上来。

《标准》根据这一理念，结合数学课程评价的特点和实际，提出：数学课程评价的主要目的是为了全面了解学生的数学学习历程，激励学生的学习和改进教师的教学，并建立评价目标多元、评价方法多样的评价体系。对数学学习评价要关注学生学习的结果，更要关注他们学习的过程；要关注学生数学学习的水平，更要关注他们在数学活动中的情感与态度，帮助学生认识自我，建立信心。

数学课程评价观念的这一转变对数学教育价值的取向及实现产生了积极的作用，概括起来有如下功能：

（1）积极导向的功能。把发展性课程评价本身看作是一个与教学过程并行的同等重要的过程，将评价的实施过程渗透到课程运行的多个环节，因此能对目标定位及价值取向产生积极的导向作用（而不是像应试教育下的频繁考试那样，产生负面的作用）。

（2）反馈调节功能。发展性评价主张评价结果并不停留在评价者一方，更重要的是将其结果以适当的方式反馈给被评价者，促使其最大限度地接受，从而对自身有一个更为客观、全面的认识，促使其进一步的发展。数学教育价值的实现通过这样一个过程得到了切实的保证。

（3）总结监控功能。这种功能不仅发生在教师身上，也可以发生在学生身上。通过发展性评价，学生可以更多地进行内省与反思，增强发展的自觉性。此外，这种总结与自我监控也能促进学生认知水平的发展，使课程在促进学生发展上获得更全面的教育价值。

（4）展示激励功能。更多地把评价活动和过程当作为被评价者提供自我展示的平台和机会，在这个平台和机会中，让学生更清楚地认识自我，增强成功感，建立自信心。这种情感体验与态度的获得无疑是教育价值追求的目标。

（5）鉴别认定功能。数学教育目标及价值的定位是否符合实际，进一步，课程中的目标及价值是否实现，皆须通过有效的评价予以认定。而由于新数学课程不确定性因素的存在及非预期效应的增强（如教师心理效应、交互行为产生的效应、课堂环境与其他因素整合的效应等），就需要对不确定性和非预期效应产生的随机性效果做出鉴别与认定。若此种效果有利于增强数学教育对学生发展的价值，则要进一步强化；若此种效果对学生发展会产生消极、阻碍作用，则要及时避免和消除。

1.1.6 现代信息技术为数学教育价值的发挥开辟了新天地

当今以计算机技术为支撑的应用数学的发展推动了当代数学的前进，而在数学教育中大量采用现代信息技术，使现代信息技术与数学课程有机地融合，也已成为国际数学课程改革的主要趋势。新课程把"重视运用现代信息技术"作为新课程基本理念之一，是顺应时代要求的必然选择。

《标准》指出："现代信息技术的发展对数学教育的价值、目标、内容以及学与教的方式产生了重大影响。"在课程设计与实施时，要充分考虑计算器、计算机可能产生的影响。

尽管对数学教育中如何应用计算机技术的问题仍时有争论，但一个共同的认识是，计算机的功能是强大的，只要运用得当，将会在多个方面产生效能，可以为数学教育价值的发挥开辟新天地。

根据《标准》提供的认识角度，我们可以将这一"新天地"的内涵概括为：

（1）新工具。把现代信息技术作为学生学习数学和解决问题的强有力工具。

（2）新方式。通过现代信息技术的运用，致力于改变学生的学习方式，使学生乐意并有更多的精力投入到现实的、探索性的数学活动中去。

(3)新资源。通过现代信息技术,大力开发并向学生提供更为丰富的学习资源。

值得肯定的是,用于实验的几个版本的"国家课程标准实验教科书"都在现代信息技术与课程的融合上作了尝试。如北京师范大学出版社出版的七年级数学上、下册,就有如下一些与计算器、计算机有关的内容:在"有理数及其运算"一章专门介绍计算器的使用和运用(如用计算器计算饮料罐的容积);在"代数式求值"中介绍摄氏温度换算成华氏温度的计算机程序;用计算器计算助学贷款利息;在"科学记数法"部分,通过操作计算器引入大数的科学记数法;在课题学习《制成一个尽可能大的无盖长方体》中,以计算器作为做出判断、寻求结论的工具;在"生活中的数据"一章,还介绍 Microsoft Office 软件中的 Excel,引导学生用计算机来绘制统计图等等。

一些国家在数学教育中大力推进现代信息技术的做法值得我们学习借鉴。美国《2000 年课程标准》在原有基础上,新提出"技术性原则",其要点有:(1)信息技术为数学注入新的活力,这应该在学校教学中得以体现;(2)恰当地利用技术,学生可以学习更多、更深刻的数学,学生可以猜想、检验、概括、抽象,在数学课堂上,每一个学生都能获得技术以促进数学学习;(3)技术也为有特殊需要的学生提供了选择的余地,它使一些原本束手无策的问题的解决成为可能,对生理有缺陷的学生学数学也提供了帮助;(4)技术不能取代教师,也不能取代理解和直觉,教师应该对学生适时、正确地使用技术给予指导,以保证技术最终促进学生数学思维的发展。

着力运用计算机创设丰富的数学学习环境和资源,不但发展学生的数学思维和解决问题的能力,还培养他们独立学习的能力和主动关心认识社会的责任感。新加坡使用的教材可以让我们从以下两方面感受到一些有特点的做法。

其一,充分利用信息网构建有利于数学学习的信息网络环境,我们可以把这种环境称为"在线数学"。它的方式有在线浏览、在线检索、在线下载、在线讨论、在线传递、在线登录等。这些多样化的方式不仅大大开发了数学课程资源,拓展了学生的学习空间,同时有利于学生树立正确的数学价值观和数学教育价值观。即数学不仅是书本上呈现的知识,而且是广泛存在于我们的生活空间、拥有非常丰富的信息的载体,学生应通过自己的学习行为去认识书本以外的数学世界。该教材提供了一些相关的公共网站(如:http://www.teol.com.sg),以便师生查阅。下表罗列的是教材中的部分"在线数学"课题。

表 1-1

"在线检索"	在网上用"搜索"功能来搜寻关于"斐波那契数"的更多资料
	在网上用"搜索"功能来搜寻关于"黄金分割"及"斐波那契数与黄金分割的关系"的有关资料
"在线浏览"	查找网上新加坡每年的用水量的相关数据
	查找网上当前外汇的兑换率
	查找网上当前各种车辆的养路费
	查找网上关于个人所得税的相关资料
	查找关于毕达哥拉斯定理证明的另外一种有趣的方法
"在线登录"	登录公众网站,得到有关水的价格的信息
	登录有关调查直角三角形三边关系的网站
	登录有总结勾股数的信息的有关网站

其二,在数学教学中广泛运用相关软件及配套光盘。教材中的许多数学活动经常会使用几何画板或动态几何软件,如:利用几何画板作一次函数、二次函数的图像并总结出图像的性质等等,既可以使数学表示更加精确,而且它的动态效果能加深学生对数学知识的理解和掌握,并使学生感受数学的趣味性和本质特征。另外,该教材有多种配套的教学光盘(CD-ROM),如:"动态数学系列光盘"(The Dynamic Mathematics Series)中的"代数世界"(Undersea World of Algebra),在课外为整式的运算、因式分解、分式的运算提供交互式学习的环境;"线性方程库"(Building a City With Linear Equations)用于学生解线性方程(组)的训练。教材还提供了"创造数学的乐趣"的光盘(the Joy of Creative Math),让学生使用电子表格进行一列数的规律的探索活动。可见,教材充分利用动态软件和教学光盘,为学生提供了极为丰富的学习资源和强有力的学习工具。

究竟如何更恰当、更有效地运用现代信息技术,以增强数学教育的价值仍是一个值得在数学课改中深入研究的问题。

1.2 数学课程目标与数学教育价值

数学课程目标制定是数学课程设计中具有决定意义的一项工作。而数学课程目标从本质上又反映着特定的数学教育价值观,所以,数学课程目标与数学教育价值之间就有了相当紧密的联系，以至于在一些理论著作或数学教育的实践工作中，数学教育目标或教育目的与数学教育的价值常常被视为体现了同一要义。本小节将首先从一般课程论角度分析课程目标与教育价值的关系，然后着重从新数学课程目标的结构与特点探讨数学教育价值的有关问题。

1.2.1 课程目标与教育价值的关系

事实上，尽管课程目标与教育价值之间有非常紧密的关联，我们却不能将其视为一义。课程目标有自己特定的内涵，而且其内涵在教育发展的历史进程中也不断发生着变化。

1. 对课程目标的一般性认识

提到课程目标，总是要涉及另外两个概念：教育目的、教育目标。在一些理论专著（特别是国际教育论著）中，这三个概念是有区分的。教育目的（Educational Aims）指教育的总体方向、总体目标，它体现普遍的、总体的、终极的教育价值；教育目标（Educational Goals）是教育过程的某一里程或不同类别教育的方向，体现的是特定的、阶段性的教育价值；课程目标（Curricular Objectives）指课程的发展方向和要达到的目的，具体体现为课程实施与开发中的教育价值。但也有人认为三个概念只有宏观、中观、微观之分，是一个从大到小的包含关系，在特定问题的论述中没有必要如此清晰地区分边界。特别从时代发展看，他们主张教育促进完整人的发展，课程目标的制定就应保留弹性空间，内涵相对广泛，因此更不必对这三个概念严格区分。

课程目标是一定教育价值观的具体化，由于价值观的不同，在课程发展中出现了不同类型价值取向的课程目标。对此，美国课程论专家舒伯特（W. H. Schubert）作了一个课程目标取向的归类：（1）普遍性目标取向。这种目标的特点是把一般教育宗旨或原则与课程目标等同起来，因而具有普遍性、模糊性、规范性，可运用于所有教育实践。（2）行为目标取向。以具体的、可操作的行为的形式陈述的课程目标，它指明课程过程结束后学生发生的行为变化。（3）生成性目标取向。在教育情境中随着教育过程的展开而自然生成的课程目标，其根本特点就是过程性。（4）表现性目标取向。指学生在具体教育情境接触中所产生出来的个性化表现，它追求的不是学生反应的同质性，而是反应的多元性。上述目标取向由（1）、（2）发展到（3），再发展到（4），"体现了课程与教学领域对人的主体价值和个性解放的不懈追求"，也反映了课程适应时代发展的方向。当然，生成性、表现性目标取向也并不是以对行为目标取向的完全否定为自己存在的前提，而是基于更高的价值追求对行为目标取向的超越。

从上述分析可知，无论课程目标在层次上的区分（宏观、中观、微观）或取向上的区分（普遍性的、行为的、生成性的、表现性的）都直接受教育价值及价值观的制约，反之，不同层面和范围的课程目标也就体现着相应的教育价值和反映着特定的教育价值观。

2. 课程目标对教育价值产生的功能

从对教育价值的认识及教育价值具体实现的角度看课程目标的功能，主要有如下四方面：第一，定向功能。即为教育价值的取向具体定位，使教育价值的实现有目标可循。第二，落实功能。将相对理性的教育价值理念与认识，落实到具体的课程目标载体之上。第三，选择功能。课程目标为教学内容、教学方法、教学组织行为、教学评价方式的选择提供依据，通过这些方面的有效选择，为教育价值的调整、优化、整合奠定基础。第四，判断功能。课程目标作为课程质量的最终评价标准，实际上将对整个课程的运行特别是课程促进人的全面发展的水平作出价值判断。

1.2.2 数学课程目标的"三维整合"及对数学教育价值的意义

新课程目标在总体上从三个维度展开，这三个维度是：知识与技能，过程与方法，情感、态度与价值观，我们将其简称为"三维目标"。

1. 对三维目标的基本认识

三维目标从三个维度构建起具有丰富内涵的目标体系。知识与技能维度包含了学生适应未来社会生活和进一步发展所必需的那些基本的、重要的学科知识和相关知识以及各种基本的技能；过程与方法的维度要求学生把学习知识、技能的过程变成掌握学科思想方法和学会学习的过程，并通过这一过程获得更多的体验；情感、态度与价值观维度更具有基于学生发展的全面的价值要求。这里的"情感"，不仅指学习兴趣、热情、动机，更指内心体验（如成功与挫折的体验）和心灵世界的丰富等；这里的"态度"，不仅指学习态度、学习责任、参与精神，也指应具备的学科科学态度、生活态度、社会与人生态度等；而"价值观"，则要引导学生逐渐形成对所学学科、自我、社会、乃至于自然、人类应具有的正确的价值认识，并能使这些价值认识趋于协调和统一。

显然，三维目标是一个立足于人的自主发展、全面发展、可持续性发展的，以人的发展为根本价值取向的课程目标。三个维度并不是相互割裂的三个部分，它表明，课程运行中的每一个目标点都可以与三个维度发生联系，都应该在这三个维度上获得教育的价值。由此，我们可做出课程三维目标结构的示意图如图 1-3。

课程三维目标结构图

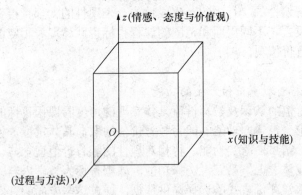

图 1-3

（在三维立体坐标系中，原点代表学生原有认知与情意水平）

2. 与教学大纲三层次教学目的之比较

我们将教学大纲规定的教学目的与课程标准规定的课程目标做一对比（见表1-2），不难发现它们之间的不同，这种不同实质上反映了教育价值取向上的诸多不同。

表 1-2

项目	教学大纲	课程标准
结构	三层次	三维度
结构要素	双基、能力、思想	知识与技能、过程与方法、情感、态度、价值观
行为主体	教师	学生
关注重点	教师的教	学生的学
描述重点	教学内容罗列与规定	学习结果的行为描述
目标内涵	相对单一	相对丰富
目标动词	结果性行为动词（如：了解、理解、掌握、应用等）	结果性与过程性行为动词（如：经历、感受、体验、探讨、合作、交流、欣赏、质疑、确立、追求等）

3. 通过三维目标的整合寻求数学教育价值的综合提升

在实验教师培训和课程改革实验过程中反馈回来的信息表明，课程三维目标如何整合成为课改中的焦点和难点问题。较为普遍的状况是：第一，教师擅长的是知识、技能教学，而对情感、度、价值观目标的实现感到心中无数或束手无策；第二，教师认为知识与技能是硬性的、可量化的，而过程与方法、情感、态度与价观更多的是隐性的，难以量化，担心偏重于后者将导致知识与技能的弱化，故对后者进行了软性处理，实际上是在教育目标及价值上降低了要求；第三，将课程目标的三个维度割裂开来，将其看作是一个一个单独的目标（这也是造成前述问题的原因），这种割裂只能带来教育价值的消减。

我们应该在课程实施中努力实现三维目标的整合，只有通过整合，才能淡化所谓软价值与硬价值、软目标与硬目标的界线，使其都能落在实处；只有通过整合，才能寻求更好的互补效应；只有通过整合，才能在目标维度的协调、平衡中，形成教育价值的综合提升，产生最佳的教学效益。

事实上，一个好的学习活动是可以达到三维目标的整合的。我们举两个例子予以说明。第一个例子选自《标准》第二学段教学实施中的一个案例。

[案例 1-1]

学习活动要求：全班每个同学统计自己家庭一周内丢弃的塑料袋个数（教师也参加调查统计），并依据收集的数据展开讨论。这一学习活动大致经历如下过程：

（1）按课题要求，布置家庭作业；

（2）让学生做社会调查，自主进行统计活动；

（3）请某同学在课堂上对结果做现场统计，列出如下统计表，老师也提供自己的数据；

统计者	教师	学生1	学生2	学生3	……	学生42	学生43	学生44
塑料袋数	17	18	12	27	……	19	18	17

（4）对统计数据的讨论（通过师生互动的方式，引导学生使用数据对全班一周丢弃的塑料袋情况用不同的算法进行描述和评价）；

（5）结合上述讨论创设的问题情境让学生自然而然地领会有关概念（如平均数、中位数、众数等）的含义，并通过问题的层层深入让学生进一步感受不同统计量的差异以及用不同统计量表示同一问题不同方面的意义；

（6）问题自然延伸，讨论这些塑料袋所造成的环境污染。（先估算一个袋的污染，然后通过多种计算，推及到一周、一年、全校同学的家庭呢？照此速度推算要多久就会污染整个学校？）

该例由学生身边的事例自然而然地引出，使学生体会到了数学与生活的紧密联系；朴素的问题情境使学生产生情感上的亲和力和感召力，增强了学生的自主参与性；通过观察、收集、统计、表示、思考、解释、描述、计算、估算、合作与交流等数学活动过程，既使学生学习掌握了解决问题所需的知识、技能（如有关统计的概念、几何面积的知识以及统计、应用、估算等技能），也使学生在过程中学习了数学统计方法，以及用数学分析解决问题的方法，更使学生体会了学习的乐趣和成功的喜悦，体会到统计数学的价值甚至能感受到数学与社会生存的关系，增强环境保护的责任感和自觉性。

[案例 1-2]

有一位老师给学生提供了图形硬纸板、软布以及画在黑板上的圆，组织学生测量圆的周长和直径，并尝试发现周长与直径的关系。但是，学生分别汇报各组测量、计算的结果时，老师为了尽快得出结果，只选择了结果在 3.0~3.5 之间的数据，其他数据被认为与圆周率相差较大一概不要。这看起来是件小事，但是传达了一个什么样的价值观呢？数据是可以人为地选择的，为了某个目的可以修改客观的数据。其实教师正可以利用这个契机，教育学生尊重客观事实，认识测量本身也有误差。进一步，还可让学生认识减少误差的方法（如在测量的操作上认真、规范、仔细，可多次测量，取平均值等）。这样一堂数学课，学生亲身动手测量、交流、探究，无论是心理上的自我激励、自信心的增强，还是遇到问题想办法去解决，都得到了体验。由此可见，知识、技能的教学与情感、态度、价值观教育（这里主要指科学态度）完全可以水乳交融，而不是针对某一目标，人为添加上去的一些教学环节。

1.2.3 对数学课程总体目标的价值分析

数学课程总体目标采用总体表述和具体阐述相结合的形式呈现。以下分别就这两部分的教育价值问题作一阐述。

1. 对总体表述的价值分析

《标准》对义务教育阶段数学课程的总体目标用四句话作了总体表述，即使学生通过数学学习，能够：

● 获得适应未来社会生活进一步发展所必需的重要数学知识（包括数学事实、数学活动经验）以及基本的数学思想方法和必要的应用技能；

● 初步学会运用数学的思维方式观察、分析现实社会，解决日常生活和其他学科学习中的问题，增强应用数学的意识；

● 体会数学与自然及人类社会的密切联系，了解数学的价值，增进对数学的理解和学好数学的信心；

● 具有初步的创新精神和实践能力，在情感、态度和一般能力方面都能得到充分发展。

值得我们关注和进一步从教育价值层面深入认识的是：

（1）行为主体是学生。这与教学大纲中的习惯用语："通过教学，使学生……"有本质的区别，这一本质区别当然也是数学教育价值取向的本质区别，换句话说，以"学生的主体性行为和发展"为价值取向的主线将贯穿数学课程的整个环节，特别应该成为教师在教学中自觉的指导思想。

（2）知识与技能的内涵发生变化，导致知识、技能、学习的价值发生变化。就知识而言，目标强调必需的重要数学知识还包括"数学事实及数学活动经验"，这是对数学知识新的认识理念。在这种认识理念下，数学知识不仅具有客观性，也具有主观属性（当然也就具有了个性特征），数学知识的这种二重性对数学知识学习的价值会产生什么影响呢？此外，目标强调了"必要的应用技能"的获得，表明数学技能最主要的价值追求是应用，这在新课程的实施中具有指导意义。

（3）首次将"数学的思维方式"明确为数学教育的目标（当然在义务教育阶段只是定位于"初步学会运用"）。这一目标已揭示出了数学素养的核心要素，并反映了时代对公民数学学习更为本质的要求。数学教育的价值追求应该如何面对这样的新要求呢？

（4）能力层面也有新的发展。强调了"实践能力"和"一般性能力"的培养，尽管关于能力的问题仍有争论，但传统的能力价值取向应该超越"三大基本能力"的束缚，而实现一种超越。

（5）情意层面内容丰富。如初步的创新精神、对数学价值的认识和理解、学好数学的信心、数学学习中的情感、态度等，与教学大纲中培养学生"良好的个性品质和辩证唯物主义观点"相比，显然教育价值定位发生了一些变化（对此后边还将论及），我们又应该如何认识这一变化呢？

在上述分析中，我们多以提出问题的方式反映有关数学教育价值问题的一些思考，一是因为价值认识与追求本质上受教育哲学观的制约，因此，其认识很难一致；二是探讨这些问题仍然要伴随教改实验的具体过程进行。在这样的情况下，提出问题，以期引发大家的思考更有探讨的意义。

另外值得一提的是，目标总表述的"四句话"已经将数学课程基本理念的"三句话"和课程的"三维目标"具体化，对此不另作分析。

2. 总体目标的具体阐述所凸现出的教育价值点

《标准》以列表的方式,从知识与技能、数学思考、解决问题、情感与态度四个方面,对数学课程目标作了具体阐述。

从表 1-3 可以看出,四个方面的内部又都有各自较为丰富的层次。事实上,整个总体目标形成了一个三级结构的目标系统:总表述、具体表述(四个方面)、四个方面各自的层次表述。

表 1-3 数学课程目标

知识与技能	• 经历将实际问题抽象为数与代数问题的过程,掌握数与代数的基础知识和基本技能,并能解决简单的问题 • 经历探究物体与图形的形状、大小、位置关系和变换的过程,掌握空间与图形的基础知识和基本技能,并能解决简单的问题 • 经历提出问题、收集和处理数据、作出决策和预测的过程,掌握统计与概率的基础知识和基本技能,并能解决简单的问题
数学思考	• 经历运用数学符号和图形描述现实世界的过程,建立初步的数感和符号感,发展抽象思维 • 丰富对现实空间及图形的认识,建立初步的空间观念,发展形象思维 • 经历运用数据描述信息、作出推断的过程,发展统计观念 • 经历观察、实验、猜想、证明等数学活动过程,发展合情推理能力和初步的演绎推理能力,能有条理地、清晰地阐述自己的观点
解决问题	• 初步学会从数学的角度提出问题、理解问题,并能综合运用所学的知识和技能解决问题,发展应用意识 • 形成解决问题的一些基本策略,体验解决问题策略的多样性,发展实践能力与创新精神 • 学会与人合作,并能与他人交流思维的过程和结果 • 初步形成评价与反思的意识
情感与态度	• 能积极参与数学学习活动,对数学有好奇心和求知欲 • 在数学学习活动中获得成功的体验,锻炼克服困难的意志,建立自信心 • 初步认识数学与人类生活的密切联系及对人类历史发展的作用,体验数学活动充满着的探索与创造,感受数学的严谨以及数学结论的确定性 • 形成实事求是的态度以及进行质疑和独立思考的习惯

四个方面的目标是对数学课程目标的进一步细化,值得认真分析研究。我们的目光所及,仍是与数学教育价值相关的"元素",我们关注的重点,则是在上述具体阐述中凸现出来的教学教育价值点(特别是一些新的教育价值点)。

知识与技能板块，对数与代数、空间与图形、统计与概率三个领域基础知识与基本技能的学习提出了目标，表明"双基"学习仍是数学课程的重要目标，同时也对课程理念中"有价值的数学"和"必需的数学"作了具体界定，当然也可视为对总表述中的第一个要点（第一句话）作了具体解释。

数学思考板块，则是对"初步学会运用数学的思维方式"的具体阐释，核心是思维发展。涉及抽象思维、形象思维、统计观念、合情推理与演绎推理能力。

解决问题板块，围绕数学问题解决提出学习的目标，主要涉及解决问题的过程与方法、解决问题的策略、解决问题中的合作与交流，当然也必然涉及问题解决者的意识、精神和能力的发展要求。

情感与态度板块，丰富了总表述中关于情感、态度、价值观的要求，涉及数学学习的态度（参与性、好奇心、求知欲）、学习中的品质锻炼（成功体验、意志、自信心）、对数学认识（数学与人类生活、数学过程与创造、数学的特性）、形成的态度和习惯（实事求是、质疑、独立思考）。

《标准》强调四个方面的目标是密切联系的有机整体，对人的发展具有十分重要的意义，强调四个方面目标的实现都离不开丰富多彩的数学活动。

与教学大纲提出的教育目的相比，数学课程目标无论在结构上或内涵上都有较大发展，其中若干新提法值得关注，因为它们代表着新的课程目标，当然也就是新的数学教育价值生长点。现择其重点概述如下。

（1）"经历……过程"成为非常重要的、实实在在的目标。比如知识与技能板块有："经历将一些实际问题抽象为代数问题的过程"，"经历探究物体与图形的形状、大小、位置关系和变换的过程"，"经历提出问题、收集和处理数据、做出决策和预测的过程"等要求；在数学思考板块，也有经历描述现实世界的过程、做出推断的过程、数学活动的过程等要求。在传统数学教育中，我们也可能设计一些过程，但这些过程只是达到既定目标的一种铺垫和引入方式，处于辅助地位。在新课程中，过程自身成为学习的目标，其意义是重大的。就数学教育价值而言，它被赋予了流动性和随机生长性的特征，对于提升数学教育的价值水平极为有利。

我们可以用《标准》提出的一个案例来说明，这是一个课题学习的案例——调查本校学生的课外活动情况。

如果这仅是一个以学习统计知识（样本与总体）为目标的书面问题（给出了样本是什么，以及相关的现成数据），就是一个静态的只需求结果的数学习题教学，而这个课题却是具有一定挑战性、开放性的实践性活动，学生将通过自主性的行为方式经历丰富的过程。如讨论用何种数据刻画课外活动情况（课外活动时间、种类、还是人数），如何调查和收集数据（是全体学生呢还是部分），这需要通过实际操作比较的过程才能确定。在具体调查过程中还会遇到"调查哪些人"

的问题，针对不同样本选择不同的调查方式和行为，还会讨论为什么"不同的样本得到的结果可能不一样"，这一过程涉及到统计图表的制作、具体深入实地的调查、和他人的交流讨论、查阅学校有关资料并核实、现场实际感受课外活动情况与统计结果的对比、对调查的结果形成报告并为学校提出有效开展课外活动的建议……。显然，学生经历这样一个丰富多彩的活动过程，获得的教育价值是那种静态的现成的统计习题所不能比拟的。

（2）几个新的核心概念折射出新的教育价值理念。比如数感，既表现为对数的一种悟性，也表现为一种主动地、自觉地理解数、运用数的态度和意识，因而也是一种基本的数学素养；而符号感反映了对数学符号语言的运用（表达、交流与转变）能力，也表现为用符号对思维对象的抽象能力，其本质也是数学素质的一部分。由此看来，将数感、符号感作为课程的目标，使我们对数学素质的目标有了新的认识角度和新的价值理念。又由于它们有自身特定的内涵要求，这种价值理念的实现也有了支撑点。

（3）合情推理的提出具有独特的意义。以不完全归纳推理、类比推理为主要推理形式的合情推理是一种非严格的、或然的推理，但它在数学发展史上有极其重要的地位（著名数学家波列亚的专著《数学与猜想》阐释了合情推理的价值），但在传统数学课堂上，却少有它的地位，这是极不正常的现象。合情推理在数学上的价值就在于它能提供数学猜想，发现结论。而一位数学家说得好："在数学上，发现结论比证明结论更重要。"合情推理与演绎推理（严格的、必然的推理）的结合构成了更为完善的推理过程，更重要的是在数学课程中，能使学生经历观察、实验、猜想、证明的一个从结论发现到结论证明的全过程，这既是数学问题完美解决的过程，也是学生获得更全面发展的过程。

（4）解决问题目标凝聚着多种教育价值的新养料。比如在数学问题层面，包括提出问题、理解问题、形成解决问题的一些基本策略。"提出问题"和"形成解决问题的策略"是过去未提及的；在意识层面，有应用意识和评价与反思的意识，特别是反思意识的提出，表明课程目标已对学生的元认知水平提出了要求。此外，还有实践能力与创新精神，这正是素质教育的核心。

（5）注重"全人发展"价值取向的情感与态度目标。前面已经指出，在这一目标板块下蕴含着丰富的内涵，特别是提出"获得成功的体验"、"形成实事求是的态度"、养成"质疑和独立思考的习惯"，意味着对学生的发展提出了符合时代需求的更高要求，也使数学课程承载起不断发掘、拓展、生长数学教育价值的使命。

1.2.4 数学教育价值的实现要关注各学段课程目标的阶段性特征

为了体现义务教育阶段数学课程的整体性，《标准》通盘考虑了九年的课程内容，将其划分为三个学段：第一学段（1~3 年级）、第二学段（4~6 年级）、第三学段（7~9 年级）。提出课程总目标之后，又按三个学段的划分，分别就前述四个板块的目标领域提出学段目标，进一步丰富、细化了课程目标体系。

从学段目标的阶段性特征出发，数学教育价值的实现既要注意各学段的尺度区分，也要注意贯通性和连续发展性；既要注意数学教育的近期价值，又要注意立足于九年的可持续发展的长远价值。表 1-4 以解决问题板块为例，展示了三个学段尺度的区分。

表 1-4 解决问题目标的学段尺度区分表

区分目标	第一学段	第二学段	第三学段
应用意识	教师指导，在日常生活中发现数学问题	在现实生活中发现	在具体情境中发现
提出问题	提出简单的数学问题	提出简单的数学问题	提出数学问题
策略与方法	了解同一问题的不同方法	探索有效方法，试图寻找其他方法，能借助计算器	尝试寻求不同方法，尝试评价不同方法
与人合作	有合作体验	初步学会与人合作	体会与人合作的重要性
表达与交流	初步表达大致过程和结果	能表达过程，尝试解释结果	能用数学语言表达过程，解释结果合理性
回顾与反思		回顾与分析的意识	通过反思获得经验

上述目标的阶段性特征从本质上看是由学生心理发展的阶段性特征所决定的，这启示我们，数学教育的价值实现，一方面要以学生的发展为最高目标，另一方面，又应该符合学生数学学习心理发展的规律。因此，从数学学习心理学的角度深入认识数学课程目标价值追求的本质，无论在理论上或实践上都是极有意义的。在此，从学习心理学的角度仍对解决问题目标做一简要分析。

在现代认知学习研究中，"环境认知"（situated cognition）与"分配认知"

（distributed cognition）这两个新概念已为人们所重视，且被用于数学问题解决心理机制的研究中。所谓环境认知，指认知活动的展开与认知主体所处的环境紧密相关。环境对数学问题解决活动有十分重要的影响，环境不同，相应的解题活动的内容和性质可能有很大的不同，换句话说，不同的环境将为解题活动提供重要的条件和影响。人们由此还提出了"真实环境"的概念，即认为最有效的学习方法就是在真实环境中学习。上述学段目标强调在'日常生活'、"现实生活"、"具体情境"中发现并提出问题，这里的生活、情境就具有了环境认知的意义。我们细心一点还会注意到三个学段对环境的要求是有差别的，这显然表明了活动水平和价值体现度的区分。所谓分配认知，可以从两方面理解。第一，在学习中形成的认识，不应被看成孤立的行为，而主要是一种合作的活动，也可视为学习共同体的共同行为。第二，学习共同体的认识一旦确立，就形成了特定的"文化传统"，就具有了传承性。各个个体的认识活动是对"文化传统"的继承和分享（即具有了"分配"的性质）。从分配认知的角度分析，解决问题的行为显然不应被看成孤立的个人行为。学段目标中，强调了与人合作解决问题的目标，注意了学生认知发展水平的不同要求（三个学段的要求分别为初步体验、学会合作、认识其重要性），符合现代学习心理学的理论。

在传统的解题教学中，常常是给出问题求得解答，即算完成了解题活动；解决问题课程目标，则立足于解决问题的全程性，即经历发现问题、提出问题、解决问题、评价反思问题的全过程，既保证了问题解决学习中，学生认知发展的连续性与完整性，也有利于在活动过程中，学生认知发展的多样性和水平提升。特别是第二、三学段，提出对问题回顾与分析、评价与反思，已经逐渐引领学生在认知水平上达到"元认知"的层面，这就使解决问题的数学学习活动被赋予了更高的数学教育价值含量。

1.2.5 从"双基"、"能力"目标的发展看数学教育价值

尽管新课程目标与原大纲教学目的都有"双基"与"能力"的目标，但是数学的发展、社会对数学课程需求的变化及数学教育理念的变化，使数学双基和能力也发生了变化，对此我们应该有与时俱进的认识，并将这种认识融入对数学教育价值的认识及追求数学教育价值发展的教学实践之中。

1. 对数学双基的发展性认识

注重数学双基教学一直是我国数学教育的传统，新课程在继承这一传统的基础上，对数学双基有了发展性的认识和设计，这一点不仅反映在知识与技能的目标板块中，也体现在整个课程设计和各个环节中，以下从几个方面分析数学双基

的发展性。

（1）认清数学双基发展的背景及依据。第一，数学自身的发展对双基产生较大影响。特别是数学应用性的加强、数学技术性特征的凸现、数学与现代社会公民理性思维更紧密的联系，促使人们必须面对这样的问题：什么样的知识与技能是当代公民最必需的？第二，就知识本身而言，其范式也在发生变化。首先在知识观上，正从本体论的知识观（关注知识自身的来源、可靠性、获得形式等）转向价值论的知识观（关注知识在社会中的意义以及知识与人的生存关系）。其次，从知识学习的本质看，知识的习得是主体建构的结果，导致知识的主体性（或人性化）特征增强。另外，教学内容也出现了多层次的发展变化，不但有实质性知识（传统意义上的学科知识），还有方法性知识和价值性知识。第三，数学课程目标的核心也超乎学科之上，关注学习数学的人的发展，使基本学力的养成成为学生学会学习的关键，而这些必然要求双基被赋予新的内涵。

（2）数学双基发展的新特点。由于前述原因，数学双基的发展趋势越来越显露出二重性：其一，由客观性到客观性与主观性并存（如将数学活动经验视为基础知识，表明双基已具有主观性特征）；其二，由单纯结论性到结论性与过程性并存（如将"经历……过程"作为双基目标）；其三，由外显性到外显性与潜在性并存（如思想方法、多样化的估算、估测方式、涉及数感、符号感的一些知识技能都具有某种潜形态）；其四，由单一性到单一性与复合性并存（如数据处理技能、必要的应用技能都具有复合性特征）。

（3）从《标准》看数学双基的发展。《标准》对数学双基发展性的认识和具体的设计体现在三个层面。在宏观层面，赋予认识数学双基的新理念。如"有价值的数学"、"必需的数学"、"不同人得到不同发展的数学"，以及从数学功能的多样性（工具、语言、方法、技术……）认识数学双基的多样性等都反映出这种新的认识理念。在中观层面，依据课程目标对双基的范围做了界定。如在总目标及学段分目标，特别是知识与技能目标上提出了要求。在微观层面，依据新课程的要求，做了许多具体的设计与处理。如对数学具体内容的增删和应掌握技能的调整。此外，在内容的具体呈现方式上，由过去"定义、公理—定理、公式—例题—习题"的方式转变为"问题情境—建立模型—解释、应用与拓展"的方式。这种呈现方式的转变也恰好反映了前述双基发展性的特征，如主体性、过程性、复合性等。

通过上述分析，应该认识到新课程并没有弱化数学双基的学习，而是强化了数学双基的学习，这种强化是建立在数学双基的自身发展性和对双基新的认识理念基础上的，这种强化也是建立在双基、过程与方法、情感、态度、价值观走向整合的现实要求之上的。

2. 对数学能力的发展性的认识

能力价值取向是近 20 年来反映在我国数学教学大纲中的数学教学目标的重要特征。《标准》出现后，对课程目标中未明显提及数学三大基本能力曾有不同看法，也有人质疑：数学能力是否在新课程中被弱化或淡化了。事实上，在数学能力的培养上我们仍然应该"淡化形式，注重实质"。有人曾做过统计，近 20 年来，在数学教育的理论与实践领域，被冠以"某某能力"称谓的已达数十种之多，而反观各国数学教育目标，真正称为能力的目标却极为少见，难道这些国家的数学教育就没有培养能力的要求（事实上并非如此）？更重要的是，数学能力表现的是数学学习的个性心理特征，随着数学的发展、数学课程的发展以及数学学习心理研究的发展，人们对数学能力的认识也在发展。所以这里的"注重实质"，更意味着要以发展的角度认识数学能力。

张奠宙先生的《"与时俱进"谈数学能力》是一篇值得学界重视的文章。文章回顾了数学发展的历史和现在的趋势，指出数学观的变化必然导致数学能力观的变化。文章概述了克鲁捷茨基的著作《中小学数学能力心理学》所确定的 9 大数学能力、我国的三大基本能力以及国内几本有代表性的著作中关于数学能力的提法，也概述了我国历史上几个主要数学教学大纲关于数学能力提法的变化。文章特别剖析了美国 2000 年标准中提到的六项能力：数学运算、问题解决、逻辑推理、数学联结、数学交流、数学表示能力。认为后三项很有道理，值得思考。文章也介绍了《全日制普通高级中学数学教学大纲》中关于"数学思维能力"的内涵，它包括：空间想像、直觉猜想、归纳抽象、符号表示、运算求解、演绎证明、体系构建等诸多方面，认为它涵盖了三大能力，并体现了数学活动的完整过程。文章沿着这一认识"常规数学思维能力"的思路做了进一步的发展性探索，提出了 10 个方面：数形感觉与判断能力、数据收集与分析、几何直观与空间想像、数学表示与数学建模、数学运算与数学交换、归纳猜想与合情推理、逻辑思考与演绎证明、数学联结与数学洞察、数学计算与算法设计、理性思维与构建体系等。文章还进一步对数学创新能力做了界定并提出了它的 10 个特点。从这篇文章中，读者可以看出数学能力发展的一些特征，如更注意数学思维的核心地位及数学活动全过程分析，从中提炼数学能力要素；更注意从数学学科特有的属性要求上去形成数学能力的质的规定性。这种"与时俱进"的态度和角度值得称道，也具有指导意义。

回到新数学课程的目标上来，我们可以看到，作为义务教育阶段的数学课程要求，它仍然体现出很强烈的数学能力价值取向，而不是像有些观点所认为的是对能力的弱化或淡化。

诚如前面分析所指出的，课程目标中数学能力目标的主体不是教师而是学生这一特征是在新课程的教学中要着重注意的。在能力的一般性层面上，提出了一般能力、实践能力、解决问题能力(包括发现、提出、分析、解决、反思问题的能力);在具有数学学科特点的能力层面上,以"初步学会运用数学的思维方式"为核心,提出抽象思维、形象思维、合情推理、演绎推理等能力;此外,虽未冠以能力称谓,但仍含能力要素的还有:数感、符号感、空间观念、统计观念、应用意识,以及与人交流、与人合作、评价与反思等。由此可见,新课程设定的数学能力目标就其内涵已极大丰富。就其范围看,已超越三大基本能力的范畴;就其结构看,也趋于多个层次的系统结构;就其存在形式看,除有独立的形态外,也更多地融入到多样化的具体目标中。这样的特征需要我们以崭新的能力观去认识,去把握。

1.3 对各领域内容的数学教育价值的认识

由《标准》可知,新数学课程包括了"数与代数"、"空间与图形"、"统计与概率"、"实践与综合运用"四个领域内容的标准。表5-5列出了四个领域的内容要点,及其在三个学段的分布:

表 1-5

学段	第一学段(1~3年级)	第二学段(4~6年级)	第三学段(7~9年级)
数与代数	. 数的认识 . 数的运算 . 常见的量 . 探索规律	. 数的认识 . 数的运算 . 式与方程 . 探索规律	. 数与式 . 方程与不等式 . 函数
空间与图形	. 图形的认识 . 测量 . 图形与变换 . 图形与位置	. 图形的认识 . 测量 . 图形与变换 . 图形与位置	. 图形的认识 . 图形与变换 . 图形与坐标 . 图形与证明
统计与概率	. 数据统计活动初步 . 不确定现象	. 简单数据统计过程 . 可能性	. 统计 . 概率
实践与综合应用	. 实践活动	. 综合应用	. 课题学习

我们从上表可以感受到新课程与传统课程相比内容上的很多新变化，以及内容结构上的诸多新特点，这正是我们在新课程理念下，深入认识或重新认识课程内容教育价值的切入点。

1.3.1 在数与代数的学习中，我们最看重的是什么

数与代数的内容在我国的数学课程中占有相当大的比重，在长期的数学教育实践中，我们在这一部分内容的教材编写和教学实施方面积累了不少的经验。但从适应发展、改革的角度看，又有很多不足。比如，过分追求系统性、形式刻板单一、形式化特征过重、联系生活和社会实际很不够、在一些不必要的数及式的运算上进行过多的训练、学习活动方式单调、习题陈旧、学习时间占的比例过大等等，可以说"繁、难、偏、旧"的状况在这一部分内容上反映较突出。

新课程对这一部分内容做了较多的思考，特别表现在：重视对数学的意义及数量关系的理解，培养学生的数感、符号感，淡化过分"形式化"和记忆的要求，重视在具体情境中体验、理解有关知识；注重过程，倡导通过学生的自主活动，探索具体问题中的数量关系和变化规律，建立相关模式和模型；注重应用，加强对学生数学应用意识和解决实际问题能力的培养；提倡使用计算器，降低对复杂运算和运算速度的要求，注重估算和鼓励算法多样化。

1. 重视通过具体的情境体验、理解数的意义及数量关系

一方面使学生体会数学与现实生活的紧密联系，另一方面认识数、式、方程、不等式、函数等是刻画现实世界数量关系的模式和语言，从而认识数学是解决实际问题和进行交流的重要工具，使学生在生动的背景和各种具体的问题情境中感受数学的价值。

如新课程数学实验教材（北京师范大学版七年级上册）在"数怎么不够用了"这样一个极有吸引力的标题下，介绍某班知识竞赛得分规则并计算四个参赛队最后得分，以卡通图风趣地表现作为裁判的小灰兔对结果中出现"比0低的得分"时的表情。"数怎么不够用了"这一问题通过具体生动的情境自然而然地被提出，而负数的意义及负数的产生需求得到了自然而然的揭示。在此基础上，教材进一步提出了"生活中你见过带有'-'号的数吗？与同伴进行交流"的问题，教材适时提供了观察材料（如温度计、财富全球500强中的主要零售企业某年的年收入及利润等指标表等）。这样，负数与现实的联系及对现实生活的意义得到了及时的强化。

[案例 1-3]

《标准》（二学段）案例：某学校为每个学生编号，设定末尾用1表示男生，用2表示女生；9 713 321表示"1997年入学的一年级三班的32号同学，该同学是男生"。那么，9 532 012表示的学生是哪一年入学的？几年级几班的？学号是多少？是男生还是女生？

通过这样的现实问题，学生体会到数在日常生活中的作用，会根据自我需要用数表示具体事物，并能进行交流。受这样问题的启发，学生还可进一步思考"居民身份证上的号码表示什么意义呢？"学生还可以发挥创造性，通过社会调查和管理的功能要求，设计本班学生、本校学生"学生卡"或"学籍卡"、本社区居民的"身份卡"、参加运动会人员的"运动员卡"等。

2. 看重估算，鼓励使用计算器，提倡算法的多样化

口算、估算因其属于非严格运算，其数学教育价值长期未被重视（或认为没有多少教育价值）。新课程认为估算是人们在现实中运用相当广泛的数学运算方式和行为，相对于与应用割裂的、机械、繁杂的运算，更具体有数学的价值。

《标准》提供了较多案例说明这一问题。

● 一个正常人心跳 100 万次大约需要多长时间？100 万小时相当于多少年？100 万张纸有多厚？

● 李阿姨想买 2 袋米（每袋 35.4 元）、14.8 元的牛肉、6.7 元的蔬菜和 12.8 元的鱼。李阿姨带了 100 元，够吗？

● 9.2×7.1 结果大约是多少？$\frac{1}{2}+\frac{4}{7}$ 的结果比 1 大吗？

● 估测一粒花生的质量（可通过称 50 粒花生的质量估测，也可通过数 100 克花生的粒数估测）。

估算是针对所给条件算出的可能结果，还是引导学生自主地根据问题情境提供的数字信息作出的多种相对合理的预测和推断，更是现代社会需要数学课程给予重视的数学行为。

[案例 1-4]

一次水灾中，大约有 20 万人的生活受到影响，灾情将持续一个月。请推断：需要组织大约多少顶帐篷？多少吨粮食？（假如平均一个家庭有 4 口人，那么 20 万人需要 5 万顶帐篷；假如一个人一天平均需要 0.5 千克粮食，那么一天需要 10 万千克的粮食……）

算法多样化为什么值得提倡？如何认识它所具有的数学教育价值？教学第一

线的数学教师刘可钦(也是《标准》研制组成员)的观点及提供的实例较有代表性地回答了这两个问题。

[案例 1-5]

每个学生都可以学数学,不同的学生要学不同水平的数学,允许学生以不同的方式学数学。只有个性化的学习,才能使不同的人学到不同的数学,得到不同的发展,这是现代的数学教育观。教师所要做的,就是让这些具有不同思维特点的学生有机会表达自己的思想,而不是用统一的模式要求所有的学生。

比如,每条船最多可坐8人,50名同学需租几条船?过去常用的做法(也可以说是唯一的)是引导学生计算 50/8 =6(条)…2(人),故需租 7 条船。这里注重的是快速解答问题,缺乏多种解决策略的探索,如果我们能够有意启发并引导学生交流各自的想法,允许学生突破规定的程式,注意引导学生用适合自己思维特点的形式表示,甚至是跳跃式的思维,那么,不仅可以满足学生的学习差异,而且还可看到学生间思维差异的光彩。

(1) 8×6=48(人) 6条船可坐48人,多2个人,需租7条船。

(2) 8个、8个地加,共加6次余2人。

(3) 从50人里依次去掉8人,去6次后还有2人。

(4) 如果每条船坐10人,50人租5条船,每条船多了2人,5条船就多算了10人,需再加1条船,余下的2人再租1条,一共租7条船。

还有个别学生借助学具操作,用小棒代表船,用圆片代表人,摆一摆,得知结果。也有部分学生这样思考:6×8=48(人),8×8=64(人),6条船只能安排48人,不够,而8条船太多了,所以7×8=56(人),租7条船比较合适。

不同学生表现出的不同思维过程,正是每个学生学习数学的生长点,是学生面对一个问题最自然最真实的感受。如果我们仍像过去那样一味地给学生进行"算式分析":"谁比谁多"、"从多的里边去掉少的同样多的部分,就是两者相差的"……这种程式化的语言分析,虽然把"算理"搞清了,但却会压抑学生丰富而自然的思考。

应当指出,提倡算法多元化并不是要反对在恰当的时候引导学生学习适当的规范性算法。

《标准》提出,在第二学段"开始借助计算器进行复杂计算和探索数学问题",并给出如下案例。

[案例 1-6]

任意给定四个互不相同的数字,组成最大数和最小数,并用最大数减去最小数。对所得结果的四个数字重复上述过程,你会发现什么呢?(利用计算器)

借助计算器的功能，解决这个对第二学段学生相对复杂的问题有了可能，更重要的是用计算器探索数学问题既体现了现代数学思想方法，更为学生积极主动地投人数学探索性活动创造了有利条件。

3. 重视经历数学建模全过程的数学活动

《标准》提出：应注重让学生在实际背景中理解基本的数量关系和变化规律，注重使学生经历从实际问题中建立数学模型和估计、求解、验证解的正确性与合理性的过程。数与代数的重要内容——方程、不等式、函数等，皆是刻画现实世界的数学模型。

在传统数学课程中，数与代数内容也很重要，但课程重视的是内容本身（即概念和技能），如方程教学，强调的是方程的概念、方程的解法及同解性讨论，以及方程类型的归类及解题套路总结（如行程问题、工程问题、浓度问题……），方程本身作为数学模型的方法性、思想性以及其中丰富多彩的活动背景都被解方程的套路俺没了。

重视数学建模活动的全过程，将更加充分地、多样化地展示内容的教育价值。因为数学模型方法既是数学内容分析、解决问题的最重要的方法，也是数学用于其他学科、用于社会生活各方面的最根本的方法，其本质就是数学化。数学建模的过程是一个多样化的活动过程，其结构可用图 1-4 表示。

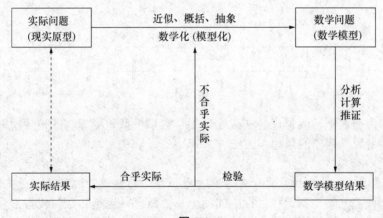

图 1-4

这样一个过程可以融入较多的教育价值含量，知识的、技能的、思想的、方法的、思维的、情感态度的、应用意识的、数学观的、实践能力的、创新精神的……。从某种意义上说，基于数学建模的数学教学活动，怎么估计它的教育价值都不为过。

正因为如此,各国数学课程都很重视数学建模的内容,如"美国2000年标准"强调"用数学模型表达和解释数量关系"。我国的《标准》将"问题情境—建立模型—解释、应用与拓展"的过程作为课程内容的基本方式来要求,充分反映出对数学建模活动教育价值的看重。

[案例1-7]

北京师范大学版的7年级上册数学教材,在"一元一次方程"的学习全过程中贯穿了上述数学建模的指导思想。教材设计了多样化的情境问题,如"你今年几岁了"、'日历中的方程"、"我变胖了"、"打折销售"、"希望工程义演"、"能赶上火车吗"、"教育储蓄"等,引入方程概念、学习一元一次方程的解法、学习运用方程解决实际问题。教材并未让学生停留于这些具体问题的解决,而是在充分的感性活动基础上,适时上升到理性思考的层面,以"议一议"的学习形式,提出"用一元一次方程解决实际问题的一般步骤是什么?"并给出了如下框图(图1-5)。

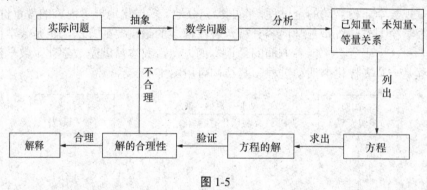

图1-5

显然,在这里,教材已经在引导学生从数学模型角度理解一元一次方程,已经在渗透着数学建模的思想、方法。

4. 通过培养学生的数感和符号感,增强学生的数学表达和数学交流能力

数感、符号感是新课程目标中的两个重要概念,也是和数与代数部分紧密结合的概念。《标准》阐释了它们的具体表现,其在数学教育中的价值已在课程实验区的数学教育中引起了人们的重视。数感、符号感除了体现为对具体情境中的数及数量关系的感悟和理解外,更重要的是能运用数及符号(包括符号的多种表现形式)表达、交流信息,开展有意义的数学活动。以培养符号感为例,"会进行符号间的转换"是课程目标的要求,但要注意的是,不要把符号间的转换仅理解成纯粹的字母或式的代换或转换(如代数式的恒等形),而应该理解得更广泛

一点,将其理解成相应的数学表达式(这样的数学表达式也是数学模型)之间的转换。比如,可视为表示数量之间关系的表格法、解析式法、图像法和语言表示之间的转换。以多种符号表达形式描述同一对象及问题具有重要的教学意义和价值。多种形式表示同一对象,可以加深对思考对象的理解,形成知识间的关联;多种形式的数学表示同时也发展了问题解决的多样化策略,这样的方式有利于学生数学思维的发散性与贯通性训练。正因为如此,这一类的问题设计较多出现在各国的数学课程之中。

如,我国《标准》第三学段数与代数中的一个案例。

[案例1-8]

小明的父母出去散步,从家走了20分钟到一个离家900米的报亭,母亲随即按原速返回,父亲看了10分钟报纸后,用了15分钟返回家。图1-6中哪一个表示了父亲离家的时间与距离之间的关系?哪一个表示了母亲离家的时间与距离之间的关系?

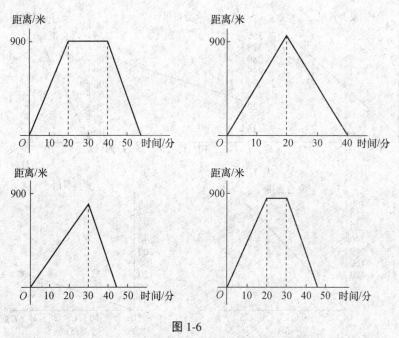

图1-6

(该例的意图是使学生能结合图像对简单实际问题中的函数关系进行分析,求得解答。)

下例是美国的一道中考试题(得克萨斯州2000年),要求在数据表格、语言

表示、图像表示之间做转换。(试题中类似的题型还有多道)

[案例 1-9]

一个数学实验室计划在一家餐厅举行宴会。餐厅同意赞助20美元,要求每位出席者付12美元,表1-7表示10人、15人、20人参加宴会的总费用。图1-7中,哪一个表示宴会的费用?

表1-6

宴会的费用	
出席的人数	总的费用(美元)
10	140
15	200
20	260

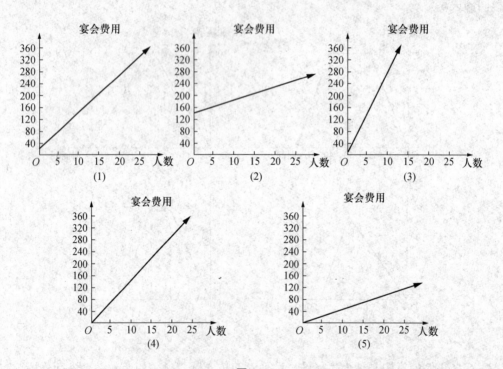

图 1-7

1.3.2 几何的教育价值仅仅体现在"论证加计算"上吗

我国基础教育中的几何课程虽在历次改革中有一些变化，但这些变化主要还是内容的增删，从系统结构看，仍以欧氏几何的形式体系结构为主线，主要活动方式是运用演绎推理的方法进行逻辑证明并涉及长度、角度、面积、体积的计算。特别是为了适应"应试"的题型训练需要，几何证明一度成为对学生进行应试技能训练的重头戏，"通过几何教学，培养学生的论证技巧，发展学生的逻辑推理能力"，成为几何教学价值的重心。

新课程倡导新的几何教育价值理念，认为几何课程的首要目标是使学生更好地理解人类赖以生存的空间，发展学生的空间观念和几何直觉，几何的教育价值绝不仅仅体现在"论证加计算"上。人们愈来愈认识到，作为逻辑推理训练的一种形式，几何也许是可以替代的，但作为一种直观、形象化的数学模型、作为对人们生活空间的最直接、最生动的数学描述，几何却是不可替代的。另一方面，经过历史上多次改革运动的"洗礼"，几何课程自身也发生了重大的变化，它已完全突破了纯粹欧氏几何的公理体系框架，更加关注与现实的联系，并借助计算机及其他实验手段，以多样化的活动方式予以呈现。正是基于这些原因，新课程将义务教育阶段"几何"这一板块拓广为"空间与图形"，这一举措事实上导致了这一板块教育价值重心的转移。通过如下几点分析，我们能进一步加深认识。

1. 由几何到空间与图形，既是内涵的拓展，也是教学目标及价值的提升

空间与图形部分按图形的认识、图形与变换、图形与坐标、图形与证明四条线索展开，突出该部分知识的现实背景，强调课程内容与学生生活经验的有机融合，强调与课程其他分支的联系和整合，通过拓展空间与图形学习的背景，使学生更好地认识、理解和把握自己赖以生存的空间，发展学生的空间观念和推理能力（包括合情推理、演绎推理能力）。课程注重使学生经历观察、识别、实验、操作、想像、推理、计算、证明等多种多样的过程，充分利用这部分内容直观、生动和素材丰富的特点，促使学生自主探索、合作交流，形成良好的学习方式。通过实现教学目标，真正实现和升华"几何"的教育价值。

2. 空间与图形的展开方式有利于学生更好地认识和理解自己的生活空间

新课程强调从儿童的生活经验和所处的生活环境出发，创设问题情境，引发对周围世界的观察，使学生在形成正确的图形认识时，也更好地认识和理解生活的空间。这里没有强调按几何学科逻辑结构展开（如由一维到二维到三维），而是首先从学生最熟悉的三维世界展开。从新课程实验教材和实验的情况看，哪怕

是第一学段的学生，只要素材适当，活动组织得当，也能形成对三维立体图形的正确认识，这在原来的几何课程中是难以办到的（从这个意义上讲，教育价值的提升就得以实现）。国际数学教育委员会（ICMI）曾经在《面向21世纪的几何教学的前景》的文件中表明了这样一个基本观点，"几何的一个重要特点是它的多样性，以及教学的多种途径，这往往依赖于教学目的和学生的情况。但是可以肯定的是，从幼儿园开始，不论哪种水平，都存在一种几何能够或者应该被成功地教与学。"看来这一观点有实践依据并且值得在几何课程的改革中进一步探讨。

3. 重视直观活动和操作、实验活动在学习中的价值

《标准》极为重视直观感知、操作、实验等活动的开展。比如第一学段，强调联系日常生活，"使学生在观察、操作等活动中，获得对简单几何体和平面图形的直观经验"。对第二学段，提出"应注重通过观察物体、认识方向、制作模型、设计图案等活动，发展学生的空间观念"。对第三学段，提出"注重使学生经历观察、操作、推理、想像等探索过程"。提出这些要求的意义不仅仅在于学习活动环节本身，而在于它树立了一种新的几何学习观，即形成了对几何学习本质和过程的更为科学和完整的认识，换句话说，它具有认识上的"补缺"意义。张奠宙对此有一段极为精辟的话："我们觉得，几何学习大致有四个步骤：直观感知—操作确认—思辨论证—度量计算。但是中国的几何教学，把前两个步骤忽略了。变成了纯粹的思辨论证，以及论证基础上的计算。缺乏直观，实际上就扼杀了几何。"

4. 重视通过空间与图形创设丰富的学习环境

新加坡南洋理工大学教授李秉彝就几何的教育价值问题有这样的观点：几何课程的重要还不主要是因为它的有用和有趣，而是因为它提供了丰富的学习环境，这是有些课程内容比不上的。比如常系数微分方程的解法，就那么几套方法，代进代出就完了，考也这么考，它就没有提供丰富的学习环境。而几何经过两千多年的发展，问题仍然不断出新。吴文俊的机器证明，居然还发现了新的几何定理，没有人想到这里边还有很多新东西。另外，几何与代数的贯通性很好，这也是创设环境的一个条件（他举例：傅里叶级数可视为几何，线性代数内积也可视为几何，坐标就像一座桥将代数、几何连在一起）。他认为，现在课程编制中一个重要的、需考虑的因素就是课程的内容是否能提供一个丰富的学习环境。在第九届世界数学教育大会上，著名的数学教育学者、法国的威特曼（Evich. ch. Wittmann）所作大会报告的主题就是"有价值的数学学习环境"的设计问题。他还进一步论述了这一环境具有的特征（如有中心目标、内容、原则，有丰富的数学活动源泉和过程，能够变化，能整合数学、教育学、心理学的要求等）。这些观点，对我们认识创设空间与图形的学习环境的意义和途径具有启示意义。从新数学课程实

验教材关于这部分内容的处理方式看，已经开始就几何学习环境的建立作一些尝试。不过真正有价值的学习环境不仅要有好的素材和教材线索，更要在具体的教学课程中精心组织，并调动多种手段（包括计算机、网络资源、实验手段等），在教师与学生的互动中去形成。

5. 正确认识并准确把握加强（或新增）与削弱的方面

从几何到空间与图形，是一个较大的变化，认清和把握这些变化点，有利于数学教育价值的定位。

比如：测量（含估测）、位置判别与确定、二维与三维的转化、视图与投影、图形变换、计算机的结合、数形结合、知识的文化背景及史料，以及几何直觉、几何建模、合情推理、空间观念等都是新课程在这一部分学习中加强（或增加）的方面；而需要削弱或淡化的是，对形式系统结构的看重、单纯的图形周长、面积和体积的计算、以演绎推理为主要形式的定理证明以及几何证明的技巧与难度等。

6. 从几何课程的新设计看几何教育的价值

与历史上每一次数学课程改革一样，几何课程的改革仍然是新世纪各国数学课程改革的重点。我们从俄罗斯、美国在几何课程设计上的具体案例可以看到几何教育价值的新变化。

俄罗斯的几何教材历来注重演绎推理，是相对严格的形式公理化的体系，但由沙雷金教授（ICMI 执行委员）等合著的《直观几何》却一改过去的传统，为几何课程注入了新的理念，并形成了新的呈现方式。概括起来，该书有如下特点：

（1）几何活动方式多样而富有趣味。如折纸、搭积木、火柴梗拼图、剪纸（用对称性）、五方块拼图、七巧板游戏、欣赏建筑物、欣赏爱舍尔的画、一笔画、迷宫探径、用"默比乌斯带"作拓扑实验、用栅格纸编造密码、三视图训练、照镜子、镶木块、做装饰图、实地勘查等等，当然也有测量、计算、证明，但都蕴含在丰富、生动的活动之中。

（2）几何内容的展开不拘泥于学科自身逻辑，而是更多地从学生生活空间出发。与传统几何——一维—二维—三维的展开顺序不同，常常采取三维（现实中的几何）—二维—三维（立体几何）的方式，使学生经历直观感知、操作辨识的过程，逐步形成空间观念。

（3）从某一特定的情境或对象出发，形成内涵丰富的综合性学习内容。如"坐标"一节这样组织：看地图（经线、纬线）—地球上的坐标—（直观感知）平面上的坐标—国际象棋—（类似于军棋的）海战游戏—回忆母亲的生日—时间坐标—坐标轴、有序数对、坐标平面—笛卡儿坐标系—珍宝岛探宝的游戏—极坐标—空间坐标。

（4）引导学生参加一些独特的几何活动。比如，让学生体会平面图形中反映不可能实现的立体对象所具有的欺骗性（比如彭罗斯三角形、怪异正方体、实际不存在的环等，如图1-8），甚至让学生自己设想这类不可能性对象，并想办法用平面图形画出来，这样的活动不仅具有趣味性、奇异性，也具有挑战性，它把学生的空间观念和对图形的认识引入更深的层次。

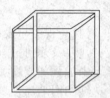  

图1-8

进入21世纪，美国对几何教学进行了较大的改革，其"2000年课程标准"对几何的要求是：分析二维和三维几何图形的特征和性质，开展几何关系的讨论；使用坐标和其他几何系统进行空间定位和空间关系的描述；运用交换和对称分析数学情境；应用空间直观、几何推理和建模来解决问题。在这样的目标下，采取了一些有特点的措施，如重视低学段的几何启蒙教育，打破二维与三维界线，适当降低演绎推理要求，倡导运用问题情境、具体模型、绘图、动态软件学习几何。

如，让学生通过实验操作，探索图形的性质。

[案例1-10]

对四边形进行分割和重组（3~5年级）

利用绘图工具或者动态软件，学生绘制平行四边形ABDC，（1）沿对角线把平行四边形沿AD剪切为两个三角形，如图1-9；（2）平移△ABD，使BD与AC重合，记点A的新位置为E，得到新平行四边形ADCE，如图1-10；（3）把△ABD翻转，AD与DA重合，B与C关于AD轴对称，记点B的新位置为F，得到筝形，如图1-11；（4）探索其他重组方式。

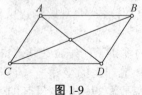 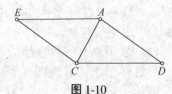

图1-9　　　　　　　　　图1-10

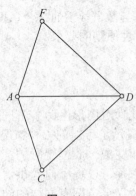

图 1-11

把平行四边形沿 AD 剪切平移 △ABD，使 BD 与 AC 重合翻转 △ABD，使 F、C 关于 AD 对称.

又如，重视图形的维数变化，突出二维图形与三维图形的内在联系（图 1-12）：

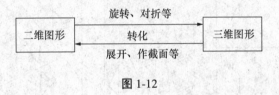

图 1-12

[案例 1-11]

正方形网与立方体（3~5 年级）

学生们通过画图、实验、操作，探索能否将左边的正方形网折叠成右边的立方体盒子（如图 1-13）。

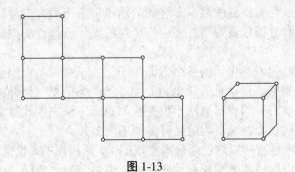

图 1-13

在课程中,实现信息技术与数学教学的整合,积极采用相应的计算机软件辅助学生学习是美国课程中技术性原则的要求。

[案例 1-12]

对"变换"的认识

学生可以利用动态几何软件对图形沿两条不同直线逐次翻折,并对产生的结果进行探讨。如图 1-14,显示了可能的三种情况:两直线垂直时的情况、两直线平行时的情况、两直线相交成一般位置时的情况。学生以小组活动方式,操作计算机完成上述翻折。教师可以提出问题供讨论,如:什么样的单个交换(如果有的话)作用于原三角形会恰好有同样的结果?学生会作出猜想,并通过动态几何软件检验这种猜想。如:沿两条平行线逐次做翻折与移动两线间距离的两倍是等效的,沿两条相交直线逐次作翻折也等价于绕交点旋转两线夹角的两倍。

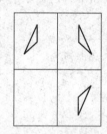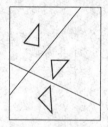

图 1-14

1.3.3 统计与概率——与信息社会"零距离接触"的数学

统计与概率以现实世界的数据和客观的随机现象为研究对象,通过对数据的收集处理、描述和分析以及对事件发生可能性的统计规律性的刻画,作出合理的判断和决策。

数据在信息时代人类生活的各个方面几乎无处不在,是人们经常接触的重要信息,因此,对数据这一信息的认识和处理,已成为信息时代公民的基本素养。"运用数据进行推断"的思维方法不仅是数学思想方法在现代数学发展中的重要特征,也成为现代社会普遍适用的强有力的思维方式。

但在传统数学课程中,这一部分内容诚如 1.1 所指出的,恰恰又是最薄弱的。一方面,这部分内容进入数学课程的时段相对滞后,另一方面,内容相对单薄,难以适应学生处理日常事务的要求。加之,在学习上又偏重于专门术语的认识和解题技巧的训练,缺少与现实联系的多样化的题材和活动,所以成效甚微,应有的教育价值难以体现。

新课程将这一部分内容的学习放在了重要的地位。《标准》要求:"经历提出问题、收集和处理数据、作出决策和预测的过程,掌握统计与概率的基础知识和基本技能,并能解决简单的问题。""经历运用数据描述信息、作出推断的过程,发展统计观念。"这里提到的"统计观念",首次被作为义务教育阶段数学课程的一个重要目标。

统计与概率的教育价值要得到充分的展现和发挥,应紧紧抓住这一部分内容的特征,即研究的对象——数据及可能性触手可及,统计与概率渗透在人们生活的各个角落。这样的特征启示我们,在统计与概率的学习中,应更加关注和强调如下特点:

1. 时代性(现实性)

充分利用该部分内容与社会联系紧密(可形象地称为"零距离接触")的特征,注重所学内容与日常生活、自然、社会和科学技术领域的联系,使学生体会统计与概率对制定决策的重要作用;应注重通过选择现实情境中的数据理解统计的概念对制定决策的重要作用;应注重通过选择现实情境中的数据理解统计的概念和原理的实际意义,注重在生动的具体环境中对事件可能性的体验并体会概率的意义。可根据学生的接受能力,重点选择体现时代精神及公众关注热点的现实性题材,如环境保护、人口增长、土地资源、经济发展指标、人民生活指标等组织学习,使学生切实感受数学的现代价值,更好地通过学数学来认识社会,增强责任感和社会生存意识,在情感、态度、价值观上得到更好的发展。下面是一个较好体现多种教育价值且具有时代性的例子。

[案例 1-13]

(北京师范大学版七年级数学上册)"统计图的选择"

下面是某家报纸公布的反映世界人口情况的数据(如图1-15)。小明根据上面的数据制成了统计图(如图1-16)。

根据小明制作的统计图,回答下列问题:

(1)三幅统计图分别表示了什么内容?

(2)从哪幅统计图中你能看出世界人口的变化情况?

(3)2050年非洲人口大约将达到多少亿?你是从哪幅统计图中得到这个数据的?

(4)2050年亚洲人口比其他各洲的人口总和还要多,你从哪幅统计图中可以明显地得出这个结论?

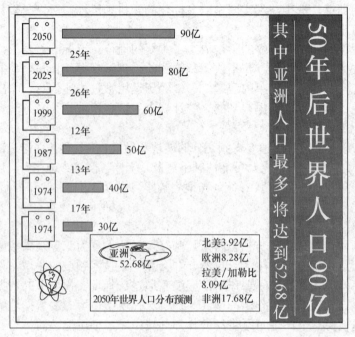

图 1-15

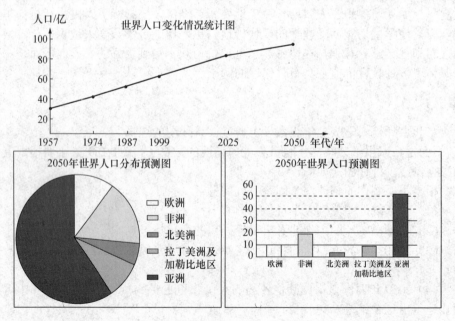

图 1-16

（5）比较三种统计图（图1-17）的特点，并与同伴交流。

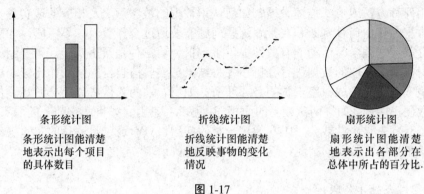

条形统计图　　　　　　折线统计图　　　　　　扇形统计图

条形统计图能清楚地表示出每个项目的具体数目　　折线统计图能清楚地反映事物的变化情况　　扇形统计图能清楚地表示出各部分在总体中所占的百分比.

图 1-17

2. 丰富性（趣味性）

统计与概率的学习应该放在丰富、生动、有趣的背景下进行。要引导学生主动获取周围的数据信息和主动地关注一些随机因素（如通过报刊、杂志、电视等媒体以及网络获取），这样做不仅能增强学生的信息处理意识和自觉的统计观念，也能使学生获得多样化的数学体验。

《数学课程标准解读》为第一、二学段制作统计调查表，提供了相当广泛的课题：第一，个人喜好方面的问题。比如，喜爱的玩具、小动物、花草；爱吃的水果、蔬菜；最受欢迎或喜欢的电视节目、卡通人物；喜爱的运动、球类；爱喝的饮料；班上参加各兴趣小组的人数。第二，大家都关心的主题。比如，奥运会各国金牌数；濒临灭绝的物种及数量；比较熟悉的一些动物的奔跑速度；一些著名的河流的长度；班级同学的出生年月；戴眼镜的人数；人的身高、体重、臂长等；气温、雨量记录；一天的体温变化记录；最近几年某城市人口统计；关于行程的记录；一段时间的股票指数；某商店一周的营业额。第三，研究专题。比如，在校园餐厅里消费的一次性筷子或餐盒数量；在家看电视的时间对视力与学习的影响；不同地段对商店营业额的影响；促销活动对营业额的影响等。显然，我们更应关心提出这些课题的思路，因为循此思路，学生可以自主地提出更多的课题。

3. 过程性（活动性）

在课程学习中，要强调过程性和活动性目标的达成。

结合这一部分内容学习的特点，有三类活动方式应该经常采用。第一种是社会调查。学生需走出课堂，走入社会，自主地设定调查对象和事项，选择和采取适当的数学活动方式，并广泛与社会和他人交流，这是一个极富教育意义、并能随机生长教育价值的过程。第二种是数据处理。数据处理建立在对数据的分析、整理、描述的活动之上，在这一活动中会面对多种问题，如采用何种方式采集数据？用何种方法或形式描述数据？如何认识数据的数学意义及相应的现实意义？根据数据能作出何种判断和决策？这些问题需要通过合作交流，不断研讨才能解决，这就为增强学习活动的有效性提供了契机。第三种是亲历实验。亲身经历实验，对实验中获取的数据进行分析，并将结果与实验前自己的猜测作比较，这是体会概率意义、形成概率直觉的必要环节。如甲、乙两人做掷硬币'游戏。任意掷一枚硬币两次，如果两次朝上的面相同，那么甲获胜，如果两次朝上的面不同，那么乙获胜。这个游戏公平吗？像这一类的问题，只有通过足够量的实验操作，才能修正自己实验前的猜测，逐渐获得正确的认识。

4. 综合性（关联性）

统计与概率的学习一般具有综合性特征。一是知识的综合，涉及题材、内容广泛，有时涉及多个学科的知识以及数学内部其他的内容，要注意加强这些知识内容的关联。比如统计与概率和数学其他内容的联系点就较丰富：比、分数、百分数、度量、计算、表格、坐标、图像等内容都能与其在活动中结合起来。二是方法的综合和活动手段的多样化。仅统计图表的制作就可以用多种方式的表示，而且也可以充分地使用计算机（如使用计算机的统计软件作统计图）。

1.4 实践与综合应用——数学课程中的"新面孔"

实践与综合应用是新数学课程中的新内容，正确认识和把握这一内容的要求和特点，对于数学课程改革目标和数学教育新价值的实现十分重要。

《标准》对这部分内容的总体要求是帮助学生综合运用已有的知识和经验，经过自主探索和合作交流，解决与生活经验密切联系、具有一定挑战性和综合性的问题，以发展他们解决问题的能力，加深对数与代数、空间与图形、统计与概率内容的理解，体会各部分之间的联系。

需要强调，这部分内容并不是在其他三个板块之外另行增加的新知识，而是强调了知识的关联性、整体性和综合应用性。此外，它在三个学段中也以不同的方式组织，即"实践活动"、"综合应用"和"课题学习"。显然，学习要求逐渐提升，即由活动体验到简单的问题解决，再到研究性学习。

为了使这一新设立的内容板块能发挥更大的教育功能，在课程学习中应着重关注如下问题。

1. 使学生逐步体会和认识数学的联系

根据《标准》的要求，数学的联系大致可归结为三个方面：数学知识之间（数学内部）的关联，数学与其他学科、数学与社会生活（数学外部）的关联。根据学生的年龄特征，逐步形成相应水平的数学联系，在教育上的价值可从如下方面认识：第一，有利于学生深入认识数学知识的本质特征。数学学科自身的逻辑结构和形式化特点，客观上形成了数学知识的相互关联性和系统性，数学课程应该以不同学段学生所能接受的方式逐渐揭示这种联系，引导学生体验这种联系，以形成对数学的正确认识。第二，从整个数学课程目标看，它又成为知识性领域目标与发展性领域目标联结的啮合点，能够促进发展性的实现。如"数学思考"目标中的推理能力和数学思维能力的培养就离不开建立有效的数学联系；而通过数学关联发展起来的多样化策略，又为"解决问题"提供了途径；数学联系在形成正确的数学"情感与态度"方面的作用更是显然的。第三，从认知心理学的角度看，寻求数学联系的过程是学生自主地进行"数学建构"的过程，也是形成发展学生的认知结构的过程。英国数学教育心理学家斯根普（R. Skemp）在《学习数学的心理学》一书中，以"图式"（schema）的角度，对学习中认知结构的形成作了这样的阐释："结构本身的研究是数学的一个重要组成部分，而研究这种结构建立的方式和作用，则是学习数学的心理学的核心内容"，它"不仅包括了复杂的数学概念结构，而且还包括了相当简单的结构间的相互关系，而这些简单结构是与感觉运动神经协调一致的。"斯根普认为"图式"是人脑中已有知识的一种整合，并为将来的学习活动提供了工具，使真正的理解成为可能。显然，重视数学的联系有利于"图式"的建构。

在新课程中的综合活动，应通过特定的方式去认识和形成数学的联系。如适时地揭示知识点之间的发展线索（如复习时的知识网络结构），通过有机的问题序列和问题链引导活动，注重数形之间的结合和代数与几何之间的沟通，同一问题的多种不同的解决方法等等。

美国课程标准将"数学联系"作为 10 个目标之一，认为使学生了解和掌握这些联系十分必要，是数学教学中必须强调的重要任务。"标准"为各个学段加强数学联系提出了多种措施，认为，代数与几何的结合永远是最重要的数学联系之一，应随时注意相互沟通。例如：$|a-b|$ 表示数轴上两点间的距离；方程 $f(x)=0$ 的解就是曲线 $y=f(x)$ 与 x 轴交点的坐标；三元一次方程组的解就是空间三个平面交点的坐标；求函数的极大值就是找出它的图像中那些局部的最高点；函数 $y=f(bx+c)+d$ 的图像可由函数 $y=f(x)$ 的图像经过几个简单的变换得到等等。

2. 充分发挥实践与综合应用学习活动的优势特征

这些优势特征可以概括如下：

其一，问题的挑战性。实践与综合应用本质上是解决问题的活动，通过精心设计的问题，引发学生的认知冲突，激发学生的参与性和能动性，将会为学生的创新思维插上翅膀。

其二，活动的开放性。实践与综合应用活动的目标具有开放性，它面对的是每一个学生的不同个性，尊重不同的学生有不同的发展需要；其内容具有开放性，它面对的是丰富多样的现实生活和社会课题；其过程具有开放性，它强调学生的自主探索、合作交流，突破了课堂内、外，甚至学校内、外的界限；其方式具有开放性，只要有利于问题的解决，方法可以不拘一格。

其三，内涵的生成性。这是由这一学习活动的过程取向决定的。尽管每一个实践与综合应用活动都有一定的计划，但活动本身是动态的、有机的，随着活动的展开，新的问题不断产生，新的目标不断生成，学生新的认识不断引发，创造性的激情不断迸发，不同的意见在交流与合作中得到互补，这些构成了这一学习活动的丰富内涵，实际上也就奠定了数学教育价值自我衍生的基础。

其四，内容的综合性。加强数学各部分内容间的联系，发展学生的综合应用能力，是这一部分内容学习的根本目标。这里的"综合"的含义，既有数学各部分知识及与数学外知识的综合，也有运用知识解决问题的思想、方法、方式上的综合。从更高价值层面上讲，也是体现学生个人、社会、自然的内在关系的整合。因此，实践与综合应用活动的最高价值追求，仍应立足于每一个学生的全面的发展。

3. 采取多样化的学习活动方式

实践与综合应用的学习活动方式应尽可能多样化。

数学游戏。常常是低学段学生实践活动的形式，组织得好，能起到寓教于乐的功效。

社会调查，是从生活中和社会中选择主题，通过自主调查的方式获取有关信息，并分析信息，作出决策。其活动显然需要在开放的环境中才能完成（后面列举的"图标收集"的案例即是一个社会调查课题）。

小课题研究。越来越成为国内外综合学习所青睐的一种方式（英文称为"project"），这是一个在预定研究计划之下展开研究性活动的方式。学习活动中强调过程性和学生的参与性，课题研究特别需要学生之间的合作交流，既各司其职，又相互协作。

"hands on"活动（即动手做的活动）。该方式强调亲自动手，通过观察、实验、记录，通过讨论作出结论。这样的活动自主性很强，而且多种器官动作，对学生身、心全面发展极有帮助。

计算机条件下的数学实验活动。运用计算机的功能，形成有利于问题探索的信息技术环境，更加能动地创造性地解决问题，这种活动方式整合了信息技术与数学课程，是值得倡导的发展方向。

凡此种种，不一而足。在此仅举了一些已经采用的方式，相信在综合学习的实践中，还会创造出更多的方式。

注重课程中的综合学习，也是进入 21 世纪国际数学课程改革发展的一个趋势。以日本 2002 年实施的"新学习指导要领"（第 7 次指导要领）为例，增加综合学习成了此次日本课程改革的焦点。它的目的是培养自己发现问题，自己思考、判断、解决问题的能力；掌握信息的收集、调查、总结并由此进行讨论的方法；培养以问题解决、探究活动为主的创造能力。最终，通过综合学习，培养学生的"生存能力"。

第二章 数学思想方法的教学

2.1 关于数学思想方法教学

数学教育的任务,是让学生学习和掌握数学科学。因此,数学教育不能只谈教育,不谈数学。一个数学教师,必须具备丰富的数学知识,掌握数学技能,更重要的是理解数学的本质,掌握数学思想方法。只有这样,学生才能受到数学科学的熏染,了解数学科学体系,体会数学科学的精髓。

数学教学有两种不同的水平。低级水平是介绍数学概念,陈述数学定理和公式,指出解题的程式和套路,以便通过考试。高级水平是着眼于数学知识背后的数学思想方法,在解决数学问题的过程中进行深层次的数学思考,经过思维训练,获得数学美学的享受。我国从 20 世纪 90 年代以来,重视数学思想方法的教学已经成为中国数学教育的一大特色。继承和发扬这一优势,是 21 世纪数学教育工作者的一项重要任务。

数学教科书里陈述的数学,相当的程式化,可以说是冰冷的美丽。但是,在数学家创立这些数学定理和公式的时候,却经过了火热的思考。原始的思想,独特的方法,正是这些重大数学发现的核心。数学教学的任务是把数学的学术形态转换为学生易于接受的教育形态,将冰冷美丽的数学恢复为火热的思考。

我们常常说,评价一堂数学课的质量,首先要关注教学过程是否揭示了数学的本质,让学生理解数学内容的精神。这里所说的本质与精神,就是数学思想方法。一堂数学课,能够使学生体会到其中的数学思想和方法,属于高品位的数学教学。

哲学是自然科学和社会科学的概括。数学是自然科学和社会科学中数量关系的概括。因此,我们可以从宏观到微观地将数学方法分成以下的四个层次。

第一类 基本的和重大的数学思想方法

这是一种宏观的数学思考,往往是一个数学学科的出发点,也会依托于一种哲学范畴的数学化。

形式和内容是一对哲学范畴。世间万物都有自己的物质运动形式,或者物理运动，或者化学运动，或者社会运动等等。但是数学是纯粹的形式。1，2，3，4 这样的自然数，就是一种抛开具体内容的纯粹的数量形式。但是，形式并非自由意志的创造物，形式服从内容。所以，数学要联系实际，反映现实世界中运动的关系，用于实际的应用。

运动与静止也是一对哲学范畴，它的数量化就是常量数学和变量数学。函数思想反映物质运动时的变量之间的依赖关系，微积分思想则是跨越无限，成为研究函数变化率的锐利工具。中学里学习变量、函数，研究函数的性质，把函数作为一种模型，就是为了从数量上把握运动。

偶然与必然这对哲学范畴的数量化，形成了确定性数学和随机性数学。概率论是研究随机现象的数学，数理统计方法则是通过分析数据的随机性产生的学科。今天，我们重视概率与统计方法，正因为世界上充满着偶然性，而且偶然性后面具有某种必然性。掷硬币可以随机地出现两种情况，但是在大数量的投掷下，最后呈现各为 1/2 的概率。人们设法用背后存在着的必然规律把握偶然，认识偶然。

任何事物都有现象和本质两个方面。在数量关系上也是如此。给定一个情景，其中有各种量以及各种量之间的关系。那么，哪些量是重要的、本质的？哪些量是无关的、可以忽略的？哪些关系反映了数量变化的本质？这就是数学模型方法。数学建模过程，就是透过现象看本质，建立起一种可以进行分析研究的模型，借以观察变化，获取特性，推测未来。一个著名的例子是欧拉的多面体定理：不管一个多面体的形状多么奇特，尺寸如何变化，总有公式：点数+面数-棱数=2。多面体的外型是现象，它的拓扑特性才是本质。

世界上万物都有一定的因果关系。揭露因果关系是各门学科共同的任务。数学承担的任务，是揭露事物间的逻辑关系。它可以不管哪个原因导致哪个结果，却是一般地讨论因果之间的逻辑关系：充分条件，必要条件，排中律，传递性等等。

其他如精确与近似（计算数学），整体与局部（函数的整体性质与局部性质），同一与差异（模糊数学）等等，都是考察重大数学思想方法的视角。

这些重大的数学思想方法，是作为一个数学教师的重要修养。我们在大学读了很多的高等数学，打好数学基础，就是为了用更高层次的观点来指导我们的数学教学，以免"一叶障目"，迷失大方向。要掌握这些宏观的数学思想方法，多半需要教师有意识地加以阐述，把自己的深入理解，渗透在课堂教学之中，教学时应充满感情，言简意赅地加以点拨，所费时间不必太多。

第二类 与一般科学方法相应的数学方法

数学方法是一般科学方法的特例。自古以来，人类在认识世界的过程中积累了许多科学方法，数学也可以拿来使用，不过有数学自己的特点。

分类与综合就是数学常用的方法。对一个事物进行分析,首先要进行分类。数学的分类强调"不重不漏"。这是为了保证数学结论的完备性和独立性。比如要考察一个有关实数 x 的结论,你就是讨论 $x>0$,$x=0$,$x<0$ 三种情形,彼此不重复也不遗漏。这种情形在人文科学中往往做不到。例如俄罗斯既是欧洲国家也是亚洲国家,因此,如果按大洲对国家分类就会相重。数学分析学是一个庞大的数学分支,是指无穷小的分析,为其他学科所没有。数学的综合,更多的是体现在数学学科之间的交融,例如代数学与几何学的综合,即常说的数形结合的方法。此外,如微分几何学则是微分学和几何学的综合等等。

归纳与演绎更具有数学的特点。数学是一门演绎的科学,主要是运用演绎的论证,达到数学的真理性,同时数学也使用一般的归纳法。在进行数学猜想的时候,就是根据已知的事实,归纳地得到一些结果,然后再进行演绎的论证。"合情推理",正是建筑在归纳的基础上。此外,数学归纳的特点是完全的归纳法——数学归纳法,这种归纳法的特征是跨越无限的思想实验,由于在描述具体事物时通常只能进行有限的归纳,因此这是数学所特有的方法。

其他如观察、类比、联想等一般科学方法,都可以用于数学。至于野外考查、用仪器做实验,社会调查等方法,数学就用得比较少。

数学也有实验,多半是思想实验,即假定某条件推导出某结果,因而可以达到目的或者否定命题。近几年,由于计算机和计算器技术的使用,我们也常常做一些计算性的检验,通过计算一些特例得到普遍的猜想,甚至用近似方法逼近最后的结果。方兴未艾的"计算机模拟实验"正在成为一种常用的数学方法。例如问"100 以内的自然数,有哪些能够表示为自然数的等差数列之和?"计算机用枚举法就可以把所有的解找出来,这就是实验。

关于分析与综合、归纳与演绎等数学方法,是在教学过程中潜移默化地进行的。"润物细无声",单靠讲解是没有用的,只能在教学实践中慢慢体会,逐步形成。

第三类　数学中特有的方法

数学科学所使用的方法中,有许多是数学独特使用的。这些方法,不仅需要了解,还需要单独的训练,成为数学技能的一部分。

最重要的方法是公理化方法。欧氏几何公理体系就是公理化方法的典范。自然数公理、实数系公理、复数系公理,也是大家熟知的。高等数学中"群"的定义,实际上是"群"的公理。在社会科学中,也有类似的思想。例如我国宪法的总纲,就是一组公理式的断语,由此派生出其他的论述和法律。

数学中最常用的是化归方法,即把需要证明的结果经过逻辑和等价的变换,归结为已知的事实。中学数学解题多半要用化归方法加以证明和求解。例如分式方程、无理方程等往往要转化成一元二次方程来处理。徐利治先生的一项创造性的概括——"关系、映射、反演"方法，也是一种化归，为大家所一致重视，并得以广泛应用。例如，为了计算两数的乘法（关系），用对数（映射）将它化为两个数的加法，再用反对数求得结果（反演）。值得指出的是，关键在于映射的选取，要使得映射的前后能够保持某种性质的不变性，例如同构。同构也是一种重要的数学方法。对数映射将数的乘法对应为数的加法，这是同构。没有同构，反演也就无从说起了。

中国数学教学中，借助坐标系实行数形结合和转换，因华罗庚先生的提倡而广为流传，事实上这也是对数学教学十分有用的方法。这是中国数学教学中一个突出的特点，值得多多研究与发扬。

函数思想和极限方法是成为中学数学思想的一个主题。这种处理无限过程的思想方法，是人类理性思维的巨大成果。

方程思想是永恒的"好"数学。当人们寻求未知量的时候，就会想起方程。方程从简单到复杂，一直到微分方程、积分方程。它的意义决不仅仅是会按程式解几个方程，而是在于把未知量和已知量联系起来的等式模型。

概率统计方法。这是处理随机现象的数学思想方法，十分重要。

可以说，函数思想、方程思想和概率统计思想，是中学数学教学中最重要的三种基本思想方法。其他如数学不变量（守恒）方法、数学表示方法、逐步逼近等方法也主要在数学中产生和使用（当然也可部分地迁移到其他科学）。

这些数学所特有的方法，需要有目的地加以培养。它们是普通民众数学素质的组成部分。学习数学的目的，不仅仅是为了解题。当人们离开学校以后，数学公式可以忘记，恰恰是这些数学思想方法将会长期地起作用。

第四类　中学数学中的解题方法

中学数学解题方法，是解题策略的选择。这方面有专门的著作，可以设置专门的选修课。这里我们叙述一些基本的原理和步骤。

第一步　判断问题的类型，找出问题的数学核心所在。如前所说，面对一个数学问题，首先要判断它属于哪一类问题？是函数问题，方程问题还是概率问题？它所问的实质是什么？是证明、化归、定值、轨迹、优化等等的哪一类？这些大方向的判断，需要平时具有运用数学思想方法的经验积累。方向正确了，解题才能应付自如。

第二步　掌握一些基本的原则。其中包括：（1）模型化原则。把一个问题进一步抽象概括成一种数学模型，这里即有数学应用的模型，也包括纯粹数学问题的进一步抽象。（2）简单化原则。这就是把一个复杂问题拆成几个简单问题，或者选择一个特例寻求其规律，还可以在诸多条件中抓住主要的关键等等。（3）等价变换的原则。这就是前面说过的化归方法。把一个未解决的问题化成一个已知的情形,保持问题的性质不变、答案不变。(4)映射反演原则(RMI)。在一个领域内难以处理的问题,通过映射转移到另一个领域去处理。数形结合是其中通常使用的一种。(5)逐次逼近原则。当一个问题的解答不能满足问题的所有要求的时候,可以先满足第一个要求,再满足第二个要求⋯⋯,逐步接近最后的解答,当然也包括求近似解,逼近到一定的程度,就算符合要求。

第三步 选择适当的技巧。包括因子分解方法,配方法,待定系数法,换元法,降维法和消元法,不等式的放大缩小法,参数方法,枚举法,计数方法等等。这些方法,都必须通过实际学算逐步地领悟,才能灵活运用。

上述四个层次,从重大数学思想到具体数学技巧,各有特点和变化规律。大量的解题案例,需要专门的著作加以阐述,读者可以参考有关的书籍。

2.2 几种重要的数学思想方法及教学

考虑到大多数学生将来未必能用上任何较为高深的数学知识,而数学的思想方法则有着十分广泛的普遍意义,即其不仅可以用于数学教学的研究,而且可以用于人类实践活动的各个方面,数学思想方法的学习显然应看成义务教育阶段的根本任务,在数学新课程中有充分的体现。未来社会每一个公民需要什么样的数学,未来社会生活所必需的数学思想方法有哪些,都需要认真研究。不同的时代有不同的计算工具,不同的计算工具又形成了与之相应的不同的数学。过去中小学数学中相当多的内容是建立在珠算或数学用表这些较为原始的计算工具基础上的。很自然,数学新课程则是以计算机(器)为计算工具建立的。

严格说,数学思想与数学方法是有区别的。数学思想既牵涉认识论方面的内容,如对数学科学的看法、对数学与外部世界关系的看法、对数学认识过程的看法,又牵涉方法论方面的内容,如处理数学问题时的意识、策略和指向。数学方法则主要牵涉方法论方面的内容,如表示、加工、处理某种现象或形式的手法、为实现某个预期目标的具体途径和方法。

相对而言,数学思想更具有普遍性与可创性,其抽象程度更高一些,理论的味道更浓一些。数学方法经常表现为实现某种数学思想的手段,而对于方法的有意识选择,往往体现出对于数学思想的理解深度。

尽管存在着这样或那样的区别,但是数学思想与数学方法之间的总体关系仍是密不可分、相互交融的。因此,我们不可能也没必要把数学思想和数学方法严格区分开来,本书中我们通常对它们不加区分。笔者认为在中学数学教育阶段学生学习的数学思想方法有以下一些方面:

1. 数的意识

使学生养成主动地从数量上观察、分析客观事物的习惯，并体会数的产生与发展来源于人类对客观事物的数学把握；数的构成及其运算规律是生活实践的总结；数学符号是表示、交流和传递信息的最有效手段；数量关系是刻划自然界以及人类社会现象、预测事物发展规律的重要工具；估算在日常生活中，特别是计算机出现之后愈来愈大的重要性，等等。

2. 优化思想

所谓优化思想是指在某些特定条件下力求获得"最优"的结果。在我们周围，优化问题几乎随处可见，例如，如何使有限的材料得到最充分的应用；如何在商品销售中调整商品价格，薄利多销，获得最大利润；如何利用有限的空间（库房、车厢）使存贮量或客运量最大；如何合理安排人员配制，使全员劳动生产率最高，等等。

3. 概率统计思想

在我国，随着市场经济体制的逐步建立，投资、贷款、股票、证券、市场预测、风险评估等经济行为的实现，其科学性如何完全有赖于社会成员对不确定性、随机性及可能性等概率统计思想的理解和运用水平。对中小学生进行概率统计思想的熏陶，应当使他们了解条件是可变的，结论不是唯一的、不是绝对可靠的；事物的多样性是普遍的，而必然性、绝对性是相对的、有条件的。只有这样，才能有助于他们理解社会、适应社会生活。

4. 函数与方程思想

函数思想是指变量与变量之间的一种对应思想，或者说是一个集合到另一个集合的一种映射思想。它是数学从常量数学转入变量数学的枢纽，它能使数学有效地揭示事物运动变化的规律，反映事物间的相互联系。而方程思想则是函数思想的具体体现，是已知量和未知量的统一体，是变量与变量互相制约的条件，它反映了已知量和未知量之间的内在联系。之所以强调函数与方程思想，主要是从当今和未来社会发展看，函数与方程思想在数学内部与数学外部均显得十分重要，它贯穿于数学理论和实际问题应用的每一场合。特别是函数与方程是有效地表示、处理、交流和传递信息的强有力工具，是探讨事物发展规律、预测事物发展方向的重要手段。

5. 图形直观与空间观念

人类生活在三维空间，理应通过拼接、折叠、描绘、测量、计算、比较与分析，认识和理解现实几何世界。直观几何、变换几何、推理几何、向量几何以及解析几何、拓扑和分形几何是人类对几何世界的不同角度的数学把握。代数化是研究几何问题的必然趋势，而图形直观以及图形分析是人们理解奇妙的自然现象和社会的绝妙工具。图形给人类带来无穷无尽的直觉源泉，图形设计是人类社会赖以生存和发展的根基，没有图形，就无所谓美。

6. 模型化方法

数学模型是数学基础知识与数学应用之间的桥梁，是数学自身发展的阶梯。研究模型可以帮助学生探索数学的作用，产生对数学学习的兴趣。一般认为，建立和处理数学模型的过程就是将数学理论知识应用于实际问题过程。事实上，建立模型也是学生从实际情境中发展数学、"再创造"数学的绝好机会。在建立模型、形成新的数学知识的过程中，学生会更加体会到数学与大自然的天然联系。为此，数学新课程积极探索了"问题情境——建立模型——解释与应用"的课程编写模式。

7. 推理意识

所谓推理意识是指推理与讲理的自觉意识，即遇到问题时自觉推测，并做到落笔有据、言之有理。推理意识包括归纳推理、类比推理和演绎推理的自觉意识等。

在数学新课程中，推理训练不仅仅存在于欧几里得几何，其更为广泛、更为深刻的内涵普遍地存在于数学的各个分支。如果我们在"问题情境——建立模型——解释与应用"的框架下，引导学生在活动中、在现实生活中发展数学，那么在数学交流、合情推理、发展模式、选择合理的方法、调整矫正模式、分析和解释结论等一系列过程中都自始至终包含着推理因素。推理训练并非数学所特有，严格的演绎推证也并非普遍百姓所必须，但是数学新课程将提供广泛的包括归纳推理、类比推理在内的合情推理的训练机会以及对演绎推理的了解和体会。

8. 计算机意识

培养中小学生的计算意识主要包括：减少学生对计算机的恐惧感，使学生养成运用计算机（器）等更为先进的计算工具处理复杂问题的习惯；通过对算筹、算盘、算表、手摇计算机和电子计算机的认识，理解计算工具的变化对社会发展水平的影响程度；借助计算机（器）可以解决更多的问题，使学生更好地体会数学与现实社会的密切联系；通过使用计算机（器）求解问题，使学生体会到，先进计算工具的使用将有助于激发自身的探索意识和分析问题、解决问题的能力。

9. 集合思想

　　集合论已成为数学科学各门分支统一的概念框架，又可作为数学各科通用的数学语言。集合的元素可以是任意的对象，这就使数学应用的领域大大拓广，集合运算与逻辑运算之间可以建立起同构关系，因此渗透集合思想便可以使数学与逻辑更趋于统一，从而有利于数学理论与应用研究的研究。数学义务教育阶段及早渗透集合思想，使学生熟悉集合意义及其表示，以集合的观点看待数学研究的对象，特别是能够充分运用集合语言表示和传达信息，这是现代社会生活对公民的基本要求。

10. 极限思想

　　义务教育阶段数学新课程中渗透极限思想主要指直观意义上的"极限"概念。从极限的发展看，人们也易于接受与运用朴素的辩证的极限概念。在许多问题的研究中，有时需要把点看成半径为零的圆，把曲线段、折线段看成直线段，把线段看成面积为零的三角形等，这其实也都运用着极限思想；把平行线看成相交于无穷远的二直线，更是辩证地运用了有限与无限之间的矛盾转化思想，在数学中即体现为极限思想。以上这种对极限思想朴素的、直观的然而又是辩证的理解与运用，将是数学新课程的基本要求。数学新课程将提供运用极限思想的范例，充分显示极限思想在解决问题时的巨大威力。如定值问题，可用极限思想先探索出定值往往可使这类问题难度变小。同时，一些具体内容亦可借助极限思想，采用全新的处理方法（例如球面积公式，可以把球体分解成许多顶点在球心的小"锥体"）。

2.3　常见数学思想方法的教学解析

2.3.1　函数与方程思想

　　本节的内容主要是函数思想、方程思想及其应用。函数的思想方法是用联系变化的观点，将给定的数学问题转化为函数关系，通过研究函数的性质，得出所需的结论。函数思想就是要用运动变化的观点，分析和研究具体问题中的数量关系，通过函数的形式把这种数量关系表示出来，并加以研究，从而使问题获得解决。函数思想的实质是剔除问题的非数学特征，用联系的观点提出数学抽象，抽象其数学特征，建立函数关系。高考中有关函数思想的试题主要涉及四个方面：①具体的原始意义上的函数问题；②方程、不等式与函数的综合题；③数列这一特殊的函数；④利用辅助函数解题。

方程的思想方法，就是设出未知数，根据题中各量间的关系，列出等式，沟通未知与已知的关系，从而使问题得以解决。高考中有关方程的试题单独命题较少，主要有以下几个方面：（1）方程、函数、不等式的综合题；（2）求曲线的方程；（3）数列中方程思想的应用。

函数思想、方程思想体现了一种解决数学问题的理念——建"模"意识。所谓"模"就是一个问题的载体，是联系已知、未知的桥梁，建"模"后的第二个步骤是解析"模"，从而真正将实际问题化为数学问题，数学因此也成为探索大自然奥秘的工具。

一、命题规律

1. 函数方程的思想有以下几个方面：（1）建立函数关系式或方程（方程组）解决实际问题；（2）运用函数与方程不等式，相互转化的观点处理函数、不等式问题；（3）构造函数或构造方程的有关问题；（4）利用函数与方程的观点研究数列与解析几何题。

2. 题型有选择、填空、解答题，难度较大，属于中、高档题目。

二、命题动向

1. 函数的思想是指利用函数的概念和性质去分析问题、转化问题和解决问题，要求考生能将函数与方程联系起来，从而培养其分析和解决问题的能力。

2. 用函数的思想去讨论方程的问题是高考的必考内容，它涉及三大题型，难度有高、中、低，近几年来代数压轴题多为考查应用函数思想解题的能力。

三、解题方略

1. 函数式可以看作是方程，某些方程又可以看作是函数关系。在解决有关问题时，函数、方程、不等式常常相互转化。

2. 实际问题→数学问题→代数问题→方程问题。代数问题多是函数问题，哪里有公式，哪里就有方程，函数的研究离不开方程，不等式与方程也有着内在的联系。方程的研究以函数为基础，函数与方程思想的应用主要表现在应用题、探索题和信息题目等方面。

3. 函数思想在解题中的应用主要表现在两个方面：一是借助有关初等函数的性质，解有关求值、解（证）不等式、解方程以及讨论参数的取值范围等问题；二是在问题的研究中，通过建立函数关系式或构造中间函数，把所研究的问题转化为讨论函数的有关性质，达到化难为易、化繁为简的目的。

4. 方程思想是指将问题转化为方程或方程组，通过解方程（组）或对方程（组）

的讨论使问题得以解决。

四、应用举例

1. 利用函数解决代数、解析几何中有关取值范围，交点数目等问题，以及函数在实际中的应用。

例1 若抛物线 $y=-x^2+mx-1$ 和两端点为 $A（0，3）$、$B（3，0）$ 的线段 AB 有两个不同的交点，求 m 的取值范围。

解析：线段 AB 的方程为 $y=-x+3$ $(0\leqslant x\leqslant 3)$

由 $\begin{cases} y=-x^2+mx-1, \\ y=-x+3(0\leqslant x\leqslant 3) \end{cases}$ 消去 y 得 $x^2-(m+1)x+4=0$ $(0\leqslant x\leqslant 3)$。

∵ 抛物线与线段 AB 有两个不同的交点，

∴ $x^2-(m+1)x+4=0$ 在 $[0,3]$ 上有两个不同的解.

设 $f(x)=x^2-(m+1)x+4$ $x^2-(m+1)x+4$，则 $f(x)$ 的图象在 $[0,3]$ 上与 x 轴有两个不同的交点，

∴ $\begin{cases} \Delta=(m+1)^2-16>0, \\ 0<\dfrac{m+1}{2}<3 \\ f(0)=4>0, \\ f(3)=9-3(m+1)+4\geqslant 0。\end{cases}$

解得 $3<m\leqslant \dfrac{10}{3}$。

点评：本题体现了由图形→方程→函数→不等式的推导过程。

2. 利用函数图象讨论方程根的个数及分布情况，讨论不等式的取值情况。

例2 二次函数 $f(x)=px^2+qx+r$ 中实数 p、q、r 满足 $\dfrac{p}{m+2}+\dfrac{q}{m+1}+\dfrac{r}{m}=0$。

其中 $m>0$，求证：（1） $pf(\dfrac{m}{m+1})<0$;

（2）方程 $f(x)=0$ 在 $(0,1)$ 内恒有解。

（1）证明：$pf(\dfrac{m}{m+1})=p[p(\dfrac{m}{m+1})^2+q\cdot\dfrac{m}{m+1}+r]$

$=pm[\dfrac{pm}{(m+1)^2}+\dfrac{q}{m+1}+\dfrac{r}{m}]$

$=pm[\dfrac{pm}{(m+1)^2}-\dfrac{p}{m+2}]$

$=p^2m[\dfrac{m(m+2)-(m+1)^2}{(m+1)^2(m+2)}]$

$=-\dfrac{p^2m}{(m+1)^2(m+2)}$

由于 $f(x)$ 是二次函数，故 $p\neq0$。又 $m>0$，

所以 $pf(\dfrac{m}{m+1})<0$。

（2）解析：由题意，得 $f(0)=r$，$f(1)=p+q+r$。

当 $p>0$ 时，由（1）知 $f(\dfrac{m}{m+1})<0$。当 $r>0$，则 $f(0)>0$。又 $f(\dfrac{m}{m+1})<0$，

所以 $f(x)=0$ 在（0，$\dfrac{m}{m+1}$）内有解，若 $r\leq0$，

则 $f(1)=p+q+r=p+(m+1)(-\dfrac{p}{m+2}-\dfrac{r}{m})+r=\dfrac{p}{m+2}-\dfrac{r}{m}>0$。又 $f(\dfrac{m}{m+1})$

<0，所以 $f(x)=0$ 在（$\dfrac{m}{m+1}$，1）内有解。

当 $p<0$ 时，同理可证。

点评：本例题包括两小问，两问联系密切，证明第（1）问是为证（2）问作铺垫，降低了题目难度，所以一题多问应考虑各问之间的联系。

3. 利用方程解决有关函数的问题。

例3 已知二次函数 $f(x)=ax^2+bx+c$ 和一次函数 $g(x)=-bx$，其中 $a>b>c$，$a+b+c=0$（a、b、$c\in\mathbf{R}$）。

（1）求证：两函数的图象交于不同两点 A、B；

（2）求线段 AB 在 x 轴上的射影 A_1B_1 的长的取值范围。

(1) **证明**：由 $\begin{cases} y = ax^2 + bx + c, \\ y = -bx, \end{cases}$ 消去 y 得 $ax^2+2bx+c=0$，（*）

$\Delta=4b^2-4ac$。$\because a+b+c=0$　$a>b>c$，$\therefore a>0$，$c<0$。

$\therefore \Delta>0$，即两函数的图象交于不同两点 A、B。

（2）**解析**：设（*）式的两根为 x_1、x_2，

由韦达定理得 $x_1+x_2=-\dfrac{2b}{a}$，$x_1 \cdot x_2=\dfrac{c}{a}$，

$\therefore |A_1B_1|^2 = |x_1-x_2|^2 = 4(\dfrac{c}{a}+\dfrac{1}{2})^2 + 3$。

令 $f(\dfrac{c}{a}) = 4(\dfrac{c}{a}+\dfrac{1}{2})^2 + 3$。

$\because a>b>c$，$a+b+c=0$，$\therefore a>0$，$c>0$，$a>-a-c>c$。

$\therefore \dfrac{c}{a} \in (-2, -\dfrac{1}{2})$。$\therefore f(\dfrac{c}{a})$ 为减函数。

$\therefore |A_1B_1|$ 的范围为 $(\sqrt{3}, 2\sqrt{3})$。

点评：函数和方程既有着本质上的差异，又有诸多联系，把函数问题转化为方程求解，把方程变形为函数是一种常见的转化，要注意培养这种转化的意识和能力。

2.3.2　数形结合思想

数形结合思想的本质是：

几何图形的性质反映了数量关系，数量关系决定了几何图形的性质。

数形结合作为一种数学思想方法的应用大致分为两种情形：或者借助于数的精确性来阐明形的某些属性，或者借助于形的几何直观来阐明数之间的某种关系。

把数作为手段的数形结合主要体现在解析几何中，把形作为手段的数形结合主要体现在不等式、方程的根、函数的值域、距离、面积等之中。

利用"形"的直观来研究方程的根的情况，讨论函数的值域（或最值），求解变量的取值范围，运用数形结合思想考查化归转化能力、逻辑思维能力，能使繁琐的数量运算变得简捷。

一、命题规律

1. 数形结合的重点是研究"以形助数",但以数定形在近年高考试题中也得到了加强,其发展趋势不容忽视。

2. 数形结合在解题过程中应用十分广泛,如在解方程和解不等式问题中,在求函数的值域和最值问题中,在三角函数问题中都有充分体现。运用数形结合思想解题,不仅直观、易于寻找解题途径,而且能避免繁杂的计算和推理,简化解题过程,这在选择题、填空题、解答题中,更显优越。

二、命题动向

数形结合的思想在每年的高考中都有所体现,它常用来解:研究方程根的情况,讨论函数的值域(最值)及求变量的取值范围等内容的题目,对这类内容的选择题、填空题、数形结合特别有效。从今年的高考题来看,数形结合的重点是研究"以形助数",但"以数定形"在今后的高考中将会有所加强,应引起重视。题型仍以选择、填空题为主。

三、解题方略

1. 数形结合的主要思维方法
(1)用函数的图象解决有关问题;
(2)用三角函数的图象、单位圆解决问题;
(3)曲线与方程的运用;
(4)数学式与几何图形及其某些综合问题;
(5)用平面向量或空间向量解决有关的几何、代数问题。

2. 数形结合的主要题型
(1)求值;
(2)求解的个数;
(3)求参数范围;
(4)解不等式;
(5)求最值;
(6)研究图形的形状、位置关系、性质等;
(7)确定点、线、面之间的位置关系。

在用数形结合思想解数学问题时,关键在于数与形之间的相互转换,同时还要对一些常见的数形结合的形式加以记忆,才能做到数形结合。

数形结合就是把数学关系的精确刻划(代数关系)与几何图形的直观形象有

机地结合起来,从而充分暴露问题的条件与结论之间的内在联系,使问题转化为简单的、熟悉的问题来解决。数形结合常用于解方程、解不等式、求函数的值域、求参数的范围等,此时,可以用数形结合的思想寻找解题思路。

四、应用举例

1. 由数化形。由条件绘制相应图形,使图形能充分反映出它们相应的数量关系,从而解决问题。

2. 由形化数。借助于图形,通过观察研究,揭示出图形中蕴含的数量关系,反映出事物的本质特征。

例1　方程 lg$x$=sin$x$ 的实根的个数是(　　)

A. 1个　　　　　　　　　B. 2个
C. 3个　　　　　　　　　D. 无穷多个

答案:C

解析:如图2-1,在同一坐标系中作出 y_1=lg$x$ 和 y_2=sin$x$ 的图象。注意到 lg10=1,由图易得原方程的实根个数是3个。

点评:本题用解方程的方法求不出解来,想说有几个根是根本不可能的,作图时图形作的要尽量准确,同时用 lg10=1 来确定两图形间的相对位置关系。

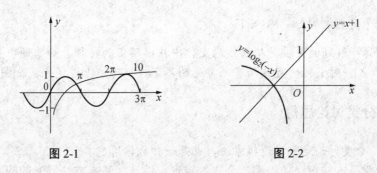

图2-1　　　　　　　　　　　图2-2

例2　使 $\log_2(-x) < x+1$ 成立的 x 的取值范围是_____

解析:作出函数 $y=\log_2(-x)$ 及 $y=x+1$ 的图象,其中 $y=\log_2(-x)$ 与 $y=\log_2 x$ 的图象关于 y 轴对称,观察图象知(如图2-2所示),$-1<x<0$,即 $x\in(-1,0)$。

也可把原不等式化为 $\begin{cases} -x>0, \\ -x<2^{x+1} \end{cases}$ 后去作图。

点评：本题从常见函数的图象入手，巧妙运用了图象与不等式之间的关系。

3．数形转换。"数"和"形"可以互相转换，化抽象为直观，化难为易。

例3 已知曲线 $y=\sqrt{2x-x^2}$ （$0 \leq x \leq 2$）与直线 $y=k(x-2)+2$ 有两个交点，求实数 k 的取值范围。

由 $y=\sqrt{2x-x^2}$，

得 $(x-1)^2+y^2=1$， $y \geq 0$，

即以（1，0）为圆心，半径为 1，
在 x 轴上的半圆中央，

如图 2-3，而 $y=k(x-2)+2$ 是过定点 $P(2,2)$，
斜率为 k 的直线。

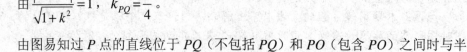

图 2-3

连结 PO，$k_{PO}=1$，过点 P 作圆的切线 PQ，

由 $\dfrac{|-k+2|}{\sqrt{1+k^2}}=1$，$k_{PQ}=\dfrac{3}{4}$。

由图易知过 P 点的直线位于 PQ（不包括 PQ）和 PO（包含 PO）之间时与半圆有两个交点，故得 $\dfrac{3}{4}<k \leq 1$。

点评：解题的关键是从曲线的变化中找出不变的特征，如本题中直线恒过定点（2，2），对变化的直线而言，常见的不变特征为：①过定点；②图象。

2.3.3 分类讨论思想

1．分类讨论是一种逻辑方法，也是一种数学思想

数学基本知识（如法则、公式、定理、性质、基本方法等）的应用都是有一定条件的，就是说只能有一定的范围内应用它们。当在一个比它能适应的条件更广的范围内求解问题时，要应用这些基本知识，就需要把这一更广的范围划分成几个较小的范围以适应基本知识所需用的条件，在每一个较小的范围上都把问题解决掉，通俗地讲，就是"化整为零，各个击破"，或者说不同情况要采取不同的方法去对待，这种处理数学问题的思想，就是"分类讨论"的思想。

2. 分类的原则

分类的对象是确定的,标准是统一的,应做到不遗漏、不重复、分层次、不越级讨论。若要证明一个命题对于集合 P 成立,可以将集合 P 分成若干个子集 p_i ($1 \leqslant i \leqslant n$),且满足 $p=p_1 \cup p_2 \cup \cdots \cup p_n=$(其中 $p_i \cap p_j = \phi$,$i \neq j$,$1 \leqslant i,j \leqslant n$),然后分别证明命题对 p_1,p_2,$\cdots$,p_n 都成立,则命题对 P 成立。

一、命题规律

1. 对分类讨论思想的考查,重点在以下几个方面:(1)分类讨论在函数与不等式中的应用;(2)分类讨论在数列与极限中的应用;(3)分类讨论在立体几何中的应用;(4)分类讨论在解析几何中的应用等,是对学生思维能力是否严谨、全面的考查。

2. 题型分布较广,难度中等,多为中、低档题目。

二、命题动向

分析每年的高考题可知,分类讨论思想在高考中占有十分重要的地位。分类讨论题在今后高考中的比例会适当减少,但仍会是一个热点,其原因是:分类讨论具有明显的逻辑性、综合性、探索性的特点,能体现"着重考查数学能力"的要求,但随着招生规模的扩大,分类讨论的试题难度会适当控制。

三、解题方略

1. 分类的步骤

(1)确定讨论的对象;
(2)对所讨论的对象进行合理分类(分类应做到不重不漏);
(3)逐类讨论;
(4)归纳结论。

2. 引入分类讨论的主要原因

(1) 由数学概念引起的分类讨论：如绝对值的定义；直线与平面所成的角；向量的共线、垂直；圆锥曲线的定义、标准方程；直线的倾斜角等。这类问题应以所定义的概念来进行分类讨论，并且要注意概念所受的限制。

(2) 由运算的要求引起的分类讨论：如除法要求除式不能为零；在实数集内开偶次方被开方式必须非负；幂的运算及对数运算也有相应的限制；解方程或解不等式过程中，常常要区分两边乘除的同一个数（或式）是否为零，是正数还是负数等，特别是对所谓的"二次函数"、"二次方程（不等式）"，讨论二次项系数。

(3) 由函数性质、定理、公式的限制条件引起的分类讨论：如有些函数性质、定理、公式在不同的要求下有不同的结论，或者在一定的限制条件下才成立，如指数和对数函数的单调性、均值定理、等比数列的求和公式、异面直线上两点间的距离公式等。

(4) 由图形位置的不确定性引起的分类讨论：当已知条件不能确定图形位置时，在求解或证明的过程中，则需根据可能出现的图形位置进行分类讨论。此类问题在立体几何和解析几何中较为常见。

(5) 由参数的变化引起的分类讨论：某些含有参数的问题，由于参数的取值不同会导致所得结果不同，或者由于对不同的参数值要运用不同的求解或证明方法，如含参数的方程或不等式，直线的点斜式或斜截式方程等，这时都需要进行分类讨论。

(6) 其他：根据实际问题具体分析进行分类讨论。如排列、组合问题、应用问题等。

四、应用举例

1. 由数学概念引起的分类讨论：如绝对值的定义、不等式的定义、二次函数的定义、直线与平面所成的角。直线的倾斜角、向量的共线等，这类问题应以所定义的概念来进行分类讨论，并且要注意概念所受的限制。

例1 已知数列$\{a_n\}$的前n项和为$S_n=32n-n^2$，求数列$\{|a_n|\}$的前n项和P_n。

解析：由$S_n=32n-n^2$，

当$n\geq 2$时

$a_n=s_n-s_{n-1}=32n-n^2-32(n-1)+(n-1)^2=33-2n$

当$n=1$时，$a_1=S_1=31$，∴ $a_n=33-2n$

令$a_n\geq 0$，则$33-2n\geq 0$，$n\leq 16.5$。

因为$n\in \mathbf{N}^*$，所以$n\leq 16$时，$a_n>0$，$n\geq 17$时，$a_n<0$。

所以本题P_n的求值问题应分两种情况讨论。

当 $n \leq 16$ 时，$P_n = |a_1| + |a_2| + \cdots + |a_n| = a_1 + a_2 + a_3 + \cdots + a_n$
$$= s_n = 32n - n^2。$$
当 $n \geq 17$ 时，
$P_n = |a_1| + |a_2| + \cdots |a_{16}| + |a_{17}| + \cdots |a_n|$
$= a_1 + a_2 + \cdots a_{16} - a_{17} - a_{18} - \cdots a_n$
$= (-a_1 - a_2 - \cdots a_{16} - a_{17} - a_{18} - \cdots - a_n) + 2(a_1 + a_2 + \cdots + a_{16})$
$= -S_n + 2(a_1 + a_2 + \cdots + a_{16})$
$= -S_n + 2S_{16}$
$\because S_{16} = 32 \times 16 \quad 16^2 = 16 \times 16 = 256, \ S_n = 32n - n^2$
$\therefore P_n = 512 - 32n + n^2$
$\therefore$ 数列 $\{|a_n|\}$ 的前 n 项和
$$p_n = \begin{cases} 32n - n^2 & (n \leq 16) \\ 512 - 32n + n^2 & (n \geq 17) \end{cases}$$

点评：由于 $|a_n| = \begin{cases} 2n - 33 & (n \geq 17) \\ 32 - 2n & (n \leq 16) \end{cases}$ 故求 P_n 的值时需分两种情况，转化为一个分段函数，从而使问题得以解决。有些数学概念有明显的分类特点，特别是绝对值的概念，因此涉及这些概念时，常常需要分类讨论。

2. 由参数的变化引起的分类讨论：某些含有参数问题，由于参数的取值不同会导致所得结果不同，或者由于对不同的参数值要运用不同的求解或证明方法，如含参数的方程或不等式、直线的点斜式或斜截式方程等，这时需要进行分类讨论。

例 2 解关于 x 的不等式：
$(m+3)x^2 + (m+2)x - 1 > 0$。

解析：
(1) 当 $m = -3$ 时，原不等式为 $-x - 1 > 0$，其解为 $x < 1$；
(2) 当 $m > -3$ 时
原不等式化为 $(x - \dfrac{1}{m+3})(x+1) > 0$
其解为 $x < -1$ 或 $x > \dfrac{1}{m+3}$；

（3）当 $m<-3$ 时

原不等式化为 $(x-\dfrac{1}{m+3})(x+1)<0$。

①当 $-4<m<-3$ 时，$\dfrac{1}{m+3}<-1$，

故原不等式的解为 $\dfrac{1}{m+3}<x<-1$；

②当 $m<-4$ 时，$\dfrac{1}{m+3}>-1$，

故原不等式的解为 $-1<x<\dfrac{1}{m+3}$；

③当 $m=-4$ 时，原不等式无解。

点评：$m<-3$ 时，易忽视对两根的大小比较，解一元二次不等式应结合一元二次函数、一元二次方程，利用图象写出解集，故解答的整个过程应围绕图象确定展开。

3. 由函数的性质、定理、公式的限制引起的分类讨论：如有些函数性质、定理、公式在不同的条件下有不同的结论，或者在一定的限制条件下才成立。例如，指数函数和对数函数的单调性、均值定理、等比数列的求和公式等。

例 3 二次函数 $f(x)=ax^2+2ax+1$ 在区间 $[-3, 2]$ 上的最大值为 4，求实数 a 的值。

解析：$f(x)=ax^2+2ax+1=a(x+1)^2+1-a$

（1）当 $a<0$ 时，$f(x)$ 最大值为 $f(-1)=1-a=4$，即 $a=-3$。

（2）当 $a>0$ 时，$f(x)$ 最大值为 $f(2)=8a+1=4$，即 $a=\dfrac{3}{8}$。

综上所述，得 $a=-3$ 或 $a=\dfrac{3}{8}$。

另外还可以用三点值（区间的两端点、对称轴）代入检验得出 $a=-3$ 或 $\dfrac{3}{8}$。

点评：对 $a>0$ 时，应准确判定 $f(x)$ 在何处取到最大值。二次函数的分类讨论是常见的一种类型，通常考虑开口方向，对称轴是否在给定的区间内进行分类讨论。

例 4 设等比数列 $\{a_n\}$ 的公比为 q（$q>0$），它的前 n 项和为 40，前 $2n$ 项和为 3 280，且前 n 项中数值最大项为 27，求数列的第 $2n$ 项。

解析：若 $q=1$，则 $na_1=40$，$2na_1=3\,280$，矛盾，

$$\therefore q\neq 1, \therefore \begin{cases} \dfrac{a_1(1-q^n)}{1-q}=40 & \text{①} \\ \dfrac{a_1(1-q^{2n})}{1-q}=3\,280 & \text{②} \end{cases}$$

$\dfrac{②}{①}$ 得：$1+q^n=82$，$\therefore q^n=81$ ③

将式③代入式①：$q=1+2a_1$ ④

又 $\because q>0$，$\therefore q>1$，$\therefore a_1>0$，

$\therefore \{a_n\}$ 为递增数列。

$\therefore a_n=a_1q^{n-1}=27$ ⑤

由式③④⑤得：

$q=3$，$a_1=1$，$n=4$，

$\therefore a_{2n}=a_8=1\times 3^7=2187$。

点评：利用等比数列求和公式时，易忽视对公比 q 的分类讨论。解决本题应关注三个方面：（1）等比数列中涉及 a_1，q，n，S_n，a_n，5 个基本量时，可利用公式建立关系，已知其中 3 个量可求出另外 2 个量；（2）解方程组时运用的变形方法；（3）利用等比数列求和时，应对公比 q 是否为 1 进行讨论。

4. 由图形位置的不确定性引起的分类讨论：当已知条件不能确定图形的位置时，在求解或证明的过程中，则需根据可能出现的图形位置进行分类讨论，此类问题在立体几何和解析几何中较为常见。

例 5 长方形 $ABCD$ 中，$|AB|=4$，$|BC|=8$，在 BC 边上取一点 P，$|BP|=t$，线段 AP 的垂直平分线与长方形的边的交点为 Q、R 时，用 t 表示 $|QR|$。

解析：如图 2-4，分别以 BC、AB 所在的边为 x、y 轴。建立坐标系。

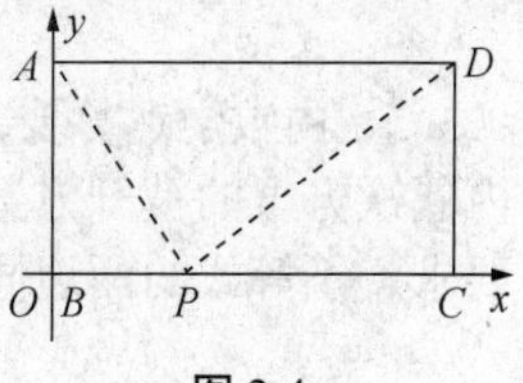

$\because k_{AP}=-\dfrac{4}{t}$ $\therefore k_{QR}=\dfrac{t}{4}$

又知 AP 的中点的坐标为 $\left(\dfrac{t}{2},2\right)$

图 2-4

∴ QR 所在直线方程为 $y-2=\dfrac{t}{4}\left(x-\dfrac{t}{2}\right)$ ①

由于 t 的取值范围不同将导致 Q、R 落在长方形 $ABCD$ 的不同边上，故需分类讨论：

当 $|PD|=|AD|=8$ 时，易知

$|PC|=\sqrt{|PD|^2-|DC|^2}=4\sqrt{3}$。

∴ 当 $0\leqslant t\leqslant 8-4\sqrt{3}$ 时，Q、R 两点分别在 AB、CD 上，对方程①分别令 $x=0$ 和 $x=8$，

可得 $Q\left(0,\ 2-\dfrac{t^2}{8}\right)$，$R\left(8,\ 2+2t-\dfrac{t^2}{8}\right)$。

这时 $|QR|=2\sqrt{16+t^2}$，

当 $8-4\sqrt{3}<t\leqslant 4$ 时，Q、R 两点分别在 AB、AD 上，

对方程①分别令 $x=0$ 和 $y=4$，

可知 $Q\left(0,\ 2-\dfrac{t^2}{8}\right)$，$R\left(\dfrac{8}{t}+\dfrac{t}{2},\ 4\right)$。

这时 $|QR|=\sqrt{\left(\dfrac{8}{t}+\dfrac{t}{2}\right)^2+\left(2+\dfrac{t^2}{8}\right)^2}$；

当 $4<t\leqslant 8$ 时，Q、R，两点分别在 BC、AD 上，

对方程①分别令 $y=0$ 和 $y=4$，

可得 $Q\left(\dfrac{t}{2}-\dfrac{8}{t},\ 0\right)$，$R\left(\dfrac{8}{t}+\dfrac{t}{2},\ 4\right)$。

这时 $|QR|=\dfrac{4\sqrt{t^2+16}}{t}$。

点评：解此题易忽视参数 t 对位置的影响。解决本题的关键是要搞清不同状态的分界点的参数取值，并由此进行分类讨论。

5. 由数学运算要求引起的分类讨论：如除法运算中除式不能为零、在实数集内偶次方根的被开方数为非负数、对数中真数与底数的要求、指数运算中底数的要求、不等式的两边同乘以一个正数还是负数、三角函数的定义域等等。

6. 其他：根据实际问题具体分析进行分类讨论。如排列、组合问题，应用问

题等。

例6 10名运动员在赛艇上练习，若这10个全会划左桨，其中6人也会划右桨，那么选出3人划左桨，3人划右桨，共有多少种不同的选法。

解析 ①这6人全部入选，有 $C_6^3 \times C_3^3$ 种安排方法；

②这6人中有5人入选，有 $C_6^5 \times C_5^2 \times C_4^1 \times C_3^3$ 种安排方法；

③这6人中有4人入选，有 $C_6^4 \times C_4^1 \times C_4^2 \times C_3^3$ 种安排方法；

④这6人中只有3人入选，有 $C_6^3 \times C_4^3$ 种安排方法；

因此共有：$C_6^3 \times C_3^3 + C_6^5 \times C_5^2 \times C_4^1 \times C_3^3 + C_6^4 + C_4^1 \times C_4^2 \times C_3^3 + C_6^3 \times C_4^3 = 700$ 种不同的选法。

点评：解决这类有限制条件的排列组合问题，需要分步和分类，然后应用计数原理。本题由于有6名"多面手"的存在引起计算方法的不同，故对确定6个"多面手"是否当选展开讨论。

2.3.4 转化与化归的思想

转化与化归的思想方法是数学中最基本的思想方法，数学中一切问题的解决都离不开转化与化归。所谓转化与化归思想是指把待解决的问题（或者说未知解的问题）转化归结为已有知识范围内可解的问题的一种数学意识。

转化与化归的原则为：

将不熟悉和难解的问题转化为熟知的易解的或已经解决的问题；将抽象的问题转化为具体的直观的问题；将复杂的问题转化为简单的问题；将一般性的问题转化为直观的特殊的问题；将实际问题转化为数学问题，使问题便于解决。具体地说就是：

（1）熟悉化原则：将陌生的问题转化为熟悉的问题，以利于我们运用熟知的知识和经验来解决问题。

（2）简单化原则：将复杂问题化归为简单问题，通过对简单问题的解决，达到解决复杂问题的目的，或获得某种解题的启示和依据。

（3）和谐化原则：化归问题的条件或结论，使其表现形式更符合数与形内部所示和谐统一的形式，或者转化命题，使其推演有利于运用某种数学方法或符合人们的思维规律。

（4）直观化原则：将比较抽象的问题转化为比较直观的问题解决。

（5）正难则反原则：当问题正面讨论遇到困难时，可考虑问题的反面，设法从问题的反面去探求，使问题获解。

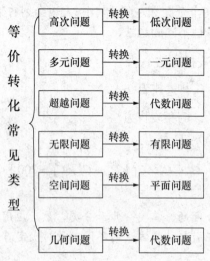

一、命题规律

解题的过程就是"化归"的过程，不断地改变你的问题，重新叙述它，变换它，直到最后成功地找到某些有用的东西为止。

1. 转化化归的思想是数学中最基本的思想方式，数学中一切问题的解决都离不开转化与化归。因此，这一思想可渗透到各类题目中，难度有低，也有高，主要是对学生的能力考查。

2. 高考中十分重视对化归思想的考查，要求考生熟悉各种转化方法，并有意识地运用转化方法解决有关的数学问题。

二、命题动向

高中阶段，几乎每一个题目都要用到这一思想方法，而重视对转化与化归思想的考查，已是高考数学命题多年来所坚持的方向，并以各种不同的层次融入试题中，通过对转化与化归思想方法的运用，对学生的数学能力进行区分。

三、解题方略

在运用已有数学知识解答一类问题时，不同问题要求运用不同知识，这就要求人们用类比法找准某一数学模型为目标，通过恰当的手段把问题化归为目标模型，再运用模型的内在数学规律使问题获解，其思维程序是：客观问题 $\xrightarrow{\text{抽象}}$

数学问题 $\xrightarrow[\text{找准目标模型,把问题转化成模型}]{\text{类比、化归}}$ 数学模型 $\xrightarrow[\text{运用模型}]{\text{求解}}$ 得解。

可见解题能力强弱在于：①有敏锐的洞察能力和较强的类比能力，才能找准目标模型；②有较强的化归能力，才能有效地把问题转化为目标模型。

为了实施有效的化归，既可以变更问题的条件，也可以变更问题的结论；既可以变换问题的内部结构，又可以变换问题的外部形式。从宏观上可以实现学科间的化归，也可以调动各种方法与技术，从微观上解决多种具体问题，在解题中可以多次使用化归，使问题逐次达到规范化、模式化。

四、应用举例

1. 常量与变量的转化：在有几个变元的问题中，若转换思考问题的角度，可消除一些讨论问题中的分类因素，常通过变更主元的方法来实现。

例1 已知二次方程 $ax^2+2(2a-1)x+4a-7=0$ 中的 a 为正整数，问 a 取何值时此方程至少有一个整数根。

解析：原方程即是 $(x^2+4x+4)a=2x+7$，

$\because$ $x=-2$ 不是原方程的解，$\therefore$ $a=\dfrac{2x+7}{(x+2)^2}$，

又$\because$ a 为正整数，$\therefore$ $\dfrac{2x+7}{(x+2)^2} \geq 1 \Rightarrow x^2+2x-3 \leq 0$，

解得 $-3 \leq x \leq 1$，

又$\because$ x 是整数且 $x \neq -2$，$\therefore$ $x=-3$，-1，0，1，

把它们分别代入原方程得：

$$\begin{cases} x=-3 \\ a=-1 \end{cases} \begin{cases} x=-1 \\ a=5 \end{cases} \begin{cases} x=0 \\ a=\dfrac{7}{4} \end{cases} \begin{cases} x=1 \\ a=1 \end{cases}$$

故当 $a=1$ 或 $a=5$ 时，原方程至少有一个整数根。

点评：本题若按常规法求出方程的根 $x=\dfrac{1-2a \pm \sqrt{1+3a}}{a}$

再由此式讨论方程至少有一个正数根的条件，则难以解决。

本题将变量与参数变更关系，视 a 为主元，转换思考的角度，使解法变得简易。

2. 等价转化

例2 设定义在[-2, 2]上的偶函数$f(x)$在区间[0, 2]上单调递减,若$f(1-m)<f(m)$,求实数m的取值范围。

解析: 因为$f(x)$是偶函数,

所以$f(-x)=f(x)=f(|x|)$,

所以不等式$f(1-m)<f(m)\Leftrightarrow f(|1-m|)<f(|m|)$

又当$x\in[0, 2]$时,$f(x)$是减函数。

所以$\begin{cases}|1-m|>|m|\\-2\leq 1-m\leq 2\\-2\leq m\leq 2\end{cases}$

解得$-1\leq m\leq\dfrac{1}{2}$。

点评: 本题应用了偶函数的性质作巧妙转化使问题变得简单,若依据函数的定义域,$1-m, m\in[-2, 2]$,但是$1-m$和m在$[-2, 0]$、$[0, 2]$的哪个区间内?如果就此讨论,将十分复杂。

3. 命题的转化:根据问题的特点转化问题,使原问题转化为与之相关、易于解决的新的问题。

例3 求函数$f(x)=2-4a\sin x-\cos 2x$的最大值和最小值。

解析: $y=f(x)=2-4a\sin x-(1-2\sin^2 x)$

$=2\sin^2 x-4a\sin x+1=2(\sin x-a)^2+1-2a^2$

设$\sin x=t$,则$-1\leq t\leq 1$,

并且$y=g(t)=2(t-a)^2+1-2a^2$。

当$a<-1$时,如图2-5。

有$y_{最大}=g(1)=3-4a$,

$y_{最小}=g(-1)=3+4a$

当$-1\leq a\leq 1$时,

有$y_{最小}=g(a)=1-2a^2$,

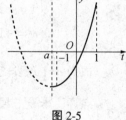

图2-5

有$y_{最大}$为$g(-1)$和$g(1)$中的较大者。即$y_{最大}=3-4a$ $(-1\leq a\leq 0)$,

或 $y_{最大}=3+4a$ ($0 \leq a \leq 1$)。

当 $a>1$ 时，

有 $y_{最大}=g(-1)=3+4a$

有 $y_{最小}=g(1)=3-4a$

点评：通过换元将三角问题转化为较熟悉的一元二次函数在闭区间上的最值问题。特别注意：①换元后所得 t 函数的定义域为 $[-1, 1]$；②应该讨论二次函数对应的抛物线的对称轴相对于区间 $[-1, 1]$ 的位置，才能确定其最值。

4. 正反转化：正面难以解决问题时，可采用补集的思想，转化为反面问题的解决。

例4 已知非空集合 $A=\left\{x \mid x^{2}-4mx+2m+6=0, x \in \mathbf{R}\right\}$，若 $A \cap \mathbf{R}^{-} \neq \varnothing$，求实数 m 的取值范围（$\mathbf{R}^{-}$ 表示负实数集，$\mathbf{R}^{+}$ 表示正实数集.)

解析：设全集 $U=\left\{m \mid \Delta=16m^{2}-8m-24 \geq 0\right\}=\left\{m \left\lvert\, m \leq -1 \text{或} m \geq \frac{3}{2}\right.\right\}$。

方程 $x^2-4mx+2m+6=0$ 的两根均非负的充要条件是
$$\begin{cases} m \in U \\ 4m \geq 0 \\ 2m+6 \geq 0 \end{cases}$$
可得 $m \geq \frac{3}{2}$

$\therefore A \cap R^{-}=\varnothing$ 时 m 实数的取值范围为 $\left\{m \left\lvert\, m \geq \frac{3}{2}\right.\right\}$。

$\therefore A \cap R^{-} \neq \varnothing$ 时 m 实数的取值范围为 $\{m \mid m \leq -1\}$。

点评：本题若不能确定正确的思维途径，会使得解题过繁，非空集合 A 是方程 $x^2-4mx+2m+6=0$ ①的实数解组成的集合，若满足条件 $A \cap \mathbf{R}^{-} \neq \varnothing$ 正面处理求 m，则需使方程①的根有两负根或一负根、一零根或一负根、一正根三种情况，分别转化相当麻烦，本题利用补集的思想，使问题得到了简化。

2.3.5 开放探索性问题的解法

探索性问题是一种开放性问题，常用的有条件追溯型、结论探索型、存在判断型、方法探究型等四种类型。这类问题覆盖面广，综合性强，对学生分析问题和解决问题的能力要求较高，解决这类问题必须通过分析判断、演绎推理、联想转化、尝试探索等多种思维形式去寻求解题的途径。正确运用分类讨论、归纳猜想、函数与方程、数形结合、等价转化与非等价转化等数学思想方法是解决这类问题的桥梁和向导。

一、命题规律

1. 探索性问题是一种开放性问题，常见的有条件追溯型、结论探索型、存在判断型、方法探究型等。这类问题具有覆盖面广、综合性强、对学生分析问题和解决问题的能力要求较高等特点，备受命题者青睐，形成的高考试题的一个热点，它是对学生一种能力考查。

2. 题型多以解答题为主，难度较大，属中、高档题，选择题与填空题一般比较基础，属低档题。

二、命题动向

纵观历年高考，可预测探索性问题的出现形式会更丰富多彩，题型更趋于新颖。因为它能有效地考查学生思维品质和创造性地分析问题、解决问题的能力，故越来越受广大中学教师和命题人员的重视，是高考中的热点问题之一。

三、解题方略

1. 条件追溯型

这类问题的特点是给出结论，但给出的条件残缺，需在给定结论的前提下，探索结论成立的条件，而满足结论的条件往往不是唯一的，解决问题的总体思路是采用分析法，把结论看作已知进行逆推，探索结论所需的条件。

2. 结论探索型

这类问题的基本特征是：有条件而无结论或结论的正确与否需要确定，或问题中给出特例需要引伸、归纳出一般结论。研究特例、归纳猜想、探索结论而后论证结论是解决问题的一般形式。

3. 存在判断型

这类问题是指判断在某些确定条件下的某一数学对象（数值、图形、函数等）是否存在或某一结论是否成立的探索性问题。解决这类问题的总体思路是先假定结论存在，并以此进行推理，若能推出矛盾，即可否定假设；若能推出合理结果，经验证成立即可肯定假设正确；或者先利用一定的数学思想和方法探索存在的可能性，利用分类讨论思想，再加以论证。

4. 方法探究型

这类问题是指需要用非常规的解题方法或被指定要用两种以上的方法解决同一类问题，难度较高的构造法属于此题型。在探究方法的过程中，常常需要研究简化形式但保持本质的特殊情形，运用类比、猜想、联想来探路，解题过程中创造性成分比较高。

四、应用举例

1. 对于由给定的条件寻求相应的结论或是由给定的结论探求具备条件的问题，可通过观察、分析、联想、类比策略，由因导果，得到结论或执果索因探求条件。

例1 在直三棱柱 $A_1B_1C_1$-ABC 中，$BC=CC_1$，当底面 $\triangle A_1B_1C_1$ 满足条件时_____，有 $AB_1 \perp BC_1$（注：填上你认为正确的一种条件即可，不必考虑所有可能的情况）

解析：如图2-6，连结 B_1C，由 $BC=CC_1$，可得 $BC_1 \perp B_1C$，因此，要证 $AB_1 \perp BC_1$，则只要证 $BC_1 \perp$ 平面 ABC_1，即只要证 $AC_1 \perp BC_1$ 即可。

由直三棱柱可知，只要证 $AC \perp BC$。

因 $A_1C_1 \parallel AC$，$B_1C_1 \parallel BC$，故只要 $A_1C_1 \perp B_1C_1$ 即可（或者能推导出 A_1C 的条件，如 $\angle A_1C_1B_1=90°$ 等）。

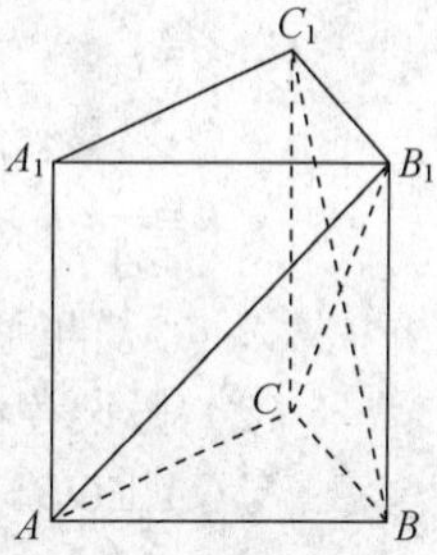

点评：利用逆向思维得出相应的条件。

图2-6

2. 对于比较大小或探求公式的问题，可先以退为进，通过特例引路，猜想结论，然后证明，或由特例到一般，由低维到高维探求结论。

3. 对于判断符合条件的某种数学"对象"是否存在的问题，可先假设该"对象"存在，然后据此进行推理，若推出合理结果并验证成立，即可肯定假设；若推出矛盾，即可否定假设。

例2 过点 $P(-2, 0)$ 的直线 l 交抛物线 $x^2=4y$ 于 A、B 两点，O 为原点，以 OA、OB 为邻边作平行四边形 $OAMB$。

（1）求顶点 M 的轨迹方程；

（2）在所求轨迹上是否存在点 M，使四边形 OAMB 为矩形？若存在，求出点 M 的坐标；若不存在，请说明理由。

解析：（1）如图 2-7，设直线的方程为 $y=k(x+2)$，

由 $\begin{cases} y=k(x+2) \\ x^2=4y \end{cases}$

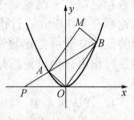

图 2-7

得 $x^2-4kx-8k=0$，$\Delta=(4k)^2+32k>0$，

∴ $k>0$ 或 $k<-2$。

设 $A(x_1, y_1)$、$B(x_2, y_2)$、$M(x, y)$，
则

$\begin{cases} x_1+x_2=4k \\ y_1+y_2=k(4k+4) \end{cases}$

而四边形 OAMB 为平行四边形，

$\begin{cases} x=4k \\ y_1=k(4k+4) \end{cases}$

消去 k，得 $(x+2)^2=4(y+1)$。

∵ $k=\dfrac{x}{4}$

∵ $k=\dfrac{x}{4}$，$k>0$ 或 $k>-2$，∴ $x>0$ 或 $x<-8$

∴点 M 的轨迹方程为 $(x+2)^2=4(y+1)$（$x>0$ 或 $x<-8$）。

（2）假设存在点 M 满足要求。

∵ $OA \perp OB$，∴ $x_1 x_2 + y_1 y_2 = 0$。

$y_1 y_2 = \dfrac{(x_1 x_2)^2}{16} = \dfrac{64k^2}{16}$，$x_1 x_2 = -8k$，

∴ $x_1 x_2 + y_1 y_2 = 4k^2 - 8k = 0$。

$4k-8=0$，$k=2$，此时 AB 的中点坐标为（4，12），点 M 的坐标为（8，24）。

点评：对于此类问题，"肯定顺推"是重要的解题策略，一般我们可设满足条件的元素存在，然后根据条件去求此元素，若有求解的过程中导出矛盾，则可断定此元素不存在；若能找出符合条件的点 M，不管所用是何方法，都能断定此元素存在。

对于给出新定义，新运算，新情景的问题，要善于阅读理解，培养知识迁移能力。

例3 定义"等和数列"：在一个数列中，如果每一项与它的后一项的和都为同一个常数，那么这个数列叫做等和数列，这个常数叫做该数列的公和。

已知数列$\{a_n\}$是等和数列，且$a_1=2$，公和为5，那么a_{18}的值为_____，这个数列的前n项和S_n的计算公为_____。

解：由等和数列的定义，知

$a_1+a_2=a_2+a_3=a_4+a_5=\cdots$

即有$a_1=a_3=a_5=\cdots$，$a_2=a_4=a_6=\cdots$

又$a_1=2$，公和为5，

得$a_{18}=a_2=5-2=3$。

即有$a_n=\begin{cases}2, n\text{为奇数},\\3, n\text{为偶数}。\end{cases}$

故当n为偶数时，$s_n=\dfrac{5}{2}n$；当n为奇数时，$s_n=\dfrac{5n-1}{2}$。

点评："新定义"型填空题主要指即定义新概念、新公式、新运算、新法则等，学生解题时要能够用所学过的知识和方法理解"新定义"，做到"化生为熟"。

实际问题转化为数学问题：挖掘实际问题所表示的数量关系，建立数学模型，转化为解决数学问题。

探索性问题往往需要由给定的题设条件去探索相应的结论（结论探索），或由题断结果反溯相应的条件（条件探索），即在解决问题之前先要求学生透过题目所给信息，去发现规律的东西。

解探索性问题应注意三个基本问题：①认真审题，确定目标。②注意挖掘隐含条件，注意准确性，即做到不漏条件、判决准确、运算合理。③开阔思路，因题定法。

在存在性探索型问题中，常以"存在""不存在""是否存在"等形式出现。"存在"问题无论用什么方法，只要找到一个，就说明存在。"不存在"就是无论是用什么方法都找不到，或假设存在，导出矛盾（即用反证法证明）。"是否存在"结果有两种可能——存在或不存在，若存在，需找出来；若不存在，需说明理由。此类问题的解决方法是：假设存在，若求出，即解决；若导出矛盾，说明不存在。

2.3.6 应用性问题的解法

这类问题要求学生能综合应用所学数学知识，思想和方法解决问题，包括解决在相关学科、生产、生活中简单的实际问题，能理解对实际问题陈述的材料，并能对所提供的信息资料进行整理，将实际问题抽象为数学问题，建立数学模型，并应用相关的数学方法解决问题。

一、命题规律

1. 应用问题是高考命题的热点之一，它不仅具有题材贴近生活、题型功能丰富、涉及知识面广等特点，而且还具有应用性、创造性、开放性等，在近几年高考中通常是两个小题和一个解答题，大多属于中档题或较难题。

2. 在数学学科的考试大纲中明确要求学生在数学应用方面能阅读、理解陈述的材料，能综合应用所学的数学知识，思想和方法解决问题，包括解决带有实际意义的或在相关学科、生产、生活中出现的数学问题，并能用数学语言正确地加以表述。突出联系实际、注重实践能力、应用能力的考查已成为高考的重点内容。

二、命题动向

随着新课程，新高考改革的深入，高考试题中应用题的命题出现题量增多，题意趋活，题型创新的趋势。题型仍会分布在选择、填空、解答题中。

三、解题方略

1. 解答应用问题的关键是建立数学模型，高考中常见的数学模型有函数模型、数列模型、几何模型、排列组合模型等等。

2. 解实际应用问题的思想和方法：

审题：分为读懂和深刻理解两个层次，把"问题情景"译为数学语言，找出问题的主要关系（目标与条件的关系）。

建模：把问题的主要关系近似化、形式化，抽象成数学问题。

解模：把数学问题化归为常规问题，选择合适的数学方法求解。

检验：对结果进行验证和评估，对错误加以调节，最后将结果应用于现象，作出解释或预测。

四、应用举例

1. 有关函数模型问题，首先要在审清题意的基础上，把一些实际问题转化为相应的函数问题来解决，如何恰当地建立函数、最值模型是关键，但要结合实际问题考虑函数的定义域。

例1 某公司生产 A 型商品通过租赁柜台进入商场销售,第一年,商场为吸引厂家,决定免收该年管理费,因此,该年 A 型商品定价为每件 70 元,年销售量为 11.8 万件。第二年,商场开始对该商品征收比率为 $P\%$ 的管理费(即销售 100 元要征收 P 元),于是该商品的定价上升为每件 $\dfrac{70}{1-P\%}$ 元,预计年销售量将减少 P 万件。

(1)将第二年商场对该商品征收的管理费 y(万元)表示成 P 的函数,并指出这个函数的定义域;

(2)要使第二年商场在此项经营中收取的管理费不少于 14 万元,则商场对该商品征收管理费的比率 $P\%$ 的范围是多少?

(3)第二年,商场在所收管理费不少于 14 万元的前提下,要让厂家获得最大销售金额,则 P 应为多少?

解析:(1)依题意,第二年该商品年销售量为 $(11.8-P)$ 万件,年销售收入为 $\dfrac{70}{1-P\%}(11.8-P)$ 万元,

则商场该年对该商品征收的总管理费为 $\dfrac{70}{1-P\%}(11.8-P)P\%$(万元)。

故所求函数 $y=\dfrac{70}{100-P}(11.8-P)P\%$。

由 $11.8-P>0$ 及 $P>0$ 得定义域 $0<P<\dfrac{59}{5}$;

(2)由 $y\geqslant 14$,即 $\dfrac{70}{100-P}(11.8-P)P\geqslant 14$。

化简得 $P^2-12P+20\leqslant 0$,即 $(P-2)(P-10)\leqslant 0$,

解得 $2\leqslant P\leqslant 10$。

故当比率在 $[2\%,10\%]$ 时,商场收取的管理费将不少于 14 万元。

(3)第二年,当商场收取的管理费不少于 14 万元时,厂家的销售收入为 $g(P)=\dfrac{70}{1-P\%}(11.8-P)$ $(2\leqslant P\leqslant 10)$。

$\because g(P)=\dfrac{70}{1-P\%}(11.8-P)=700\left(10+\dfrac{882}{P-100}\right)$ 为减函数,

$\therefore g(P)_{\max}=g(2)=700$(万元)。

故当比率为 2% 时,厂家销售金额最大,且商场所收管理费又不少于 14 万元。

点评:本题是一道函数知识的综合应用题,题意简明,渐近式设问降低了该

题的难度。只要第（1）问函数解析式写出来，第（2）问、第（3）问就容易解决了，它是一道注重双基的中档题。

2. 利用方程组和不等式（组）的知识，建立相应的方程与不等式模型，并求解模型到数学结论，特别是利用均值不等式解决最值问题，在高考中占有重要地位。

例2 旅客在车站候车室排队等候检票，并且排队的旅客按一定的速度在增加，设检票速度一定，当车站开放一个检票口时，需用30分钟，可将待检旅客全部检票进站；同时开放两个检票口时，只需10分钟，便可将旅客全部检票进站，现有一班增开列车过境载客，必须在5分钟内旅客全部检票进站，问车站此时最少要同时开放几个检票口？

解析： 设检票开始时等候检票旅客 x 人，排队人数每分钟增加 y 人，每个检票口每分钟检票 z 人，最少同时开放 n 个检票口（$x, y, z, n \in \mathbf{N}$）就可在5分钟内旅客全部检票进站。

依题意可得 $\begin{cases} x + 30y = 30z & ① \\ x + 10y = 20z & ② \\ x + 5y \leq n \cdot 5z & ③ \end{cases}$

由①、②可得 $\begin{cases} x = 15z \\ y = \dfrac{1}{2}z \end{cases}$ 代入③得 $n \geq 3.5$。

取 $n=4$，因此车站最少要同时开放 4 个检票口，才能在 5 分钟内将旅客全部检票进站。

点评： 本题以实际生活中的检票问题为背景，建模条件较为复杂，对建模能力要求较高。

例3 如图2-8，河宽 $OB=1$ 千米，相距 4 千米（直线距离）的两座城市 A、B 分别位于河的两岸，现需铺设一条电缆连通 A 与 B，已知地下电缆的修建费为每千米2万元，水下电缆的修建费为每千米4万元，假定两岸是平行的直线，问应如何铺设电缆可使总的修建费用最少？

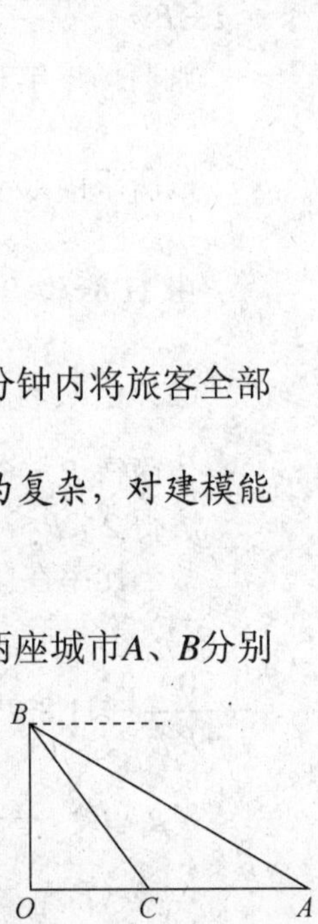

（$\sqrt{15}=3.873, \sqrt{3}=1.732$，精确到百米、百元）

解析： 这道题的背景是建设电缆工程的设计，解题关键在于

图 2-8

确定 C 点的位置,由建立修建费用 S 的解析式所选择的不同参数可得不同的解法。

解法一: 设 $OC=x$ $(0 \leq x \leq \sqrt{15})$,

则 $AC = \sqrt{15} - x$,$BC = \sqrt{1+x^2}$。

总修建费 $S = 2(\sqrt{15} - x) + 4\sqrt{1+x^2}$

$= 2\sqrt{15} + 3(\sqrt{1+x^2} - x) + (\sqrt{1+x^2} + x)$

$= 2\sqrt{15} + \dfrac{3}{(\sqrt{1+x^2} + x)} + (\sqrt{1+x^2} + x)$

$\geq 2\sqrt{15} + 2\sqrt{3}$。

当且仅当 $x = \dfrac{\sqrt{3}}{3}$ 时,S 取最小值 $2\sqrt{15} + 2\sqrt{3}$。此时,$AC \approx 3.3$,$BC \approx 1.2$,故当先铺设 3.3 千米水下电缆,再铺设 1.2 千米地下电缆连通 A 与 B 时,总的修建费用最小,此时,修建费为 11.21 万元。

解法二: $\angle BCO = \theta \left(\arctan\dfrac{1}{\sqrt{15}} \leq \theta \leq \dfrac{\pi}{2}\right)$,

则总费用 $S = 2(\sqrt{15} - \cot\theta) + \dfrac{4}{\sin\theta}$

$= 2\sqrt{15} - \dfrac{2(1 - \tan^2\dfrac{\theta}{2})}{2\tan\dfrac{\theta}{2}} + \dfrac{4(1 + \tan^2\dfrac{\theta}{2})}{2\tan\dfrac{\theta}{2}}$

$= 2\sqrt{15} + \dfrac{1}{\tan\dfrac{\theta}{2}} + 3\tan\dfrac{\theta}{2}$

$\geq 2\sqrt{15} + 2\sqrt{3}$。

当且仅当 $\theta = \dfrac{\pi}{3}$ 时,等号成立,以下同解法一。

点评: 求 S 的最小值还可用导数法和三角代换法。

导数法：

$$S' = -2 + \frac{4 \cdot 2x}{2\sqrt{1+x^2}} = -2 + \frac{4x}{\sqrt{1+x^2}}$$

令 $S' = 0$，得 $x = \frac{\sqrt{3}}{3} \in [0, \sqrt{15}]$，

∵ S 只有一个极值，∴ 它是最小值。

∴ S 的最小值为 $2\sqrt{15} + 2\sqrt{3}$。

三角代换法：

设 $x = \tan\theta (0 \leq \theta \leq \arctan\sqrt{15})$，则

$$S = 2\sqrt{15} - 2\tan\theta + 4\sec\theta = 2\sqrt{15} + \frac{2(2-\sin\theta)}{\cos\theta}。$$

令 $t = \frac{2-\sin\theta}{\cos\theta}$，则 $\sin\theta + \cos\theta \cdot t = 2$。

∴ $\sin(\theta + \varphi) = \frac{2}{\sqrt{1+t^2}}$ 由 $\left|\frac{2}{\sqrt{1+t^2}}\right| \leq 1$，得 $t \geq \sqrt{3}$。

∴ 当 $t = \sqrt{3}$ 时，$\theta = \frac{\pi}{6} \in [0, \arctan\sqrt{15}]$。

因此，t 取最小值 $\sqrt{3}$ 时，，$S_{\min} = 2\sqrt{15} + 2\sqrt{3}$。

3. 数列作为特殊的函数，在实际问题中有着广泛的应用，如增长率、减薄率、银行信贷、浓度配制、养老保险等问题。在掌握数列的基本知识的基础上，如何把实际问题转化为数列问题是解决问题的关键。

数列在实际生活中有着广泛的应用，因而涉及数列的应用问题屡见不鲜，解答数列应用题，应充分运用观察、归纳、猜想的手段，建立出有关等差（比）数列、递推数列模型来解决问题。

例4 某城市2001年末汽车保有量为30万辆，预计此后每年报废上一年末汽车保有量的6%，并且每年新增汽车数量相同，为保护城市环境，要求该城市汽车保有量不超过60万辆，那么每年新增汽车数量不应超过多少万辆？

解析：设 2001 年末汽车保有量为 b_1 万辆，以后各年末汽车保有量依次为 b_2 万辆，b_3 万辆，…，每年新增汽车 x 万辆，则 $b_1=30$，$b_2=b_1\times 0.94+x$。

对于 $n>1$，有
$$b_{n+1} = b_n \times 0.94 + x$$
$$= b_{n-1} \times 0.94^2 + (1+0.94)x$$
$$= \cdots$$
$$= b_1 \times 0.94^n + x(1+0.94+\cdots+0.94^{n-1})$$
$$= b_1 \times 0.94^n + \frac{1-0.94^n}{0.06}x$$
$$= \frac{x}{0.06} + (30 - \frac{x}{0.06}) \times 0.94^n.$$

当 $30 - \frac{x}{0.06} \geq 0$，即 $x \leq 1.8$ 时，
$$b_{n+1} \leq b_n \leq \cdots \leq b_1 = 30。$$

当 $30 - \frac{x}{0.06} < 0$，即 $x > 1.8$ 时，

并且数列 $\{b_n\}$ 逐项增加，可以任意靠近 $\frac{x}{0.06}$。

$$\lim_{n\to\infty} b = \lim_{n\to\infty} b[\frac{x}{0.06} + (30 + \frac{x}{0.06}) \times 0.94^{n-1}] = \frac{x}{0.06},$$

因此，如果要求汽车保有量不超过60万辆，
则 $b_n \leq 60 (n = 1, 2, 3, \cdots)$。

则 $\frac{x}{0.06} \leq 60$，即 $x \leq 3.6$ (万辆)

综上，每年新增汽车不应超过 3.6 万辆。

点评：这实际上是一款递推数列问题，递推关系式为 $b_{n+1}=0.94b_n+x$。

一般来说，由 $a_n+1=ca_n+d$（其中 c、d 为常数，且 $c\neq 1$，$d\neq 0$，$c\neq 0$）型的递推关系式所确定的数列可用两种方法得到其通项公式：

解法一：归纳法
$$a_2 = ca_1 + d$$
$$a_3 = ca_2 + d = c^2 a_1 + cd + d$$
$$a_4 = ca_3 + d = c^3 a_1 + c^2 d + d \cdots$$
$$a_n = c^{n-1}a_1 + c^{n-2}d + c^{n-3}d + \cdots + cd + d$$
$$= c^{n-1}a_1 + d(1 + c + c^2 + \cdots + c^{n-2})$$

$$= c^{n-1}a_1 + d \cdot \frac{1-c^{n-1}}{1-c}$$

本题的解析过程就是利用这一方法得到的通项公式的。

解法二：转化法

把 $a_{n+1} = ca_n + d$ 变为 $a_{n+1} + \frac{d}{c-1} = c(a_n + \frac{d}{c-1})$，从而说明 $\{a_n + \frac{d}{c-1}\}$ 构成以 c 为公比的等比数列，该数列的第 1 项为 $a_1 + \frac{d}{c-1}$。

$$\therefore a_n + \frac{d}{c-1} = (a_1 + \frac{d}{c-1}) \cdot c^{n-1}$$

$$\therefore a_n = a^{n-1}a_1 + d \cdot \frac{a^{n-1}-1}{c-1}$$

有些应用题给出一段材料并提相应的问题，对这段材料的理解成为解题的首要、也是最大的障碍。因此解这类问题的第一个关键是对材料内容的理解，我们把这类问题称为"材料理解"型应用题。

造成对材料理解困难的原因可能是对题意情境比较陌生，所以克服这一困难需要与我们的生活经验结合起来，对材料作出最贴近生活实际、最合理的解释。

例 5 在边防沙漠地带，巡逻车每天能行驶 200 公里，每辆巡逻车最多可装载供行驶 14 天的汽油。现有 5 辆巡逻车同时从驻地 A 出发，完成任务后再按原路返回驻地。为了让其中三辆尽可能向更远地带巡逻（然后一起返回），甲、乙两车行至途中 B 处后，仅留足自己返回驻地所必需的汽油，将多余的汽油匀给另三辆车使用，问其他三辆车可达到的最远距离是多少？

解析：读完题目后，容易产生这样的误会：甲、乙两车根本不出发，而把其装载的汽油分给其他三辆车，不是能供三辆车可完成的巡逻距离更远吗？其实，这样做是不行的，因为每辆车最多可装载行驶 14 天的油，所以，即使甲、乙两车不出发，也不能使其他三辆车获得更多的装载量，因此，应该是 5 辆车先一起出发，待另外三辆车的油箱有了一定的空闲后，甲、乙两车再把油匀给他们一些，以供它们能巡逻到更远的地方。

设每辆车的最大载油量为 a 升，（依题意，每辆车每天用 $\frac{a}{14}$ 升），由 A 地行驶到 B 地需 x 天，另三辆车最远到 C 地需再行驶 y 天（参考右图 2-9）。

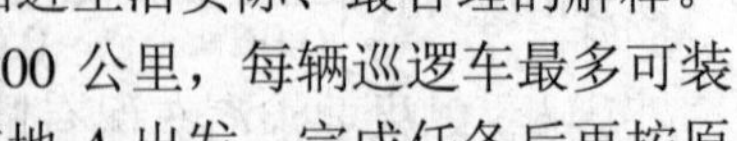

则 $2[3(x+y) \cdot \frac{a}{14} + 2x \cdot \frac{a}{14}] = 5a$

图 2-9

（即这 5 辆车完成任务时恰好用完所有装载的油），

即 $y=\dfrac{35-5x}{3}$。

C 地距 A 地 $S=(x+y)\times 200$

$\quad =(x+\dfrac{35-5x}{3})\times 200$

$\quad =\dfrac{200}{3}(35-2x)$ ①

甲、乙两车到达 B 地后，留下返程用油，每辆车能匀出 $(a-2\times x\times \dfrac{a}{14})$ 升油，共能匀出 $2(a-\dfrac{2ax}{14})$ 升，把这些油匀给另三辆车，需要这三辆车的油箱闲出的空间能盛放得下，即：

$3\times x\times \dfrac{a}{14}\geqslant 2(a-\dfrac{2ax}{14})$，即 $x\geqslant 4$

由①式知，S 是 x 的减函数，

∴当 $x=4$ 时，S 取得最大值，最大值为 1 800 公里，即其他三辆车可达到的最远距离（距驻地）为 1 800 公里。

点评：从解析过程可看出，本题的题意理解很重要，与我们的生活实践结合起来能更好地理解题意所创设的情景。

第三章　数学教学模式

3.1 《数学课程标准》的特点分析

课程标准是国家对基础教育课程的基本规范和要求，如何正确理解或把握课程标准的精神，认识其特点就显得十分重要。下面，就课程标准的功能定位、数学课程标准的框架结构及主要特点进行分析，以提供对数学课程标准的基本认识。

1. 课程标准的功能定位

《基础教育课程改革纲要》对课程标准的功能作了如下定位：

依据　国家课程标准是课程活动的依据，教材编写、教学实施、课程评价、考试命题都要依据课程标准进行。

基础　国家课程标准是国家管理课程的基础，也是国家评价课程的基础。

基本要求　国家课程标准体现了国家对不同阶段的学生在知识与技能、过程与方法和情感、态度、价值观等方面的基本要求。

规定　国家课程标准规定了基础教育阶段各门课程的性质、目标及内容框架。

建议　国家课程标准对课程实施的具体环节，特别是教与学、评价等提出建议。

为了有效实现课程标准的功能，《纲要》对课程标准的制定提出了明确要求。比如，"制定国家课程标准要依据各门课程的特点，结合具体内容，加强德育工作的针对性、实效性和主动性，对学生进行爱国主义、集体主义和社会主义教育，加强中华民族优良传统、革命传统教育和国防教育，加强思想品质和道德教育，引导学生树立正确的世界观、人生观和价值观；要倡导科学精神、科学态度和科学方法，引导学生创新与实践。"《纲要》特别强调了标准的定位："应适应普及义务教育的要求，让绝大多数学生经过努力都能够达到，体现国家对公民素质的要求，着眼于培养学生终身学习的愿望和能力。"

2. 《数学课程标准》的框架结构

现将课程标准与教学大纲的一般性结构进行对照。

表 3-1 课程标准与教学大纲的框架结构对照表

课程标准		教学大纲
前言	课程性质	
	课程基本理念	
	标准设计思路	
课程目标	知识与技能	教学目的
	过程与方法	
	情感态度与价值观	
内容标准	内容领域及行为目标	教学内容及要求
实施建议	教学建议	教学建议
	评价建议	教学中应注意的问题
	教材编写建议	课时安排
	课程资源开发与利用建议	考核与评价
附录	术语解释	
	案例	

由上表可以看出，课程标准与教学大纲在结构上有较大的不同。首先，涵盖的范围不同，大纲涉及教学方面的要求，而《标准》是对整个课程的规范；其次，层次和维度不同，大纲是教学维度上线性展开各个环节，而《标准》是对课程的各个维度的立体描述；此外，从对比中可以看出，其内涵也有很大的不同，《标准》比大纲要丰富得多。

其实，上述框架结构的不同其实质在于行为主体和重心的不同。教学大纲的行为主体是教师，其重心是教师的"教"，它不仅对教学目的和教学内容做了明确的规定，而且用大量的篇幅具体规定了日常教学中可能涉及的所有知识点的要求，规定了具体的教学顺序及各部分内容的课时数。教师在学习和使用教学大纲时，主要关心知识点发生了哪些变化，增加或删减了哪些内容，具体要求和课时数的多少，在规定的时间内能否完成教学任务和达到教学目标。

而《标准》的行为主体是学生，它关注的重点是学生的"学"，是对学生经过某个特定的学习阶段之后的学习结果的行为描述。因此，它关心的是课程目标、课程改革的基本理念和课程设计思路，关注的是学生学习的过程和方法，以及伴随这一过程产生的积极情感体验和正确的价值观。教师在使用课程标准的过程中，主要关注如何利用各门学科特有的优势促进每一个学生的健康发展，而不是仅仅关心学生对某个结论是否记住，记得是否准确，某项技能是否形成，并且运用起来是否得心应手。

以下对义务教育阶段数学课程标准的框架结构作简要的概括分析。

（1）关于前言部分　这一部分从时代发展的背景出发，对数学课程的性质、价值与功能做了定性描述，从数学课程、数学、数学学习、数学教学、数学课程评价、数学教育技术等方面阐述了数学课程改革及《标准》的基本理念，集中表现为"义务教育阶段的数学课程，其基本出发点是促进学生全面、持续、和谐的发展。""应突出体现基础性、普及性和发展性，使数学教育面向全体学生，实现：人人学有价值的数学；人人都能获得必需的数学；不同的人在数学上有不同的发展。"

（2）关于课程目标部分　《标准》通过总体目标和学段目标两部分对数学课程目标进行了阐述，形成了有机关联的目标系统。这一目标系统围绕知识与技能、数学思考、解决问题、情感与态度四个方面的目标也是知识与技能、过程与方法、情感态度与价值观这三维目标在数学课程目标上的具体体现。

（3）关于内容标准部分　通过设置四个学习领域：数与代数、空间与图形、统计与概率、实践与综合运用，按三个学段的划分，分别阐述学生在不同阶段应重视的具体学习目标。对于学生的学习结果，《标准》尽可能用清晰的便于理解的可操作的行为动词（含结果性目标的行为动词和过程性目标的行为动词）来描述。

（4）关于实施建议部分　针对课程实施的各个环节，数学课程标准提供了教学建议、教材编写建议、评价建议、课程资源开发利用建议等。各项建议力图体现本次课程改革的基本理念，为改善教学行为、变革学习方式、提高教材编写质量、体现评价的发展功能提供指导。

此外，《标准》中的"内容标准"和"实施建议"部分均提供了典型案例，便于使用者（教师、教材编写人员、教育管理者等）准确理解《标准》，切实感受《标准》的理念及其设计思想，为实施过程中的落差。

3. 数学课程标准的主要特点

（1）努力将素质教育的理念切实体现于课程校舍的各个部分

随着信息时代的到来，人的信息素养已成为时代对人才培养的重要要求。学界已形成这样的共识：应将信息素质作为渗透素质教育的核心要素，并将其融入有机联系着的课程开发之中。《标准》极为重视数学作为一种评议和方法所具有的信息承载和处理的功能，认为数学能"对现代社会中大量纷繁复杂的信息作出恰当的选择和判断，同时为人们交流信息提供了一种有效、简捷的手段。数学作为一种普遍适用的技术，有助于人们收集、描述信息。"上述理念已在《标准》的各个环节上得到了具体的体现。

关于数学课程如何实施素质教育，《标准》作了认真的探索。结合我国学者多年来在数学素质教育方面的研究成果，根据义务教育阶段数学课程的实际，以知识性目标和发展性目标有机结合的设计，从前述四个方面来落实素质教育的目标（见图 3-1）。

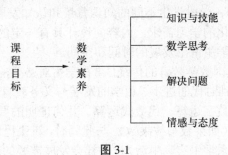

图 3-1

（2）突破学科中学习，关注学生发展

这一点不仅体现在"基本理念"和"课程目标"上，而且贯穿于课程设计的各个方面。《标准》关注学生的兴趣与经验，精选学生终身学习必备的基础知识的技能，努力改变课程内容繁、难、偏、旧的现状，密切教科书与学生生活及现代社会、科技发展的联系，打破单纯强调数学学科自身的系统性、逻辑性的局限，尽可能体现义务教育阶段数学课程应首先服务于学生发展的功能。

（3）着力改善学生的学习方式

希望实现学习方式的如下转变：数学学习的主要方式由单纯的记忆、模仿和训练转变为自主探索、合作交流与实践创新；数学课程由单纯传播知识转变为学生主动从事数学活动、构建自己有效的数学理解；数学教师由单纯的知识传递者转变为学生学习数学的组织者、引导者和合作者。

《标准》不仅设立了"了解（认识）、理解、掌握、灵活运用"等知识技能学习的结果性目标，更强调"经历（感受）、体验（体会）、探索"等体现教学活动水平的过程性目标，意在加强过程性、体验性的数学学习，使学生参与观察、实验、猜测、验证、推理与交流等多样化的数学活动。《标准》还强调将现代信息技术作为学习数学解决问题的强有力工具，并在改善学生学习方式上发挥独特的作用。

（4）在课程内容选择与组织上的新特点

《标准》提倡现实的有教育价值的数学。数学学习内容应当是现实的有趣的富有挑战性的，这些内容应当成为学生主动地从事观察、实验、猜测、推理与交流等数学活动的主要素材。学生在数学活动中经验的获得，也是数学学习中的重要目标。

与现行教材中主要采取的"定义、公理—定理、公式—例题"的形成不同，《标准》提倡以"问题情境—建立模型—解释、应用与拓展（反思）"的基本模式开展内容，让学生经历"数学化"与"再创造"的过程，形成自己对数学概念的理解，并在这一过程中体会和学习数学的思想方法。

《标准》提倡根据各学段学生不同的知识背景和认知发展水平，采用不同的表达方式，以满足多样化的学习需求。内容的设计具有一定的弹性，采取开放的原则，为有特殊需要的学生留出发展的时间和空间。

《标准》继承了我国数学教育的传统，重视学生对必要的基础知识和基本技能的熟练掌握。但考虑到时代的进步、数学的发展与义务教育的性质，《标准》较大幅度地降低了繁杂的数字运算、代数式运算、几何证明的要求；淡化了某些非数学材质的术语和概念（如乘数与被乘数）。与此同时，新课程还增加了统计与概率、空间与图形等密切联系学生实际生活、反映社会发展需要的新内容，并设立了"实践与综合运用"，以促进学生体会各部分内容之间的联系，发展其综合解决问题的能力。

（5）体现评价促进学生发展教育功能，"评价建议"有更强的操作性

《标准》力图结合数学学科的特点提出有效的评价策略和具体的评价手段，引导学校的日常评价活动更多地指向学生的学习过程，从而促进学生的和谐发展。课程标准建议采取多种方法评价。如：成长记录与分析、测试与考试、口试、活动报告、课后访谈、课堂观察、作业（长周期作业、短周期作业）、集体评议……

（6）为课程实施提供了广阔空间

《标准》重视对某一学段学生应到达的基本标准的刻画，同时对实施过程提出了建设性的意见；而对实现目标的手段与过程，特别是知识的前后顺序，不做硬性规定。这是课程标准和教学大纲的一个重要区别，从而为教材的多样性和教师教学的创造性提供了广阔的空间，为体现并满足学生发展的差异性创造了比较好的环境。

《标准》从实践活动教材、音像资料与信息技术、相关学科资源、课外活动小组、图书馆、新闻媒体、社会及公共科技活动场所、智力资源等多个方面提示了数学课程资源的开发，为数学课程空间的拓展指明了途径和方向。

3.2 数学教学模式

教学模式是在一定的教学思想和教育理论指导下形成的教学活动的基本框架

结构。

教学模式的概念最早见于美国学者乔以斯和韦尔1972年编著的《教学模式》一书,该书把教学模式的概念界定为"用于设计面对面的课堂教学情景或辅助情景,确定包括书籍、电影、磁带、计算机程序以及课程在内的教学材料的计划和范型。"虽然国内有人认为教学模式就是教学方法,或者认为教学模式并不等同于教学方法,但倾向性的意见认为教学模式与"教学结构—功能"这一对范畴密切相关,教学模式实质上是人们在一定教学思想指导下对教学结构作出的主观选择。

（1）教学模式的内涵

教学模式的内涵有两个方面：其一,教学模式体现了一定的教学指导思想和教育理论；其二,教学模式具体规定了师生的双边活动、教学程序及实施方法。因此,教学模式是根据一定的教学思想与教育理论形成的,是师生在教学过程中共同遵循的比较稳定的教学程序和教学方法的策略体系。

（2）教学模式的要素

从结构上看,教学模式一般包括四个要素：第一,指导思想,不同的教学模式是依据不同的教学思想的指导而形成的,任何教学模式都有一定的教学思想为其建立的思想品德及非智力因素等方面所要达到的预期目标,它是教学模式的核心因素,对其他因素有着制约的作用。第二,操作程序,即达到教学目标的步骤和过程,每种教学模式都要为师生提供可操作的教学活动步骤。第三,运用策略,即为了使教学模式发挥效力而设计的要求体系,包括对教学活动中的师生关系、教学内容、教学方法、教学手段等方面的配套要求。第四,评价体系,即教学活动的评价标准和评价方法体系。

（3）教学模式的特点

一个好的教学模式,必须具备下述四个特点：

第一,整体性。教学方法是师生在教学活动中的工作方式,教学组织形式是教学活动中人员、时空的组织和安排,它们分别研究了教学活动的某一个侧面。教学模式则不同,它是对教学活动的各个方面进行综合考虑和整体安排的结果,是教学活动的整体性反映。

第二,中介性。构建教学模式一般有两种方法,一种是归纳法,即从丰富的教学实践经验中经过教育理论和教学思想的概括而形成；另一种是演绎法,即先在一定的教学思想指导下提出一种教学范例的假说,然后运用于教学实践,经过多次教学实践的检验而确立。由此可见,教学模式既不同于教育理论,也不同于教学实践。教学模式比教育理论更简明、具体和易于操作,是教学思想和教育理论简化的表达形式；教学模式较之教学实践经验更为完整和系统,是教学实践经验的概括和升华。因此,教学模式是由教学实践向教学理论发展的阶梯,是联结理论与教学实践的中介和桥梁。

第三，可操作性。教学模式是由一定的教学思想、教育理论和教学实践经验经过浓缩和提炼形成的教学范例，它以精练的语言、象征性的符号和图式概括教学活动基本结构，形成为一套简明的操作程序。教学模式不仅使零乱纷繁的教学实践经验系统化和完整化，也使教学过程结构的理论具体化，从而便于把握和运用。

第四，优效性。教学模式一般都是从众多的教学活动经验和教学活动方式中优选出来的，对于提高教学质量应当是优效的。一种好的教学模式不仅能有效地提高教育教学质量，而且还能减少教师的劳动付出和降低学生的学习负担。

需要指出，人们的教学实践活动是丰富多彩的，教学模式也是多种多样的，那种普遍适用于一切教学活动的万能教学模式实际上是不存在的。因此，不能片面夸大某一种教学模式的作用而否定其他。重要的是，要通过教学思想与教育理论的研究，根据实际的教学任务和教学条件去选择和变革教学模式，并创造新的教学模式。

在实践中我们接触过许多数学教学的课例。大量的课例积累，自然地形成了各种教学模式。下面将对数学教学模式的几种基本类型、数学教学模式的意义与作用以及现代数学教学模式发展的主要趋势作简要介绍，以期教师能根据已有的教学条件对教学模式作出恰当的选择，并加以变通与组合，提高教学效率。俗话说"教学有法，教无定法"。研究了解数学教学模式，不是为了"套用模式"，而是为了"运用模式"，最终实现教师的教学从"有模式的"教学向"无固定模式的"教学转化。

教学实践是数学模式理论生成的逻辑起点。数学教学模式作为教学模式在学科教学中的具体存在形式，是在一定的数学教育思想指导下，以实践为基础形成的。数学教学模式通常是将一些优秀数学教师的教学方法加以概括、规范，使之更为成熟、完善，并上升为一种行之有效的理论体系，体现了数学教育理论与实践的统一。

这里，我们依照教师在课堂上所起作用的强弱、学生参与程度的大小分为以下6个基本教学模式。这些模式适用于所有课程，并不是数学所特有的。但是，在具体运用上，需要对数学有深入的了解。

1. 讲授式教学模式

讲授式教学模式也被称为"讲解—传授"模式或"讲解—接受"模式，自20世纪50年代以来，一直在我国中小学数学课堂教学中占有重要的位置。在这种教学模式下，教师的教学活动主要表现为对数学知识的系统讲解和数学基本技能的传授，学生则通过听讲理解新知识，掌握数学的基础知识和基本技能，发展数学能力。讲授模式的具体操作过程有五个教学环节：组织教学；引入新课；讲授新课；巩固练习；布置作业。

讲授式教学模式是一种以教师为中心的"传授知识"型的教学模式，其主要特点是注重知识传授的系统性和教师的主导地位，最大的益处就是教师能在单位时间里向学生迅速传递较多的知识，通常适用于概念性强、综合性强、或者比较陌生的课题教学中，其最大的弊端就是学生容易处于被动的学习状态之中。

但我们不应认为，这种模式下学生的学习就一定是机械学习。事实上，我国自孔夫子开始，就坚持运用启发式教学，主张举一反三，使得讲授的内容能够为听众主动接受。许多重大会议上的讲话、优秀的讲座、电视节目中的"演讲节目"，都是受欢迎、有效率的讲授模式。我国的数学教学中，有一种"大容量、快节奏、高密度"的演讲式解题教学，在复习课中大量采用。如果教师对所讲数学内容有深入的了解，学生对解题有迫切需要，这种教学可以收到很好的效果。在教学中，教师若能将有潜在意义的学习材料同学生已有的认知结构联系起来，而且学生也已具备意义学习的倾向，那么，我们的讲授就是意义讲授，而学生的学习就是意义学习。

但是，讲授式教学，毕竟只是讲授者单方面的活动，听讲者不能参与，相对处于被动地位。因此，局限性很大。这种被称为"满堂灌"的教学方法，对于年龄较小的学生来说，效果尤其不好。

2. 讨论式教学模式

讨论式教学模式自古就有，中国孔夫子与门徒讨论，古希腊的苏格拉底和学生对话，都是讨论。我国数学教学中，于 20 世纪 50 年代起，就有课堂上的问答讨论，曾经出现"讲讲、议议、练练"的教学模式。20 世纪 90 年代以来，为了减少"讲授法"的滥用，大力提倡师生谈话模式。它主要是通过师生之间问答式的谈话来完成教学任务。通常，谈话的主要方式是教师提问学生回答，但有时也可以是教师指导下学生之间的相互问答。其主要步骤有五个方面：

（1）提出要谈的问题；

（2）将未数学化的问题数学化，并在需要时对问题进行解释；

（3）组织谈话，鼓励学生讨论与争辩，对学生在谈话中有突破性的建议及时认可；

（4）逐个考察全班学生初步认可的建议的可行性，圆满解决问题后，请学生总结经验和教训，并对曾提出的各种建议做评价，以积累发现的经验。

与讲授式教学模式相比，讨论式教学模式的特点主要表现为在教学中教师和学生的角色发生了转变，即教师由知识的"代言人"变成了教学活动的组织者，学生由知识的被动接受者变成了某种程度知识的建构者。讨论式教学仍然以教师为主导。教师提出问题，决定解决问题的导向，归纳讨论的结果等等，还是教师起决定作用。

但是，这种教学模式可能走向极端，把"满堂灌"变成"满堂问"，学生依然缺乏自主思考的时间，效果同样不好。

3. 学生活动教学模式

活动教学模式就是学生在教师的指导下，通过实验、游戏、参观、看电影和幻灯等活动形式，用感官和肢体活动以获取数学知识、培养数学能力的一种教学模式。其活动单位既可以是一个班的学生，也可以是部分学生，活动场所既可以是课堂教学，也可以是第二课堂，其活动方式主要有二，即数学实验和数学游戏。

数学实验包括量长度、数数目、称重量、画图、做模型、估计、听录音、看教学电影、比较、分类、处理数据、发现规律等。一种比较现代化的活动是使用计算机课件，比如在课堂上，学生两人一组利用几何画板的移动、作图、度量功能动手实验，并在讨论的基础上对实验结果加以描述，提出猜想。然后，教师组织学生用实验数据验证猜想，并最后证明猜想。

除了数学实验形式以外，带有竞争性的游戏也是活动教学模式的一种主要活动形式。游戏活动的种类很多，有用于概念学习的，有用于训练推理的，有用于练习几何图形变式的，还有练习计算方法的。

例 1 教师发给每个学生一张卡片，上面写着一个代数单项式，然后请同学们找自己的"同类项"。

例 2 在立体几何课上要求学生用球体、台体、锥体做年级运动会的奖杯。每个几何体要写出它的尺寸和特征。

例 3 一位教师在"三角形全等的判定"教学活动中，为了让学生"确定最少需要（哪）几个元素对应相等，就可以判定两三角形全等"，采用了"画图游戏"的活动形式进行教学。在课堂上，教师通过投影提供如下材料：

已知：$\triangle ABC$，$AB=7.3cm$，$BC=10cm$，$CA=9.0cm$。$\angle A = 75°$，$\angle B = 60°$，$\angle C = 45°$。要求（投影）：

A. 任选已知条件画出和$\triangle ABC$全等的三角形，并用标准图检验。

B. 任选最少的已知条件画出和$\triangle ABC$全等的三角形并用标准图检验。

把满足以上条件的标准图形（$\triangle ABC$）印发给每个学生一张，并提供给每人空白白纸（16开）5张。学生通过"画图游戏"的不断深入，在基本确信了"最少需要三个已知条件才能画出与$\triangle ABC$全等的三角形"的信念，并总结出"两边及夹角相等"条件后，教师开始引入"三角形全等的判定"，……

活动教学模式的一个显著特点是注重直观性，因此，容易提高学生的学习兴趣。通常，适用于较低学段或者是某些较为抽象的数学概念或定律的教学中。就低学段的学生而言，由于其数学抽象思维能力较弱，他们对抽象的数学概念的理解常常需要借助直观形象的实物来理解和把握；对较高学段的学生而言，有些抽象的数学概念或定律的理解也需要借助于一定形式的活动来完成。不过，与学生讨论式模式一样，活动教学模式由于所花的时间较多，而且也容易使学生过于关注活动的输赢，忽视活动本身蕴涵着的数学内容，因此，不宜在教学中频繁使用。

4. 探究式模式

探究式模式也称为"引导—发现"模式，其主要目标是学习发现问题的方法，培养、提高创造性思维能力，主要操作步骤包括以下几个方面：

（1）教师精心设置问题链；
（2）学生基于对问题的分析，提出假设；
（3）在教师的引导下，学生对问题进行论证，形成确切概念；
（4）学生通过实例来证明或辨认所获得的概念；
（5）教师引导学生分析思维过程，形成新的认知结构。

例4 探究储蓄利率以及"分期付款"的公式。

例5 探索纽约到北京的航线距离。

教师在教学中运用探究式教学模式，不仅使学生体验数学再创造的思维过程，而且还培养了创新意识和科学精神。目前，这种教学模式在高中阶段的研究性学习和课题学习中广泛使用。由于"研究性学习"作为数学课程的一部分列入正式课表，探究式教学正在迅速发展。

5. 发现式模式

发现式教学模式是指学生在教师的指导下，通过阅读、观察、实验、思考、讨论等方式，像数学家那样去发现问题、研究问题，进而解决问题、总结规律，成为知识的发现者。其基本程序是创设情景，分析研究，猜测归纳，验证反思。其显著特点就是注重数学知识的发生、发展过程，让学生自己发现问题，主动获取知识。因而，有利于体现学生的主体地位和解决问题的方法，一般适用于新课讲授、解题教学等课堂教学，也可用于课外教学活动。

教师在一些重要的定义、定律、公式、法则等新知识的教学中，让学生去揭露结论的探索过程，并积极为学生创设再发现的机会和条件，使学生在探索发现过程中得到思维能力和创新精神的培养。在课外活动中，可以让学生根据自己已有的知识经验去发现和探索现实生活中的数学问题。

例6 以小组为单位，让学生运用所学的数学知识调查，进而发现所在城市某路段一天车流量的高峰和低峰时段的基本情况，在此基础上，设计一张公交车辆运营调度表，给交通管理部门献计献策。

例7 农村地区的学生可以调查某村、某寨的蔬菜和水果的种植与销售情况，根据调查结果,发现种植与销售环节之间存在的问题,提出一个种植与销售一条龙服务的计划。

例 8 探索单摆和三角函数的关系。

运用发现模式的好处就是能使学生在发现中产生"兴奋感",从"化意外和复杂性为可预料性和简单性"的行动中获得理智的满足,同时获得具有"迁移性"的数学能力,起到举一反三的效果。不过,由于这种教学模式主要用于一些思维价值较高的课例教学中,因此,只适合在水平较高的班中实施,水平低的班级就不宜采用。由于"发现式学习"所需时间较"系统学习"多,因此,这种教学模式也不宜频繁使用。

6. 情境——问题教学模式

"情境—问题"的教学模式,是学生在教师的指导下,从熟悉或感兴趣的数学情境中,通过主动探究,提出问题、研究问题和解决问题的过程,获得适应未来社会生活和进一步发展所必需的数学知识、数学思想方法和应用技能,发展勇于探索创新的科学精神的学习活动。这种学习活动改变了传统的"教"与"学"的学习方式:由以教师为中心改变为以学生为中心;由以教师对学生的"教"改变为指导学生的"导";由学生被动接受知识改变为主动探究、索取知识;由单纯追求书本知识改变为开放性学习、多渠道获取知识并重视知识的应用;特别强调了创设问题情境,把从情境中探索和提出数学问题作为教学的出发点,以"问题"为"红线"组织教学,在解决问题和数学应用的过程中又会引发出新的情境,从而又产生出深一层次的数学问题,形成了"情境——问题"学习链,更利于培养学生的创新意识和实践能力。

这个数学教学模式如图 3-2 所示:

图 3-2

"情境—问题"教学模式的核心,是把"置疑提问"——培养学生的"问题意识"作为教与学活动的起点和归宿。注重数学应用,重在引导学生学做、学用,拓展学习空间,发展实践能力和创新精神。

这种教学模式的基本要求,不仅继承和发展了我国现有的数学教育研究成果,而且强调了引导学生从数学情境中提出数学问题这一有效切入点,有利于学生经历真正的"做数学"的过程。在这个数学学习的基本模式中,学生学习,始终把置疑提问、自主学习贯穿于全过程;教师导学,始终把激发兴趣、反思矫正贯穿于全过程,充分体现了学生学习的主体地位和教师的主导作用;既重视了对学生智力因素的发展,也重视了对学生非智力因素的培养,特别是让学生在教学活动中去体验好奇与求知欲、探索与"再创造"、建立自信心与获得成功,让学生感受到数学的文化熏陶,在情感、态度和一般能力等方面得到充分的发展。

[案例3-1]函数的复习

1. 创设情境

创设数学情境必须从学生已有的知识和经验出发,利用学生感兴趣的或熟悉的材料。情境要接近学生的最近发展区,能引起学生广泛的联想和认知冲突。我以学生熟悉的挂历为素材创设了如图3-3情境:

某工艺美术厂拟设计如图所示的一幅宽为 x 米,长为 y 米的矩形挂历,矩形上部为正方形画面;下部印制当月日历,所需面积为 $\frac{1}{9}$ 米²。

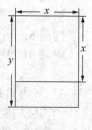

图3-3

2. 提出问题

数学问题形式多样,对同一数学情境,从不同的角度、不同的层面可以提出许多不同的问题,教师应根据不同的教学需要引导学生提出问题。笔者以为,在高三复习课中应把引导学生提出基本问题作为提出问题的重点。一方面,基本问题种类不多,多数学生均能完成,因而具有较强的可操作性;另一方面,基本问题正是基础知识、基本技能、基本方法最衣好的载体,这与高考重点考察"三基"的要求是一致的。下面是启发学生提出问题的大致过程:

师:为了处理和利用(情境)材料提供的信息,我们现在需要先确定一下应研究的问题,请同学们大胆提出问题。

生1:函数是研究动态变化最有力的工具,不知 x 与 y 之间是否具有函数关系?如果有的话,是否能求出 x 表示 y 的函数关系式?

教师明确并板书:

问题1:求出以 x 表示 y 的函数关系式。

生2：如果生1说的函数关系成立，我希望能求出该函数的定义域和值域。
教师明确并板书：
问题2：求出问题1中函数的定义域。
问题3：求出问题1中函数的值域。
生3：解析式、定义域、值域是从数的角度刻划函数的三要素，我想从形的角度来刻划该函数，即画出该函数的图像。
教师明确并板书：
问题4：作出问题1中函数的图像。
师：在上述四个问题的基础上还能提出哪些问题呢？
生4：函数的性质：单调性、奇偶性、周期性、最值，还有反函数。
教师表扬生4，明确并板书：
问题5：研究问题1中函数的单调性。
问题6：研究问题1中函数的奇偶性。
问题7：研究问题1中函数的周期性。
问题8：研究问题1中函数的最值。
问题9：求出问题1中函数的反函数。

3. 解决问题

"实践出真知"。要让学生真正掌握知识，培养能力，必须创造条件，放手让学生去做，在做中体会，在做中巩固，在做中提高。惟有如此，"三基"才能得到真正意义上的落实。我分三步来完成该环节的教学：第一步是让学生独立解决有关问题；第二步是学生在组内（相邻8人为一组）交流解法和结果（许多错误和缺点在交流过程中被主动发现、矫正）；第三步是小组报告由小组派代表报告各题的解法、答案及典范型错误。经过独立解决、组内交流、小组报告，大家进一步熟悉和掌握解决各类基本问题的常用方法，如定义法、数形结合法、均值法、单调法等，对常见错误有了更深刻的认识和警惕，如忽视定义域导致的奇偶性判断错误，求值域及最值时忽视等号成立的条件等。下面是小组报告中的几个片断：

第一小组代表：由正方形与小矩形的面积之和等于大矩形的面积得：$x^2+\frac{1}{9}=xy$，解得：$y=x+\frac{1}{9x}$。

（没有异议）

师：请第二小组报告对问题2的解。

第二小组代表：我们中有人开始只考虑了分母不能为0这一限制，得到定义域$\{x|x\neq 0\}$的错误答案。经过讨论后大家统一了认识，求函数的定义域时，不仅

应保证数学运算本身有意义，还应该考虑实际意义限制。在本题中，x 是挂历的宽度，必须为正，所以该函数的定义域为（0，∞）。

（发言理由充分，结论正确）

第三小组代表：我们用判别式法求得函数的值域是$[\frac{2}{3}, \infty)$。

师：请你上来把这答案写在黑板上。

（第三小组代表上台板书）

解：由 $y = x + \frac{1}{9x}$ 得 $9x^2 - 9yx + 1 = 0$,

∴ $\Delta = (9y)^2 - 36 \geq 0$, 解得 $y \geq \frac{2}{3}$ 或 $y \leq -\frac{2}{3}$（舍去）。

∴ 函数的值域是$[\frac{2}{3}, \infty)$。

第四小组代表：我们用的是均值法，答案也是$[\frac{2}{3}, \infty)$。

师：请你也上来把答案写在黑板上。

（第四小组代表上台板书）

解：∵ $x > 0$, ∴ $y = x + \frac{1}{9x} \geq 2\sqrt{x \cdot \frac{1}{9x}} = \frac{2}{3}$, 当且仅当 $x = \frac{1}{9x}$ 即 $x = \frac{1}{3}$ 时等号成立。

∴ 函数的值域是$[\frac{2}{3}, \infty)$。

师：大家对两种解法有何评价？

（学生开始议论，因受第二种解法的启发，很快发现症结所在。）

众生：第三小组的解法还应检验等号成立的条件是否满足，第四小组的解法完全正确。

师：大家的意见很正确，求值域时，无论用什么方法，都不能忽视等号成立的条件。我想问一下，如果等号万一不能成立的话，怎么办呢？

众生：还可以考虑用函数的单调性。

师：对，单调法是函数值域的最基本的方法，请大家下课后用单调法求出该函数的值域。

师：请第五小组报告问题5的解法。

第五小组代表：我们先从函数的图像上观察到函数在区间$(0, \frac{1}{3}]$上是减函数，

在区间 $[\frac{1}{3}, +\infty)$ 上是增函数，然后根据定义进行了证明。

师：大家都是这么做的吗？都证明了吗？没有证明的同学下课后一定要补上证明过程。借助图形发现数学事实的确是一种很有效的方法，但要注意的是，几何直觉不能代替逻辑证明，我们提倡的是数与形的有机结合，即数形结合法。

生 4：我记得老师曾介绍过一种用定义求单调区间的方法，但因不大理解，这次没有用，请老师再讲一下，好吗？

师：确实有这种方法，这种方法的关键是通过对差 $f(x_2)-f(x_1)$ 的分析，找出决定差的符号的关键因式，然后通过关键因式找到分界点，实现对定义域按单调性的划分，得出单调区间，这是研究函数单调性的基本方法。以本题为例：

解：设 $x_1, x_2 \in (0, +\infty)$，且 $x_1 < x_2$。

则 $f(x_2) - f(x_1) = (x_2 + \dfrac{1}{9+x_2}) - (x_1 + \dfrac{1}{9x_1}) = \dfrac{(x_2-x_1)(9x_2x_1-1)}{9x_2x_1}$

由假设有 $9x_2x_1 > 0$，$x_2 - x_1 > 0$，

∴ $f(x_2) - f(x_1)$ 的符号由 $9x_2x_1 - 1$（关键因式）决定。

令 $\begin{cases} 9x^2 - 1 = 0 (\text{用}x\text{分别替换}9x_2x_1-1\text{中的}x_1、x_2\text{而得}) \\ x > 0 (\text{定义域}) \end{cases}$

则有 $x = \dfrac{1}{3}$ （关键点）

当 $0 < x_1 < x_2 \leq \dfrac{1}{3}$ 时，有 $9x_2x_1 - 1 < 0$，进而有 $f(x_2) - f(x_1) < 0$

∴ $f(x)$ 在区间 $(0, \dfrac{1}{3}]$ 上是减函数。

当 $\dfrac{1}{3} \leq x_1 < x_2$ 时，有 $9x_2x_1 - 1 > 0$，进而有 $f(x_2) - f(x_1) > 0$，

∴ $f(x)$ 在区间 $[\dfrac{2}{3}, \infty)$ 上是增函数。

4. 回顾反思

没有回顾总结就难以提高。抓住机会，及时对重要知识、成功的解题方法和经验等从数学思想方法的角度进行总结、提炼、反思，把感性认识上升为理性认识，同时提出并解决一些探究性问题，对提高学生的认知水平完善认知结构，掌握解题策略提高解题能力，无疑具有十分重要的作用。以下是师生合作对有关问

题进行回顾的几个片断：

[片断 1]师：解析式是函数对应关系的具体体现，它揭示了自变量与函数值之间的本质联系。求解析式的关键是建立包含两个变量的等式，请大家说一下求函数解析式的常用方法。

众生：直接法、待定系数法、相关点法等。

[片断 2]师：定义域是函数的三要素之一，具有基础性，请大家就有关定义域的问题发表意见。

生 5：求定义域的基本方法是不等式法，列不等式（组）时，既要保证数学运算有意义，还要考虑保证实际问题有意义。

生 6：在对应法则不变的情况下，改变函数的定义域，其图像和性质均可能发生变化，如 $y=x+\dfrac{1}{9x}(x\neq 0)$ 与 $y=x+\dfrac{1}{9x}(x>0)$，是两个不同的函数，它们的值域、图像和性质有许多不同。

生 7：解方程或不等式时，忽视函数的定义域，可能缩小或扩大解集，得出错误的结果。

[片断 3]师：值域是函数值的集合，是函数的三要素之一，依赖于函数的定义域及对应法则；最值是函数的重要性质，依赖于值域，两者在概念上互相区别，在解法上互相联系，值域问题因类型不同有多种解法，大家都知道有哪些类型的解法吗？

众生：二次函数型用配方法；二次方程型用判别式法；正数型用均值法；原则上单调法可用于求任何函数的值域；其他还有配凑法、反解法、换元法等。

[片断 4]师：单调性是函数重要的性质，常用数形结合法和定义法研究函数的单调性。大家能列举出单调性的一些重要运用吗？

众生：解方程、解不等式、比较大小（或证不等式）、求函数的值域（或最值）等，如可用单调法求函数 $y=x+\dfrac{1}{9x}$ $x\in[\dfrac{1}{6}, 1]$ 的值域。

师：我们可以由具体的特殊函数 $y=x+\dfrac{1}{9x}$ （$x>0$），引伸出更一般的函数 $y=ax+\dfrac{b}{x}$ （$a>0$，a、$b\in\mathbf{R}$），请大家课后分别就 a、b 的可能情形自拟具体函数进行有代表性的研究。

3.3 新课程改革中的数学教学

根据《全日制义务教育数学课程标准（实验稿）》的要求，在新教材的编写中，所选择的素材应尽量来源于自然、社会和科学中的现象和实际问题，应当反映一定的数学价值，能够表现出不同内容之间的相互联系。教材内容的编排和呈现要突出知识的形成与应用过程；应引导学生从已有的知识和经验出来，进行自主探索与合作交流，并在学习过程中逐步学习学习；并关注对学生人文精神的培养。教材的编写还要有利于调动教师的主动性和积极性，鼓励教师进行创造性教学。重要的教学概念与数学思想的呈现应体现螺旋式上升的原则，逐步加深学生对数学知识、思想和方法的理解。

3.3.1 对新数学课程的教学的要求

对于教学，《标准》指出：

"数学教学是数学活动的教学，是师生之间、学生之间交往互动与共同发展的过程。

数学教学应从学生实际出发，创设有助于学生自主学习的问题情境，引导学生通过实践、思考、探索、交流，获得知识，形成技能，发展思维，学会学习，促使学生在教师指导下生动活泼地、主动地、富有个性地学习。

在教学活动中，教师应发扬教学民主，成为学生数学活动的组织者、引导者、合作者；要善于激发学生的学习潜能，鼓励学生大胆创新与实践；要创造性地使用教材，积极开发、利用各种教学资源，为学生提供丰富多彩的学习素材；要关注学生的个体差异，有效地实施有差异的教学，使每个学生都得到充分的发展；要重视现代教育技术在教学中的应用，有条件的地区，要尽可能合理、有效地使用计算机和有关软件，提高教学效益。

按照《标准》的要求，在初中阶段的教学应做到以下几点：

1. 让学生经历知识的形成与应用的过程

结合具体的数学内容采用"问题情境—建立模型—解释、应用与拓展"的模式展开，让学生经历知识的形成与应用的过程，从而更好地理解数学知识的意义，掌握必要的基础知识与基本技能，发展应用数学知识的意识与能力，增强学好数学的愿望和信心。

抽象数学概念的教学，要关注概念的实际背景与形成过程，帮助学生克服机械记忆概念的学习方式。

教师要引导学生在数学知识和方法的应用中，体会数学的价值，增强用数学的意识。

2. 鼓励学生自主探索与合作交流

有效的数学学习过程不能单纯地依赖模仿与记忆，教师应引导学生主动地从事观察、实验、猜测、验证、推理与交流等数学活动，使学生形成自己对数学知识的理解和有效的学习策略。

对于数与代数的内容的教学，在教学过程中应该让学生充分地经历探索事物的数量关系、变化规律的过程。对于空间与图形的内容的教学，可以组织学生进行观察、操作、猜测、推理等活动，并交流活动的体验，帮助学生积累数学活动的经验，发展空间观念和有条理地思考。

3. 尊重学生的个体差异，满足多样化的学习需要

学生的个体差异表现为认知方式与思维策略的不同，以及认知水平和学习能力的差异。教师要及时了解并尊重学生的个体差异，满足多样化的学习需要。

教学中要鼓励与提倡解决问题策略的多样化，尊重学生在解决问题过程中所表现出的不同水平。问题情境的设计、教学过程的展开、练习的安排等要尽可能地让所有学生都能主动参与，提出各自解决问题的策略，并引导学生在与他人的交流中选择合适的策略，丰富数学活动的经验，提高思维水平。

对学习有困难的学生，教师要给予及时的关照与帮助，要鼓励他们主动参与数学学习活动，尝试着用自己的方式去解决问题，发表自己的看法；教师要及时地肯定他们的点滴进步，对出现的错误要耐心地引导他们分析其产生的原因，并鼓励他们自己去改正，从而增强学习数学的兴趣和信心。对于学有余力并对数学有浓厚兴趣的学生，教师要为他们提供足够的材料，指导他们阅读，发展他们的数学才能。

4. 应关注证明的必要性、基本过程和基本方法

"证明"的教学所关注的是，对证明必要性的理解，对证明基本方法和证明过程的体验，而不是追求所证命题的数量和证明的技巧。

（1）在命题教学中，应通过生活和数学中的实例来说明什么是命题；能够区分一个简单命题的真伪，能够用反例来判定一个命题是假命题；对几何中的一些基本命题，应该要求学生能够画出相应的图形，并逐步学会用符号来表示命题。

（2）在证明的教学中，首先，应通过生活、代数和几何中的具体例子使学生认识到，有些命题可以通过观察和实验得到并获得大家的认可，但也有些命题仅仅通过观察和实验是不够的，从而使学生体会证明的必要性；其次，应该使学生

理解证明的基本要求，有条理地阐述自己的想法，知道推理必须有依据，证明过程的表述必须条理清楚。

（3）在教学中，应把证明作为探索活动的自然延续和必要发展，引导学生从问题出发，根据观察、实验的结果，运用归纳、类比的方法先得出猜想，再进行证明，这十分有利于学生对证明的全面理解；使用较规范的数学语言表述论证的过程，有利于学生清晰而有条理地表达自己的观点并理解他人的思想；组织学生探索证明的不同思路，并进行适当的比较和讨论，这有利于开阔学生的视野；提供一些具有实际背景的命题，增加论证的趣味性，有助于激发学生对数学证明的兴趣和掌握综合证法的信心。

5. 注重数学知识之间的联系，提高解决问题的能力

教学中应当有意识、有计划地设计教学活动，引导学生体会数学之间的联系，感受数学的整体性，不断丰富解决问题的策略，提高解决问题的能力。

还可以通过课题学习的内容，使学生经历"问题情境—建立模型—解释、应用与拓展"的解决问题的过程，发展自己的思维能力，获得一些研究问题的经验和方法。

6. 充分运用现代信息技术

教师应当在学生理解并能正确应用公式、法则等进行计算的基础上，指导学生用计算器完成较为复杂的计算。在课堂教学、课外作业、实践活动以及考试中，应当允许学生使用计算器，还应鼓励学生用计算器进行探索规律等活动。

有条件的地区，教学中要尽可能地使用计算器、计算机以及有关软件，这种现代教育手段和技术将有效地改变教学方式，提高教学的效益。如利用计算机展示函数图像、几何图形及其变换过程并研究其性质；从数据库上获得数据，并绘制表示同一组数据的不同图表，使学生们选择适当的图像描述数据；计算机还可以产生足够的模拟结果，帮助学生更好地体会事件发生概率的意义。

3.3.2 教学方法的探讨

过去的教材面孔过于严肃，几乎都是数学符号和数学语言，注重严密的逻辑性。教师的教学也因教材的形式而受到影响，按照数学的逻辑性，以讲授为主进行教学的方式最为普遍。学生是在严肃紧张的环境中学习数学知识的，他们的求知欲、好奇心在这样的环境中容易受到压抑，产生厌学情绪。

新的数学课程的编写与过去的教材完全不一样。课本中各种各样的图形很多，还有许多与学生年龄相适应的图案和语言，显得十分生动活泼，有利于激发学生

的学习兴趣,但习惯于原有的教学方法的教师往往会感到不知怎么教学生。要适应数学课程改革的形势发展,教师必须接受新的教育思想,转变旧的教育观念,探讨新的教学方法。关于这方面的内容,前面已经叙述了很多。这里从另外的角度进行探讨。

1. 教学语言要适应学生的年龄特征

新数学教材的编写生动活泼,容易激发学生的学习兴趣,教师的教学语言也应该生动活泼,适应学生的年龄特征,才能在教学中牢牢吸引学生的注意力。以教师讲授为主的、生硬刻板的、过于严肃的教学语言不可取;教师问,学生按教师设计的思路走,齐声回答的方式也不可取。教师应把自己置于与学生平等的地位,采用启发式的语言、共同探讨的语气、交流式的方法进行教学。

2. 从成功的教学改革实验中吸取经验

在新教材实验区,有一所中学曾经参加过"初中数学提高课堂效益(GX)教学改革实验"。该校的教师对新教材的教学有不同的反映,没有参加过教改实验的教师感到很困难,而参加过教改实验的教师却在较短的时间内就适应了新教材的教学。这是由于近几年有影响的中学数学教学改革实验,都紧跟了国内外数学教育改革的潮流,符合时代发展的需要。因此,学习 GX 教学法、MM 教学法和"情境—问题"数学学习基本模式,对于适应新教材的教学都是十分有帮助的。特别是"情境—问题"数学学习基本模式:

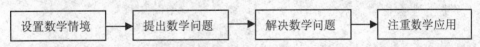

更适合于新课程标准对教学的要求。

3. 教学内容和进度不一定全在课堂中完成

常规的教学,总是将教学内容在课堂上讲完,留给学生的课外作业是模仿练习、解答习题。学生的个性得不到张扬,勇于探索的精神得不到施展,大量的作业题靠机械的模仿去完成,自然会对枯燥的数学学习产生厌倦情绪。

针对不同的教学内容,可以采取多种多样的教学形式。有的内容,可以让学生提前一段时间观察生活中的实例,然后再在课堂上进行交流,最后引导到课本的内容上来。有的则可以在课堂上经过交流和讨论,让学生课后进行总结。只要是能够让学生通过自己的实践活动去探索知识的发生过程的方法,都可以考虑采用,而且必然会受到学生的欢迎,因为这样的做法能够满足学生的好奇心和求知欲,又能使学生对所获得的知识牢固掌握。

4. 课外作业的形式要多样化

课外作业除了解答习题之外，还可以让学生结合教学内容进行社会调查和实践活动；让学生结合生活实际，应用学过的知识编制习题并进行解答，或在同学之间相互考查；让学生对学过的知识采用不同的形式，包括利用计算机进行总结等等。学生的作业可以在小组之间进行交流，也可以在墙报上展示。适合学生年龄特征的作业形式会受到学生们的热烈欢迎，在这方面，他们花上再多的时间也是兴致勃勃的。

3.3.3 教学中的实例

1. 组织学生进行如下活动

（1）用硬纸片制作一个角；

（2）把这个角放在白纸上，描出∠AOB（如图 3-4）；

（3）再把硬纸片绕着点 O 旋转 180°，并画出∠A'OB'；

（4）探索从这个过程中，你能得到什么结论？

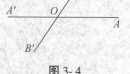

图 3-4

通过操作、观察，每个学生都可能发现如下的某些结论：OA 与 OA'，OB 与 OB'，在同一条直线上；∠AOB 与∠A'OB'，是对顶角，∠AOB 与∠A'OB'的大小相等。学生还可能发现：∠BOA'与∠B'OA 也是对顶角，也相等；∠AOB 与∠A'OB 互补，……。

在这样的活动中，学生不仅能主动地获取知识，而且能不断丰富数学活动的经验，学会探索，学会学习。

2. 让学生先完成下列计算

1+3=？ 1+3+5=？ 1+3+5+7=？ 1+3+5+7+9=？并根据计算结果，探索规律。可以让学生思考：从上面这些算式中你能发现什么?让学生经历观察（每个算式和结果的特点）、比较（不同算式之间的异同）、归纳（可能具有的规律）、提出猜想的过程。教学中，不要仅注重学生是否找到了规律，更应关注学生是否进行了思考。如果学生一时未能独立发现其中的规律，教师可鼓励学生相互合作交流，进一步探索，教师也可以提供一些帮助。如列出如图 3-5 点阵，以使学生从数与形的联系中发现规律：

$1+3=4=2^2$，
$1+3+5=9=3^2$，
$1+3+5+7=16=4^2$，
$1+3+5+7+9=25=5^2$。

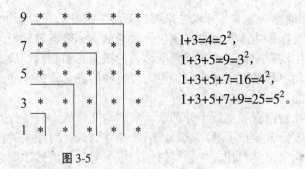

图 3-5

进而鼓励学生推测出 $1+3+5+7+9+\cdots+19=10^2$。

此后，教师还可以根据学生的实际情况，把这个问题进一步推广到一般的情形，推出 $1+3+5+7+\cdots+(2n-1)=n^2$，当然应该认识到这个结论的正确性有待进一步证明。

3. 准备多个长方形和正方形卡片（如图 3-6）

（1）教师任意写出一个关于 a 和 b 的二次式，此二次式需能分解成两个一次因式的乘积，且各项系数都是正整数，例如 $a^2+2ab+b^2$，$a^2+4ab+4b^2$，$2a^2+5ab+2b^2$ 等。

（2）学生根据教师给出的二次式，选取相应种类和数量的卡片，尝试拼接成一个矩形。

（3）讨论该矩形的代数意义。

（4）由学生随意选取适当种类和数量的卡片，拼接成不同尺寸的矩形，回答该矩形表达的代数公式。

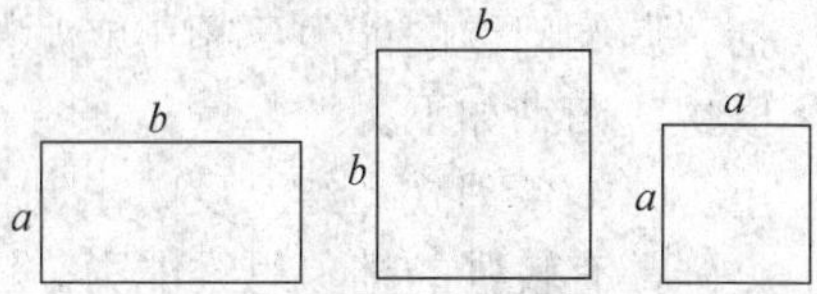

图 3-6

学生在这一活动中，将体会代数与几何之间的联系。

4. 让学生讨论两个问题

①学校附近有一个十字路口，两条道路分别是东西方向和南北方向，当你站在十字路口时，如何确定学校的位置?②如何确定你在教室里的座位的位置?目的是要引入直角坐标系的概念。

对于问题①，只需回答向东（或向西）多少米，再向南（或向北）多少米就可以确定学校的位置。对于问题②，通过选取地面靠墙角的两条垂直的底线，用学生的座位与这两条底线的距离来确定位置。通过这样的“问题解决”而进行的建构活动，学生就很容易认识到，坐标系正是确定平面上位置关系的参照系，而坐标正是用于定位的有序数对。

5. 让学生进行社会调查和实践（可以在家长的帮助下进行）

调查和实践的内容是课本中涉及的打折销售、教育储蓄和购票等问题，让学生在实践中体会这些与生活有密切联系的问题所涉及的概念，如利润、成本、商品售价、本金、利息、利率等的现实意义。经过一段时间的社会调查和实践后，再进行"一元一次方程的运用"的教学。

实施结果：学生对社会调查和实践十分踊跃。有的是几个人一起进行，有的是和家长一起进行。通过向营业员了解、家长讲解和相互讨论，对相关的概念有了较深的感性认识。在课堂上学习相关知识的时候，学生对抽象的数学概念的理解，利用一元一次方程解决问题的能力，以及在学期考试中反映出学生对这部分内容的掌握都比往届学生好。

6. 学完《有理数及其运算》后，让学生自己写单元小结。要求学生不拘形式，自由发挥，写出学习这一章的总结或感想。

实施结果：当学生把小结交来时，教师的心情非常激动。大多数学生能把本章知识的主要内容用不同的形式表达出来，学习上有困难的学生也能把他们在学习过程中的所思、所想、所困坦诚地告诉老师。有的学生的想像力、创造力、概括、归纳问题的能力已超出老师的预想。小结的形式多种多样、丰富多彩、妙趣横生，归纳如下：

（1）条理式小结。反映出制作这类小结的学生思路清晰，条理性强，概括能力强，有较强的抽象思维能力。

（2）兴趣式小结。反映出制作这类小结的学生有着成人远远不及的丰富的想像力，有很强的形象思维能力。小结具体、形象、生动、有趣。

（3）报告式小结。这类小结除了写出这一章每一小节的主要内容外，还写了自己的收获，写了自己在学习过程中的感想、困惑，甚至抒发自己对老师的感激之情。反映出制作这类表格的学生感情丰富，能正确地剖析自己，坦诚可爱。

（4）感受式小结。这类小结导出了学生的心声和学习过程中的感受，能让老师更好地了解学生的学习情况和思想状况，不断调整自己的教法，以适应各种类型的学生。

此外，还有小报式小结，网络式小结。

7. 明天全班要到郊外去春游，大家一定很关心明天的天气怎么样。如果气象预报明天当地下雨的概率为75%，你是怎么理解的？

实施结果：学生讨论很热烈。有的说："明天的24小时中，有18个小时要下雨。"有的则认为明天当地有75%的地方要下雨；……。在学生争论不休的时候，引导学生与课本"摸到红球的概率"进行比较，经过热烈的讨论，最后得到"明天当地有75%的可能下雨"的结论。学生们对学到了与日常生活密切相关的知识感到十分兴奋。

反思与探究：本章简单介绍了现代化教学手段在中学数学教学中的应用，对研究性学习问题和义务教育新数学课程的教学进行了较多的讨论。其中涉及的传统的数学教学方法，是教师从定义出发，介绍它的符号、表达方式，再讨论一系列性质，从而得出各种规则、算法，教师的任务是举例、讲解，学生的任务是模仿。这种"理论+例子+练习"的教学模式不利于培养学生的创新意识和实践能力。为了使素质教育落到实处，必须改变传统的教育教学观念，更新教育思想，改革教学方法。这里面还有相当多的问题值得我们深入的研讨，下面所示的只是其中几个问题。

（1）教师如何由教学的"指挥者"转变为学生学习的"引导者"？如何实现由"教"转变为最终"不教"？

（2）在教学中如何让学生从"知识接收器"转变为"知识探索者"，从教学的"旁观者"转变为教学的"参与者"？

（3）如何改革传统的教学模式，让学生的创新意识和实践能力得到实质性的培养，又避免陷入新的形式主义？

（4）研究性学习如何与数学课堂教学有机的结合起来？

（5）为了适应义务教育新课程标准的教学，应该从哪些方面努力创造条件？

第四章 数学教学设计的合理性

4.1 数学教学设计的基本过程

教学设计是教师为将要进行的教学勾画的图景，它主题明确、结构清晰、脉络分明、素材与细节时隐时现，反映了设计者对未来教学的认识和期望，而在课堂中的教学活动虽然会有偏差，但通常没有大的变化。因此，教学设计在很大程度上决定了教学活动的效果，这就是"说课"也能基本反映教学活动状况的重要原因。

如何从事数学教学设计，显然可以有多种选择，而每一位设计者的选择依据更多地牵涉到他或她对数学教学目标的看法和对数学教学设计工作的定位。

数学教学的基本目标是使学生通过数学学习，促进自身的整体发展。

数学教学设计的基本目的是帮助学生（个体）进行有效的数学学习。

我们相信，尽管任何形式的数学教学活动都可能使学生得到发展，但系统的数学教学设计会使每一位学生都有最充分地运用自己的潜能去获得发展的机会，从而极大地影响他的数学学习效果。

数学教学设计是一个系统性活动，由于教学任务或教学目标不同，数学教学设计又有多种类型。尽管如此，数学教学设计的基本过程却大致相同，即有：确立目标、分析任务、了解学生、设计活动、评价结果等五个环节。就一个完整的数学教学设计而言，上述五个环节缺一不可，每一环节的意义和作用不尽相同，它们分别是：

4.1.1 确立目标

从事数学教学设计之初，我们首先关注的不是"学生要学什么数学"，而是"学生学完这些数学能够做什么"，这就是教学目标。它是设计者希望通过数学教学活动达到的理想状态，是数学教学活动的结果，更是数学教学设计的起点。通常，教学目标由若干目的组成，例如：

"四边形性质探索"一章的教学目标
● 让学生经历探索特殊四边形性质的过程,丰富学生从事数学活动的经验,进一步培养学生合情推理的能力;
● 增强学生逻辑推理的意识,使学生掌握说理的基本方法;
● 掌握平行四边形、矩形、菱形、正方形、梯形的概念,了解它们之间的关系;
● 探索并掌握平行四边形、矩形、菱形、正方形、等腰梯形的有关性质和常用判别方法;
● 了解多边形概念,探索并了解多边形的内角和与外角和公式;
● 通过探索平面图形的密铺现象,了解三角形、四边形、正六边形可以密铺平面。能利用这三种图形进行简单的密铺设计。

"一次函数"一节的教学目标
● 让学生经历探索数学规律的过程,发展学生的抽象思维能力;
● 使学生理解一次函数和正比例函数的概念,能根据所给条件写出简单的一次函数表达式,发展学生应用数学的能力;
● 使学生初步了解作函数图像的一般步骤,能熟练作出一次函数的图像,并掌握其简单性质;
● 了解两个条件能够确定一次函数,能根据所给条件求出一次函数的表达式,并用它解决有关问题。

一般而言,教学目标有远期目标与近期目标。

1. 远期目标
远期目标可以是某一课程内容学习结束时所要达到的目标,也可以是某一学习阶段结束后所要达到的目标。
例如:《标准》第三学段(初中)"数学推理"的教学目标包括:
● 让学生经历探索基本的数量关系、图形性质,建立基本的数学模型和了解基本几何变换性质等数学活动过程,在活动中发展他们的合情推理能力;
● 让学生从对若干生活中的实例和数学现象的研究入手,进一步学习有条理的思考与表达。体会证明的必要性,理解证明的基本过程;
● 要求学生从几个基本事实出发,证明一些有关三角形、四边形的基本性质,进而掌握综合法证明的基本格式,初步体会公理化思想。

远期目标是数学教学活动中体现教育价值的主要方面。形象地说,远期目标是数学教学活动的一个方向,对数学教学设计具有指导性意义——远期目标确定以后,所有的相关教学活动都应当作为实现目标的一个(或一些)环节,而具体的教学设计虽然在一定的范围内可以呈"自封闭"形式，但从更大的背景上来看，它们应当服务于这些目标。

值得注意的是，远期目标的实现周期很长，通常是一个课程，或一个学习领域，或一个核心观念的教学所孜孜追求的。例如：

"发展学生'用数学'的意识和能力"就是整个数学课程教学追求的远期目标之一；

"发展学生的空间观念"就是几何教学所追求的远期目标之一；

"培养学生'方程思想'"则是所有方程内容教学所追求的远期目标之一。

在实际的教学设计过程中，需要避免的现象是远期目标的设立流于形式——只在教学设计中的"教学目标"部分出现，而在"教学内容"、"教学过程"等实践部分不再有所反映。这样一来，远期目标就显得非常"空洞"，得不到落实。

所以，确立远期数学教学目标时，应当注意它与所授课任务的实质性联系，以避免目标空洞、无法落实。事实上，它也是在数学教学活动的层面实现数学教育价值的一种具体措施，因为数学教育对于学生发展的帮助，多是在丰富多彩的数学教学活动中落实的。

例如，学生数学推理能力的培养是一个远期数学教学目标，不可能在一天、几天、甚至几个月之内完成，但它又是一个实实在在需要不断落实的数学教学目标。怎样落实？自然不是主要依赖专门的"数学推理"课程——在这样的课上，学生学习怎样从事数学推理，而在其他类型的数学课上，他们就不学习数学推理。事实上，几乎所有的数学课，都应当有培养学生数学推理能力的意识，无论是探索对象之间的数学关系，还是研究图形的性质，当然更包括数学证明的学习活动。因此，在相应内容的教学设计中，应当把培养学生数学推理能力列为明确的教学目标，同时辅以相应的教学素材和教学活动，使这个目标得到更好地落实。例如，在下面内容的教学设计中，就可以有意识地渗透这样的想法：

● 探索三角形全等的条件

具体的教学活动可以是：画一个三角形与已知三角形全等，需要几个与边或角的大小有关的条件呢？一个条件、两个条件、三个条件……即使具体的探索活动没有逻辑证明的要求，但在教学目标中也应当明确列入诸如"在探索三角形全等条件及其运用的过程中，能够进行有条理的思考并进行简单的推理"的目的。而在教学过程中则要求学生对自己活动结论的正确性做出解释——为什么一个条件、两个条件不行，而三个条件就有可能。

● 了解变量之间的关系

图像是表达变量之间关系的一种有效形式，因此，"读图"——从图像中获取信息，和"作图像"——用图像来表达变量之间的关系，就是函数学习的一个重要内容。其中，有许多推理活动可做，例如：

根据图 4-1 思考：

汽车从出发到最后停止共经过了多少时间，它的最高时速是多少？

汽车在哪段时间内保持匀速、哪段时间加速最大，为什么？

汽车在哪段时间内保持匀速、哪段时间加速最大，为什么？汽车出发后8分钟到10分钟之间可能发生了什么情况？为什么？

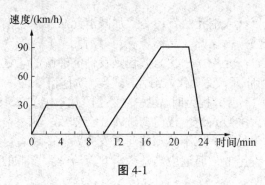

图 4-1

2. 近期目标

近期目标则是某一课程内容学习过程中，或者某一学习环节（比如一堂或几堂课）结束时所要达到的目标。一般而言，它与特定的教学内容密切相关，具有很强的针对性、可操作性。

例如："等可能性"内容的教学目标。

● 让学生经历掷骰子、抛硬币、玩转盘等活动，在活动中体会等可能性的含义。

● 让学生在玩获胜可能性相等的游戏中，了解游戏公平的含义，进一步体会等可能性现象。

● 让学生观察生活中包含等可能性的现象，说明等可能性与事件发生的概率之间的联系。

近期目标在实际教学过程中常常充当两个角色。首先，它本身是通过目前的教学活动就应当实现的目标；其次，它往往也是实现远期目标的一个环节。比如，对"等可能性"的认识可以算作一个近期目标，它可以通过上述数学教学活动（也许需要几节课）来实现。但是，对"等可能性"的认识又可以看作是培养"随机"观念的一个环节。

确立近期数学教学目标时，不仅要考虑自身的"封闭性"，还应当注意它与远期数学教学目标之间的联系，即所谓数学教学活动要设法体现数学的教育价值—数学教学的目的不仅仅是让学生获得一些数学知识和方法，更重要的是落实数学教学活动对促进学生发展的教育功能。

[课例4-1]解二元一次方程组

作为一个具体的数学知识，解二元一次方程组就是一个近期目标，它基本上可以在1~2个课时内完成。然而，若仅仅把它的教学目的定位于让学生学会解方程组的技术，那么就意味着我们放弃了培养学生思维能力、提高学生对数学整体性认识的极好机会：

首先，无论是"代入消元法"还是"加减消元法"，它们所反映的都是一种基本的数学思想方法——化归（具体表现为"消元"）：把"二元"问题化归为"一元"问题，而"一元"（一次）方程是我们能够解的。这一基本思想方法可以毫无障碍地推广到n元，而"代入消元法"与"加减消元法"都只是实现化归的具体手段。当学生们不解方程组时，也许用不到"代入消元法"或"加减消元法"，事实上，他们中的大多数人走出校门、进入社会以后，就不再解方程组了，但化归的思想方法所体现的——把不熟悉的问题变为熟悉的或者已经解决的问题，则对他们来说是终身有用的，而这应当是数学教育给学生留下的痕迹——把一切忘记以后留下来的东西。

其次，从数学的角度来看，解二元一次方程组，或者更一般地，解n元一次方程组（线性方程组）体现出来的数学解题策略具有很强的"普适性"——在几何作图问题中表现为"交轨法"：由条件α得到轨迹（点集）$A\alpha$；由条件β得到轨迹（点集）$A\beta$；所求A点即两轨迹的交点$A\alpha \cap A\beta$；

解方程组 $\begin{cases} f_1(x, y) = 0 \\ f_2(x, y) = 0 \end{cases}$，就是求集合$A_1 \cap A_2$，其中

$A_1 = \{(x, y) | f_1(x, y = 0)\}$；

$A_2 = \{(x, y) | f_2(x, y = 0)\}$；

一般地，消元法可以看作是"交集法"的体现，所谓"交集法"是指：如果一个数学问题的解是由两个条件α与β决定的，由α决定的元素集合设为A_α；由β决定的元素集合设为A_β，那么，A_α与A_β的交集就是所求问题的解集。

操作过程就是：欲求对象A（未知成分），可以将A所满足的条件根据问题的特征或需要作适当的分解，得到P_1，P_2……通过对分解后所得条件P_i的分析，导出其决定的对象集合S_i，由$\cap S_i$而最终获得所求A。例如：

圆的求解可以看作是"圆心"与"半径"这两个变元的求解；曲线的方程更可以视为"方程的类型"和"方程的系数"这两类变元的求解；……

因此，"解二元一次方程组"的教学目标就应当与数学教学的远期目标挂上钩，从而定位成：

● 让学生了解解二元一次方程组的基本思路，掌握解二元一次方程组的基本

方法；
● 使学生体会到化归的思想方法——将不熟悉的转变为熟悉的，将未知的转变为已知的，以提高其数学思维的能力。

3. 过程性目标

除了上述分类方式以外，按照新的数学课程标准（全日制义务教育《数学课程标准》（实验稿），下同），从教学结果的角度来分类，教学目标还可以分为：知识技能类目标、方法能力类目标、情感态度类目标。

这里我们特别关注新的数学课程标准所提出的过程性目标——经历……过程：

● 经历将一些实际问题抽象为数与代数问题的过程；
● 经历探究物体与图形的形状、大小、位置关系和变换的过程；
● 经历提出问题，收集、整理、描述和分析数据，作出决策和预测的过程；
● 经历运用数字、字母、图形描述现实世界的过程；经历运用数据描述信息，作出推断的过程；
● 经历观察、实验、猜想、证明等数学活动过程。

值得提出的是，结果性目标都是我们比较熟悉或能够把握的，因为它能够很快产生出一种"看得见、摸得着"的结果——学会一种运算、能解一种方程、知道一个性质（定理）……；而过程性目标，即"经历……活动"有一点"摸不着边"——经过了一段较长时间的活动，学生似乎没学到什么"实质性"的东西，只是在"操作、思考、交流"，它真的很重要吗？

看一个现代版的寓言故事——三个馒头：

有一个人肚子饿了，就吃馒头，吃了一个没有饱，就吃第二个，吃了两个还是没有饱，就吃第三个，吃下去三个肚子饱了。吃饱以后他就后悔了：早知如此，不如就吃第三个馒头了，前面两个都浪费了。

这仅仅是一个寓言，相信生活中没有人会真的这么想。

在教学实践中就不一定了，现实中不仅有这样想的，更存在这么做的——只吃第三个馒头！

请看一种数学教学设计的方案。

[课例 4-2] 代数式概念

1. 介绍代数式概念——直接端出第三个馒头。
2. 给出一些代数式、非代数式的例子，带领学生参照概念的定义辨别哪些是代数式，哪些不是代数式——教师示范吃第三个馒头的过程。
3. 提供若干个辨别代数式的练习，让学生仿照刚才的方法解决它们——学生吃第三个馒头的过程。

新的数学课程标准将"学习过程"本身作为教学目标，而不只是让它服务于学习结果，如果只是服务于学习结果，那么有其他方法可以获得结果的话，就不需要"过程"了，毕竟"过程"需要时间。设立"过程性目标"可视为一种"创举"，其价值或许可以从下面的例子中窥见一斑。

[课例4-3]代数式概念

图 4-2

按图4-2方式，搭1个正方形需要4根小棒。搭2个正方形需要根小棒，搭3个正方形需要_____根小棒。
● 搭10个这样的正方形需要多少根小棒？
● 搭100个这样的正方形呢？你是怎样得到的？
● 如果用 x 表示所搭正方形的个数，那么搭 x 个这样的正方形需要多少根小棒？
● 你是怎样表示搭 x 个这样的正方形需要多少根小棒的？与同伴进行交流。

这是一个活动过程，学生在活动中经历了一个有价值的探索过程：如何由若干个特例归纳出其中所蕴涵的一般数学规律，同时，尝试用数学符号表达自己的发现，与同伴交流。在活动中，学生不仅接触到了代数式；更了解到为什么要学习代数式；还通过经历应用数学解决问题的过程感受到数学的价值。当然，从事这个探索性活动也非常有益于学生归纳能力的发展，进一步，活动过程本身也是一个锻炼克服困难的意志、建立自信心的过程，还是实现数学思考、解决问题、情感与态度等目标的途径。

由此可见，作为数学教学设计第一步的"确立目标"是给整个数学教学设计定位、确立不同的目标，它将导致截然不同的数学教学设计。

4.1.2 教学任务分析

教学任务是为了实现教学目标而引入教学活动的，通常包含教学主题、学习素材、评价项目等，从教学结果的角度看，它也可以算作一种实践中的教学目标。

分析数学教学任务的目的在于明确学习主题属于哪一类目标，它所包含的数学知识、方法有哪些；学生需要具备的数学知识（方法）前提是什么；学习素材与教学目标的联系是什么；评价项目可以考察哪些教学目标的实现情况等。

【课例4-4】确定位置

生活中我们经常需要确定物体的位置，如何确定物体的位置？本课题显然是一种数学方法的学习，而不是具体的知识点，如坐标轴、坐标系等。但它又与学生未来将要学习的许多知识，包括直角坐标系、极坐标有密切的联系，可以说是产生这些坐标思想的萌芽。对学生而言，日常生活经验和基本读图能力是学习这一主题的必备知识。学习素材与教学目标有着明显的联系，这可以从下面的叙述中看到。

在电影院内如何找到电影票所指的位置？在电影票上，"6排3号"与"3排6号"中的"6"的含义有什么不同？如果将"8排3号"简记作(8, 3)，那么"3排8号"如何表示？(5, 6)表示什么含义？

一般地，在电影院内，确定一个座位一般需要几个数据？为什么？

（具体的学习素材来源于学生的生活经验）

以自己所在位置为基准，北偏东400米的方向上有哪些目标？距离10米处有哪些目标？要确定一个物体的具体位置，需要几个数据？

在生活中，确定物体的位置还有其他方法吗？

事实上，三个不同的问题情境分别对应着三种不同的确定位置方法，并且与后续将要学习的坐标系挂钩。

主要的评价项目可以是让学生寻找生活中确定物体位置的实例，以及采用确定的方法。可以根据学生提供例子的准确性、复杂性和解决问题过程的正确性，了解学生对相应方法的理解和掌握情况。

4.1.3 深入了解学生

学生自走进数学课堂之初，就不是一张白纸——任由教师在上面涂写。他们对数学已经有自己的认识，而随后的学习又是在其已有知识经验的基础上进行的，甚至还带着已有的特定行为倾向开始学习——或者倾向于处理数字与运算，或者倾向于处理包含图形的信息和问题，或者是其他等等。因此，了解学生的现有状况是从事有效数学教学的起点，了解学生可以使我们知道下面的教学活动该从哪儿开始，又该往哪儿走，甚至应该在哪里多停留一会儿。

对学生的了解无疑应当关注他们是否具备将要进行的数学教学活动所需要的知识与方法。但仅此显然是不够的，还需要了解学生的思维水平、认知特征、对数学的价值取向、学生之间在数学活动方面的群体差异等，这些都是设计合理数学教学的基本前提。

例如，开始学代数式运算的学生（大约12，13岁）具备的知识背景、数学活动经验、认知特征就是我们设计相应内容教学时应当关注的。他们在此之前获得的数学活动经验（关于数学运算）表明，数学运算对象都是具体的数，或者是替代数的"字母"，而且得到的答案又都是一个"整体"——或者是一个数，如37，或者带有一个字母，如$2a$，也就是"单项式"。潜意识里，他们不愿意承认$3a+4b$是合理的运算结果，一旦遇到机会，他们就想"合并"这些"不顺眼"的对象——这只是一种心理倾向。因此，在学习相应运算之初，一些学生面对诸如$3a^2b+4b^2a$之类的对象时，就很可能给出结果$7a^2b$，或者$7ab^2$。而这里并不全是理解方面的问题。

因此，教学之初，也许我们并不需要出类似的题——对那些学生而言，这就是"陷阱"。这样的结果对他们来说更多地意味着打击。

了解学生上述各方面状况的方式可以与他们交流，也可以作某些测试。只是测试时选用的试题应与测试目的一致。

4.1.4 设计活动

完成以上步骤后，就可以设计未来的数学课堂教学活动了。下面看具体实例。

[课例4-5] 球面与球冠

1. 教学目标

通过"球的表面积"和"球冠的面积"的教学
- 让学生掌握有关的面积计算公式，以及推导公式的方法；
- 激发学生探索公式来源的愿望；
- 让学生经历猜测、验证的过程，发展他们"做数学"的能力。

2. 设计意图

这是一个富有数学内涵，而且能够引起学生数学思考的学习题材。不能把它定位于只要求学生记住球面（球冠）面积公式，剩下的练习就是反复地解几个一元方程——已知半径求面积、已知面积求半径等等，因为中小学数学不能仅仅是工具，还应当具有培养学生思维能力的智力价值。而怎样把培养思维能力与学习知识技能结合起来，则应当通过设计一些富有思考价值的问题来实现。

这个问题的关键在于球面不能展开成平面图形，所以球的表面积公式无法用展开图求出，而这种利用展开图求几何体表面积的方法是学生熟悉的——以往求圆柱、圆锥、圆台的表面积公式时，都采用了展开图的方式，这里是引发认知冲突的一个"好点"。

为了计算球的表面积，教材不得不用学生不熟悉的方法——无限逼近法，而且事先还要证明一个预备定理。这里，学生会有两个不满意的地方：

①"球面不能展开成平面图形"，教材没有阐明缘由，而且直观并不明显，学生就不轻信、不满意。

②中学生在这里第一次接触无限运算，感情上总有点抵触（尽管无限运算是非常科学的方法），何况还要求先证明一个预备定理，远不如展开图的方法那么干净、利落。因此，学生对旧的方法（展开图方法）便产生眷念之情，一时放不下，总想着用它来解决问题。

3．教学过程

①激发学生研讨公式的愿望。

教师顺次提出下列三个问题：

问题1　〔教师手捧实心半球模型，要全班学生目测〕是半球面积大？还是底面的大圆面积大？

（设计者：人人都能回答这个问题，使全体学生进入活动。）

问题2　半球面积是大圆面积的几倍？

10倍对不对？5倍对不对？3倍对不对？（均无学生肯定）2倍对不对？（有学生肯定）

问题3　正好是2倍吗？不能是2.1倍或1.9倍吗？

（设计者：凭直觉难以确定，教材上有答案：球面积是大圆面积的4倍。若有学生来用教材的答案也不要紧——书上说是2倍，大家相信吗？此时已经引起他们需要"真正相信"结论的欲望了——他们学习这段教材的要求从潜伏状态进入活动状态，不满足于记住书中的结论。尽管通过自己的目测与讨论，学生确实可以记住书本的结论，但他们更想知道这个结论是如何得出的。）

师：〔宣读教材上的一段话〕"圆柱、圆锥、圆台的表面积公式，都是利用它们的展开图求出的。由于球面不能展开成平面图形，所以球的表面积公式无法用展开图求出。为了求得球的表面积公式，我们需要证明一个预备定理……。

事实上，因为圆柱、圆锥、圆台都是一条线段运动而成，属于可展开平面（甚至孙悟空挥舞金箍棒时取得的曲面有时也属于可展开平面），但球面就不属于可展开平面，这一点，我们现在无法去探讨。（设计者：对于探索欲望强的学生，这段话是不能让他满意的，这里就埋下了一个可供研究的线索——事实的发展果然如此——而且也实现了"让学生经历猜测与验证的过程，发展他们做数学的能力"的教学目标。）

②用分析法介绍预备定理" $S_{圆台侧}=2\pi ph$ "的证明过程。

（设计者："预备定理"的证明并不难，但采用分析法的方式，可以帮助学生理解证明的思路，学习证明的基本方法。）

教材中的一句话"注意：这个结果对于球的内接圆柱、圆锥同样成立"会引起学生注意，可以作为练习，让学生完成。

（设计者：这些活动有助于学生理解结论的意义，掌握推导相应公式的方法——教学目标。）

③讲解定理：球面面积等于它的大圆面积的4倍。

这是学生们迫切需要解决的问题，由于学生第一次接触无限运算，因此最好由教师讲解。关键的两点要讲清。

（设计者：对学生认知水平的把握是设计合理教学的基本前提）

第一点，教材提出"如果分点无限增加，侧面就无限地接近于半球面，同时p也无限地接近于R。当p变为R时，侧面积的和S变为$2\pi R^2$，我们把这个和作为半球面的面积"。为什么要把和"$2\pi R^2$"作为半球面的面积，而不直接说$2\pi R^2$就是半球面的面积？

第二点，教材是采用等分圆弧来无限逼近的，如果采用等分半径行不行？

④介绍相应的球冠知识。

有了上述的基础知识，掌握球冠知识就不难了，教学时应让学生理解一些最基本的知识与方法，并能灵活地运用它们解决一些问题，而不要死记一些次要的东西。例如，可以强调指出：

● 球冠是球面的一部分，不是几何体——球冠的面积不包括底面圆的面积。

● 球面被一平面截得的两部分都是球冠，其中一个球冠的高大于或等于球半径R，另一个球冠的高小于或等于球半径R——因而所得两个球冠的面积公式是一样的。球冠面积另一公式：$S_{球冠}=\pi(r^2+h^2)$（其中r是球冠的底的半径，h是球冠的高），不要求死记，而应让学生自己去理解、掌握。

4.1.5 评价结果

数学教学计划是数学教学设计的直接结果，数学教学活动的实施则是实现数学教学设计的途径。最终，设计中提出的教学目标是否达到，还需要评价。这里牵涉到的评价既有形成性评价——其目的在于改进教学，也包含总结性评价——目的是检查教学是否达到了设计的目标。

准备适当的评价项目也是数学教学设计不可忽视的一个环节。如何准备合适的评价项目是一个很大的话题，不是这里能够说清楚的。我们只想提及其中一个比较重要的方面：评价项目应当与所要评价的目的一致——比如对技能的测试不能考查对概念性的理解，计算性的问题不能用于测试问题解决的能力等。

例如，若要考查学生对"平均数"概念的理解，着重点就不应放在对于各种平均数的计算上，提供诸如：

求解下列10个数的平均数：

10.2， $2\sqrt{17}$， $2\dfrac{31}{12}$， -16.3， 23.8，

7.4， -5， $6\sqrt{34}$， $-4\dfrac{55}{12}$， -22.1

或"已知下列10个数的平均数是a，求其中的未知数x"等类型的问题。

显然，这些问题强调的是对各种平均数计算公式的熟练程度、准确性和应用技巧，而不大关注对概念本身的理解，例如对平均数的意义、特点的理解。确切地说，这些是算术题。

而下面的两个问题似乎更能够考查学生对算术平均数意义的理解：

● 一名身高 1.5 米的学生是否可能在平均水深为 1.2 米的游泳池中遇险，为什么？

● 图 4-3 为两堆立方块在高度调整前后的正视图。解释调整立方块高度与求两个数的平均数之间的关系。

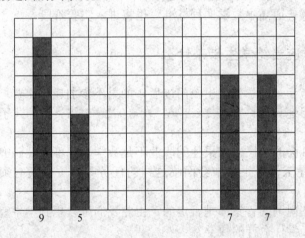

图 4-3

若需评价学生探索能力、获得并应用概念的能力，可采用类似于下面的"构造性"问题：

● 根据 $86+57=143$，计算：

$86+56=?$

$57+86=?$

$860+570=?$

$85+57=?$

143−86=？
86＋86＋57＋57＝？
85＋58＝？
● 连续6次掷一粒均匀骰子，出现6个1的可能性是多少？
模仿上题，编一个类似的问题。

4.2 认识新课程

义务教育阶段的教学课程应突出体现基础性、普及性和发展性，使数学教育面向全体学生，实现人人学有价值的数学；人人都能获得必需的数学；不同的人在数学上得到不同的发展。

《标准》已于2001年7月正式颁布，并已有相应的实验教材进入了实验区。随着时间的推移，《标准》的实验区将逐渐扩大，到2005年，全国都已进入《标准》实验区，国家《普通高中数学课程标准》也将进入实验阶段。

4.2.1 学数学应当给学生带来什么

设想一下，当一名学生走出校门以后，如果不参加速算比赛，他会遇到这样的情形吗——迅速计算诸如37.2×8.46，或者972÷23.5类型的式子，还不许使用计算器？

一个步入社会的公民，如果他的职业不是数学，既不专业研究数学，也不专业教数学，他在工作或生活中会面临这样的任务吗——今天必须证明△ABC≌△DEF？

显然，这些问题的答案都是否定的。由此我们可以想到学生究竟为什么而学数学？他们应当学什么样的数学？

在现实生活中，每一个学生自进入学校开始，几乎每天都要花一定的时间学习数学，学数学概念、定理、公式，做代数计算、几何证明，……他们为什么要花大气力学数学？尤其是那些未来的职业不是从事数学工作的学生（这样的学生在同龄人中占99%以上），或者说，数学学习究竟能给学生带来什么？

我们都同意这句话——数学使人精细；我们也都同意这样的观点——数学能够使人聪明，甚至我们都相信学习数学能够提高学生的能力，能够帮助他们在自己的生活或工作中解决更多的问题，既包括数学的，也包括非数学的。

然而，这是一种理想、信念，它并不说明学了100个数学概念的学生一定比学了90个数学概念的学生聪明；证过100个三角形全等题目的学生一定比只证过80

个三角形全等题目的学生有更高的推理、证明能力……

事实上,"数学能够使人聪明"的意义更多的不是指学生在学过数学以后能够解决多少纯数学问题,毕竟,他们中的绝大多数人在步入社会以后不再需要解决更多的纯数学题了,如证明两个三角形全等。它的意义主要在于对学生一般能力的提高,在于对学生整体发展的帮助。比如,尽管许多成人一生中不会面对"证明两个三角形全等"这样的问题,但他一定要做"证明"这件事——证明自己的观点是正确的、证明某一个方案是可行的、证明某种看法是不正确的,能够有效地做这些事情就是学习数学证明给学生带来的最大收益。

因此,我们说有了计算器,学生还应当掌握基本的计算技能,但不需要花费大量的时间去练习复杂的数值计算和代数运算。学生应当学习几何证明,因为他们需要发展自身的逻辑论证能力。但是,学习的重心不应当是那些证明三角形全等、四边形相似的技巧,而应当是证明的意识、基本过程和主要方法。

所以,对每一个接受义务教育的学生来说,他作为一个未来社会的公民所必须获得的整体发展是这一阶段数学教学的最基本目的。正如"标准"所说:义务教育阶段的数学课程,其基本出发点是促进学生全面、持续、和谐的发展。

作为科学的数学与作为学科的数学,即作为教育的数学应当有所区别。作为学科的数学不再只是纯粹的数学事实,如概念、公式、定理、法则等。那应当是什么呢?或者说,学生应当学习的数学是什么?

看一个例子。

[课例 4-6] 中位数与众数

1. 教学目标

①掌握中位数、众数等数据代表的概念,能根据所给信息求出相应的数据代表。

②能结合具体情境体会平均数、中位数和众数三者的差别,能初步选择恰当的数据对数据做出自己的评判。

2. 设计意图

单纯从计算的角度看,"中位数"和"众数"非常简单,只要知道数的大小、会数数,就能够计算它们,但作为一个统计概念,它就不那么简单了。因此,教学的重点不能够放在怎样找(计算)中位数与众数上,而应放在对概念含义的理解上。

3. 教学过程

①教师呈现问题情境,某公司员工的月工资如下:

单位：元

员工	经理	副经理	职员A	职员B	职员C	职员D	职员E	职员F	杂工G
月工资	6 000	4 000	1 700	1 300	1 200	1 100	1 100	1 100	500

你怎样看待该公司员工的收入情况？

（各人从不同的角度理解问题可能得到不同的结论，这里的目的是引起学生的认识冲突，因此自然应允许学生有不同的看法。）

②学生讨论。

③教师提供信息：经理、职员C、职员D从不同角度描述了该公司员工的收入情况。

经理：我公司员工收入很高，月平均工资为2 000元。

月平均工资2 000元，指所有员工工资的平均数是2 000元，说明公司每月将支付工资总计2 000×9元。

职员C：我的工资是1 200元，在公司算中等收入。

C的工资1 200元，恰好居于所有员工工资的"正中间"（恰有4人的工资比他高，有4人的工资比他低），我们称它为中位数。

职员D：我们好几个人的工资只有1 100元。

9个员工中有3个人的工资为1 100元，出现的次数最多，我们称它为众数。

④学生思考。

你认为用哪个数据表示该公司员工收入的"平均水平"更合适？

为什么该公司员工收入的平均数比中位数高得多？

⑤呈现概念。

一般地，n个数据按大小顺序排列，处于最中间位置的一个数据（或最中间两个数据的平均数）叫做这组数据的中位数。一组数据中出现次数最多的那个数据叫做这组数据的众数。如一组数据 1.5，1.5，1.6，1.65，1.7，1.7，1.75，1.8 的中位数是 $\frac{1}{2}$（1.65+1.7），即1.675；这组数据的众数是1.5和1.7。

⑥学生讨论。

平均数、中位数、众数各自特征是什么？如果要选用它们代表一组数据的"平均水平"，你认为它们各自在什么场合下使用比较合理？

设计思路分析：显然，学习"平均数"、"中位数"和"众数"概念的最主要目的不是会计算它们的值，那样做是把统计当作算术（代数）来教了。重要的是让学生理解为什么需要它们；它们各自的含义是什么；在什么样的场合下能够有效地使用它们等。而这一切又只能在情境中学，只能让学生在对现实问题情境分析的过程中逐渐理解这些概念的意义。

4.2.2 数学的"学与教"

学生的数学学习内容应当是现实的、有趣的、富有挑战性的，这些内容要有利于学生主动地从事观察、实验、猜测、验证、推理与交流等数学活动……有效的数学学习活动不能单纯地依赖模仿与记忆，动手实践、自主探索与合作交流是学生学习数学的重要方式。

数学教学活动必须建立在学生的主观愿望和知识经验基础之上。学生是数学学习的主人，教师是数学学习的组织者、引导者与合作者。

《全日制义务教育数学课程标准（实验稿）》

当我们把数学教学的基本目标定位在促进学生全面、持续、和谐的发展之上时，我们的数学教育就注定要改变以往"学科为本"的理念。让学生知道更多的数学不再是最重要的了；让每一个学生牢记抽象、严谨的数学知识体系不再是我们着力追求的目标了；让学生熟练掌握尽可能多的解题技巧也不再成为好的数学教学的标志了；数学课程也不再成为一个"筛子"，将不聪明的学生淘汰出局，将聪明的学生留下……。

作为教育的数学也不只表现为"现成的数学——作为结果，它是静态的、固定的、清晰的、没有矛盾的。学习者的目的是了解它的意思，并能够模仿与复制它。"它更应当表现为"做出来的数学——作为活动，它是动态的、可创作的，结论或操作程序是未知的。学习者的目的是理解其意义，寻求在合适水平上的合理解答，数学方面的漏洞可以随着学习的深入逐渐弥补。将数学作为一种活动来解释和分析，建立在这一基础上的教学方法就是"再创造"方法。

在数学学习过程中，学生不再是"被动的"知识接受者——完全接受和模仿教材所写的、教师所说的，他们应当"自主、主动"地参与到数学活动中来，成为"数学学习的主人"。

教师也不应当是数学教学活动的"管理者"——严格规范学生在课堂的一切数学行为，而应当成为学生数学学习的"组织者、引导者与合作者"。教师的主要职责是向学生提供从事"观察、实验、猜测、验证、推理与交流等数学活动"的机会，为学生的数学学习活动创设一个宽松的氛围，激发学生学习数学的欲望，最大限度地发挥他们数学学习的潜能，让学生在活动中通过"动手实践、自主探索、合作交流、模仿与记忆"等方式学习数学，获得对数学的理解，发展自我。

数学课堂也不应当被简单地看作是"传递数学知识的地方"，教师讲数学，学生听数学；教师示范做数学，学生模仿做数学。数学课堂应当成为学生交流数学的场所——课堂里有丰富的数学情境、有意义的数学课题、宽松的数学学习氛围、有价值的数学交流活动和善于帮助学生的教师。

对于学生，我们应当相信每一个生理与心理正常的学生都能够接受中小学教育，都能够达到"标准"设定的基本要求，学好数学不是少数人的专利而是每一个学生的权利。但这并不意味着"所有的学生学数学都是一样的容易"，事实上，一个学生在某个领域学习中的进步可能比在其他领域里更快，一些学生的数学学习成绩可能比另外一些人要好，这种现象不仅与学生的兴趣和爱好有关，也与他的学习能力有关。如果一个学生没有花费多少时间和精力，就取得了较好的成绩，而另一个学生花费了大量的时间和精力，还是不能取得这样的成绩，那就是前者较后者的学习能力强（在不考虑外部因素前提下）。

当我们给学生提供了一个宽松、民主且富有思考空间的学习环境以后，学生的聪明才智将会得到激发，有效的学习就将发生。

下面是一个教学过程的浓缩，从中可以见到学生的聪明才智。

[课例4-7] 探究函数性质

教师示范例题：已知函数$f(x)$的周期为4，且等式$f(2+x)=f(2-x)$对一切$x \in \mathbf{R}$均成立。求证：$f(x)$为偶函数。

教师讲完例题后，要求学生按4人一组对问题进行多方位的研究，比如问题的条件与结论之间的关系、进一步的猜想等等，然后交流研究成果。

下面是部分学生的交流情况，在学生探究过程中，教师往来于不同小组之间，对学生提出的要求给予适当的反馈。

小组A：我们主要研究了这个问题的条件与结论之间的关系。发现这三者中的任何两者都可以推出第三者，即

● 若函数$f(x)$的周期为4，且$f(x)$为偶函数，则等式$f(2+x)=f(2-x)$对一切$x \in \mathbf{R}$均成立。

● 若$f(x)$为偶函数，且等式$f(2+x)=f(2-x)$对一切$x \in \mathbf{R}$均成立，则函数$f(x)$的周期为4。

教师：A组同学研究了这个问题的条件与结论的关系，得到了一个很理想的猜想，也证明了自己猜想的正确性，就是说，他们发现了新定理！其他组的成果呢？

一段时间以后，

小组B：我们也发现了这个特点。我们还从图像的角度进行了研究。$f(x)$为偶函数，说明$f(x)$的图像有一条对称轴，它的方程为$x=0$，$f(2+x)=f(2-x)$对一切$x \in \mathbf{R}$均成立说明$f(x)$的图像还有一条对称轴，它的方程为$x=2$。我们猜想：

● 若一个函数的图像有两条不同的对称轴，那么这个函数是周期函数。

● 若一个函数的图像有一条对称轴和一个对称中心，那么这个函数是周期函

数。

我们分别用一个满足上述条件的具体的函数检验了一下，完全对！

教师：B组向我们提出了挑战，他们的猜想是正确的吗？有哪个组愿意应战？或者说帮助B组得到一个确定的答案？

小组C：我们刚才的研究没有很具体的结果。但是，我们想把刚才B组的结论用一般的数学表达式表示出来，并给出证明。

过一段时间以后，

小组D：B组的研究给我们很大的启发，我们把他们的研究推进一步，研究两个函数。提出下列猜想：

● 若函数$f(x)$的图像与函数$g(x)$的图像既关于点$(a,0)$对称，又关于点$(b,0)$ $(a\neq b)$对称，则函数$f(x)$与函数$g(x)$都是周期函数。

● 若函数$f(x)$的图像与函数$g(x)$的图像既关于直线$x=a$对称，又关于直线$x=b$ $(a\neq b)$对称，则函数$f(x)$与函数$g(x)$都是周期函数。

● 若函数$f(x)$的图像与函数$g(x)$的图像既关于点$(a,0)$对称，又关于直线$x=b$ $(a\neq b)$对称，则函数$f(x)$与函数$g(x)$都是周期函数。

教师：更严峻的挑战来了，也许我们现在还不能对这些问题完全给出答案，但我们应当通过自己的努力，建立几个"定理"。还有其他方面的研究吗？让我们全班同学分享一下吧。

小组E：我们的研究方向是给出"广义偶函数"、"广义奇函数"的概念。

● 对于函数$f(x)$，若存在常数a，b，使得函数定义域内任意x，都有$f(a+x)=f(b-x)$成立，则称$f(x)$为广义偶函数。特别地，当$a=b=0$时，$f(x)$就是偶函数。

● 对于函数$f(x)$，若存在常数a，b，使得函数定义域内任意x，$f(a+x)=-f(b-x)$成立，则称$f(x)$为广义奇函数。特别地，当$a=b=0$时，$f(x)$就是奇函数。

课例分析

显然，从这个课例中，我们可以感受到学生的聪明才智。在教师的积极鼓励和适当帮助之下，小组成员之间、不同小组间同学平等"交流、协商、合作"，他们像数学家那样工作，即如何构造一个证明或反例，如何选择一个一般性的例子，如何使定义精确化，等等。同学们运用"特殊化、一般化、分离、重新组合、类比"等思维方法，以及"分合并用、进退互化、正反相辅、动静转换、数形结合"等解题策略，由原问题不断地提出新问题，探索解决新问题，把函数的奇偶性、对称性、周期性等性质间的关系不断推广和发展，形成一定的知识结构。在这里，学生的角色、教师的作用和数学的意义都有了新的、更加丰富的含义。

事实上，当我们重新论释了数学课程的价值、重新认识了数学教学的意义以后，目前课堂里发生的许多司空见惯的事情都可以做重新解释，例如：

● 教师讲课，学生能否插嘴？

至少，学生插嘴不一定是坏事，一方面，它说明学生开动脑筋了，比教师一个人讲更好；另一方面，它表明了课堂中存在一种"民主"的氛围，师生之间的不同看法能够在一起平等交流。

那么，听课的老师能否当堂发表意见？应当也可以，甚至还可以扮演讲课教师的角色。下面是一位老教师的回忆：

在一次公开课上，学生提了一个问题，我被问住了，来听课的几位老师也非常着急，都在研究学生提的这个数学现象，一时也解决不了。下课后听课的老师问我下一堂课怎样上？（数学课两节连排）我一时也说不清楚。岂料，第二节一上课，就有个学生向我打手势，指指他座位旁的一位听课老师。学生的手势告诉我，一定是那位老师已解决了。我一看，这位老师是以前教过的学生，他来听我的课是来向我学习的，现在这个问题他能解决，学生要我下来，让他来讲，我有点犹豫。后来一看不行，还得请他讲。为什么呢？因为我发现这个学生非常着急，他不停地指着那位老师，以为我还没有理解他的手势，动作越来越快。这可不得了，我还是老实点好，我说："这个问题看来何老师已经解决，我们欢迎他来给我们上课。"话音一落，哄堂大笑。我的脸红了没有？没有。我想这是大笑，不是讥笑。大笑，意味着师生之间亲密无间。因为我们的课堂是交流数学的场所，每一个人都是参与交流的成员，都应当有机会表达自己的看法。

● 教师"挂黑板"一定不可取吗？当然，作为一名走上讲台的教师，应当对所要教授的数学内容有充分准备，不论在数学方面，还是在学习过程方面。但是，一旦我们"把学习的主动权交给学生"，那么，学生在课堂里会出现什么样的想法，会提出什么问题，那就不一定是教师所能够完全预料到的。当然，这也不是为出现"挂黑板"现象开脱。重要的是教师如何面对"挂黑板"现象，担心自己的"权威"受到损害，那就否定学生的想法和疑问；把自己定位成学生数学学习的合作者，那就坦诚面对现实，与学生共同解决所面临的问题。

数学大家希尔伯特对于教数学有自己的见解，他"不能容忍数学课只是填鸭式地向学生灌输各种事实而不去教会他们怎样提出问题和解决问题。"他喜欢问学生：我们已经学了这么多的数学方法，但它们在新的情形下似乎不适用了，怎么可能呢？为什么？我们还能做些什么？我们怎样才能摆脱这种困境？在接下去的教学过程中，他也有"细节推不出来或推错的时候"，而随后进行的师生共同研究过程会使学生觉得在他的课上，数学是"活"的，因为这种研究过程可以使学生感受到真正的"做数学"过程。

事实上，某种情形下有意识地"挂黑板"（类似于假装），反而会起到意想不到的效果。有人说：一个高明的数学教师有时得像一个优秀的演员，他所扮演的角色栩栩如生地呈现在观众面前，使得观众情不自禁地走进剧目中和角色悲喜与共，也许不无道理。

● 一堂课的教学是否成功主要看什么？主要不是看教师的表演是否精彩，板书是否漂亮，语言是否动听，讲解是否细腻，是否使用了新的教育技术。显然这些都会在一定程度影响课堂教学的效果，但更为重要的应当是关注学生的表现，是否在从事有价值的数学活动素材、活动方式、活动水平、是否有思维的时间和空间、是否有机会表达自己对数学内容的理解、自己的兴趣是否在学习过程中得以激发。

4.2.3 数学教学反思

天真的教学意味着，我们总能正确理解自己在做什么，我们总能理解自己所具有的影响。天真的教学还意味着，我们总是设想自己的教学行动所具有的意义和重要性与学生们所领会到的完全一致。

由于我们从来不可能对自己的动机和意图完全了解，由于我们经常会错误地理解别人对我们行动的感受，那么对我们的实践采取非批判的立场将会导致我们的人生充满挫折，打破这种天真需要的就是批判与反思的习惯。

相同的内容教的次数多了，时间久了，我们就会于有意无意之间形成许多教学经验，这些经验是属于我们自己的——形成于我们的教学过程之中，带有明显的个人认知特点和行为习惯。

一、数学教学不能只凭经验

成功的教学经验可以使我们在类似的教学情境中不必重新审视情境本身，而直接照搬过去的"成功经验"解决面临的问题，这样就可以避免花费许多不必要的时间和精力。确实，从经验中学习事物是每一个人天天都在做而且应当做的事情。

然而，经验本身的局限性也是很明显的。每一条教学经验的产生都有其特定的背景和制约的条件，更为重要的是，如前所述，对经验的"成功"与"不成功"的判定都是基于一定的数学教育观念基础之上的，这在新课程改革的年代更应当审慎对待。

就数学教学活动而言，单纯依赖经验教学实际上只是将教学实践当作一个操作性活动，即依赖已有经验或套用学习理论而缺乏教学分析的简单重复活动；将教学作为一种技术，按照既定的程序和一定的练习使之自动化。它使"教师的教学决策是反应的，而非反思的直觉的，而非理性的例行的。"

这样从事教学活动的教师我们可以称之为"经验型教师"。他们凭自己的直觉从事教学，认为自己的教学行为传递的信息与学生领会的含义相同，并且对此深信不疑——我知道自己在做什么，毕竟我已经教了许多年数学了，因此而形成一种习惯，即依据尚未检验的"常识"来判断自己行为的合理性。事实上，这样做往往是不准确的，因为师生之间在数学知识、数学活动经验、社会生活阅历等方面的差异使得这样的感觉通常是不可靠的，甚至是错误的。这方面的例子可以举很多。

例如经验表明，当学生刚刚开始学"合并同类项"的时候，在实际做运算的过程中常常出错，把$4ab^2+7a^2b$算成$11a^3b^3$；把$12a^3+3a$算成$15a^3$；把$7n+5$算成$12n$等等。于是，有教师就在教学过程中采用一些特别的方式强调"合并"的原则，比如用红笔写下注意点，或者让学生抄写规则等等。似乎"我"所强调的东西应当被学生关注，甚至记住。然而往往事与愿违，第二天还是有许多学生出类似的错误，于是，就把它归结为这些学生"笨"或者不认真，进而责备，甚至训斥他们。

事实上，这些学生刚刚接触"字母代表数"，对字母含义的理解很浅薄，或者忽略字母的意义，或把字母当成物体，或把字母当成未知量……对含有字母的运算的理解更是表面化：运算的结果应当是单个的"量"，或是一个数，或是一个带有字母的"乘积"的对象，如$2x^2$等。遇到诸如$4ab^2+7a^2b$、$12a^2+3a$、或者$7n+5$形状的量，总想着把它们"化简"成单个的"量"，否则就觉得没有将同类项合并完。

同样地，如果总是以"昨日的经验"来看待今天的教学，也会发生另一种"偏差"。比如说，多年来我们在上复习课的时候，总有一个将知识做小结的环节，而且都是由教师给出答案，如用语言或图的形式罗列出所学的知识。潜意识里认为学生是无法给出令人满意的"知识网"的，事实并非如此，新课程实验区的教学实验给出了很有说服力的回答。

学生能够给出的总结形式包括：

● 表格式——条理性很强。表现出制作者的思路清晰，概括能力强，有较强的抽象思维能力。内容包含章（节）主要内容说明；主要运算法则；各种问题类型及解决方法、注意事项、例题。

● 趣味式——具体、形象而且生动、有趣。表现出制作者有着成人所不及的丰富想像力、形象思维能力。例如有理数。形象：画一棵树，以根表示有理数、树枝表示有理数的分类，画面的背景是有理数的加、减、乘、除运算法则和乘方的意义。有趣：笑脸表示正数、哭脸表示负数、虫子表示数字。更有配备卡通哦、我明白了……

● 汇报式——内容丰富、过程详尽。表现出制作者情感丰富，能够客观地剖析自我。包含章（节）主要内容，自我收获学习过程中的感想、困惑和对教师的感激之情。采用的语言有我知道了……我会画了……我学会了……讨厌这个……老师，你辛苦了。

● 体会式——感受真切、信息丰富。表现出制作者能够坦诚道出对学习对象的真实感受，如数学很有趣，它与生活是紧紧联系的，既能解决生活中的实际问题，又能使人变得聪明。例如，对"生活中的数据"的小结：我最喜欢科学记数法，因为它简单而实用；我最讨厌画扇形统计图，因为这太麻烦；也有用扇形统计图制作"数学总复习习题分布统计图"——用统计图上的数据对教材做分析，说明自己的强与弱所在。

还有小报式、网络式。

由此可见，单纯凭经验即使是积累多年的教学经验也不能够很准确地把握"我"正面临的教学现象。首先，学生发生了很大变化，无论是知识背景、数学活动经验还是认知手段，他们已经不是昨日的学生了；其次，学习数学的意义也在发生变化；再有，不同的社会文化氛围带来的影响等等。

二、理智型教学需要反思

与经验型教学不同，理智型教学的一个根本特点就是"职业化"。将教学作为一种职业行为，不再以自我的冲动、感觉、想像、经验和习惯作为制订教学计划的主要依据。它是一种理性的以职业道德、职业知识作为实施教学基本出发点，努力追求教学实践的合理性。而要使我们的教学从"经验型"走向"理智型"，一个必要也是关键的步骤就是"教学反思"，即教师对自己的教学实践行为做反思性研究。

教学反思的意义在于将教学活动职业化，不再将教学实践当作操作性活动。教学的合理性依赖于职业知识和专门化思考，而非习惯、传统或个人经验，改进教学的依据是职业知识，而非冲动性的简单作用。

教学反思以追求教学实施合理性为动力——反思的直接目的是改进教学，使之更合理；通过反思发现自己在教学上需要改进的方面，如对教学本身的认识、实施教学的策略和过程等，这必然有助于自我的专业发展。

教学反思的目的不仅是回顾过去，意识到自己行为的含义，更是为了改进未来的教学。

对一名数学教师而言，教学反思可以从以下几个方面展开：对数学概念的反思、对学数学的反思、对教数学的反思。

1. 对数学概念的反思——学会教学的思考

我们曾经强调过，对中小学生而言，学习数学的一个重要目的在于能够学会数学的思考，即用数学的眼光看待自己生活的自然与生活环境，因为数学是他们提高自身生活质量必不可少的。

对一名教师（或未来的教师）而言，数学，确切地说，教数学是他的职业，因此，他还需要能够从"教"的角度去研究数学。也就是说，对于自己所要教授的数学，不仅能够"做"，还应当能够"教"别人去"做"。这使得教师（或未来的教师——下同）对数学概念的反思应当从逻辑的、历史的、关系的等方面展开。

下面以函数为例对此做出解释：

● 从逻辑的角度来看，函数概念（中学数学所谈论的——下同）包含定义域、值域、对应关系等要素；函数内容主要包括一元一次函数、一元二次函数、无理函数、指数函数、对数函数、三角函数、反三角函数的含义、表示、及其基本性质（当然还有分段函数、数列等非主要内容）。

理解与掌握这些内容是研究函数教学的基础，但还不是全部。

● 从关系的角度来看，不仅函数的主要内容之间存在着种种实质性联系，函数与其他中学数学内容也有着密切的联系。

给代数式赋值就蕴涵着对应的意义：代数式 $f(x)$ 与 $g(x)$ 恒等就是 $f(x)-g(x)=0$

方程 $f(x)=0$ 的根可以作为函数 $y=f(x)$ 的图像与 x 轴交点处的横坐标；

不等式 $f(x)>0$ 所代表的区域就是函数 $y=f(x)$ 在 x 轴上方的部分；

数列 $\{a_n\}$ 也就是定义在自然数集合上函数 $y=f(n)$；

而排列与组合本身就可以用函数来定义；

……

同样地，几何的内容也与函数密切相关。

图形的位置与其上点的坐标 (x, y) 相对应；

图形的变换本身就可以视为函数；

……

● 从历史的角度来看，人类对函数概念的认识经历了一个漫长的过程，而这一过程在总体上将重现于学生对函数概念的认识活动之中。

历史上，自1637年笛卡儿的《几何学》问世起，数学里才开始有"变量"的概念，但"变量"一词尚未出现，自然更谈不上函数。一直到牛顿—莱布尼兹时代（17世纪末），数学里还没有给出函数的一般定义（莱布尼兹只是使用function一词来表示任何一个随着曲线上点的变动而变动的量，例如，曲线、切线、法线等长度和纵坐标），但这并不妨碍人们对函数、特别是一些具体函数的研究与应用。

后来，欧拉给出了三种定义：
● 变量的函数是一个解析表达式，它是由这个变量和一些常量以任何方式组成的；
● 在 xy 平面上徒手画出的曲线所确定的 x 与 y 之间的关系是函数；
● 如果某些变量以这样一种方式依赖于另一些变量，即后面的变量变化时，前面的变量也变化，则将前面的变量称之为后面变量的函数。

1837 年，狄利赫莱给出了函数的古典定义：

对于 x 的每一个确定的值，y 都有完全确定的值与之相对应，则 y 就是 x 的函数。

19 世纪 70 年代，康托的集合论出现以后，函数又被定义为集合之间的对应关系：

如果对于集合 M 中的每一个元素 x，都有集合 N 中的一个元素 y 与之相对应，则称 y 是 x 的函数。

近代，函数又有了新的定义。

上述简史可以给函数的教学以重要的启迪，即学生对函数概念的认识也应当有一个渐次发展的过程。起初，他们或许不知道函数的定义，包括它的名称，但不等于说他们不可以研究函数，特别是那些具体的有实际背景的函数，如：

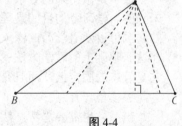

图 4-4

ABC 底边上的高是 10 厘米。当三角形的顶点 C 沿底边向 B 运动时，这个三角形的哪些量发生了变化？当 BC 从 12 变到 4 时，相应量的变化、范围是什么？如图 4-4。

如图 4-5 是 A 市某天的温度变化图。
根据该图回答下列问题：
上午 9 点的温度是多少？
这一天的最高温度、最低温度分别是多少？各在什么时候达到？
这一天的温差是多少？从最低温度到最高温度经过了多长时间？
在什么范围内温度上升，什么范围内温度下降？
你能预测次日凌晨 1 点的温度吗？

在类似这些内容的学习基础之上，学生们将可以并且应当关注函数的一个实质性特征：表示变量之间的变化规律。尽管他们可能对于函数的不同表达方式、定义域、值域等概念的认识还不十分清晰。随后，学生们将能够研究某些具体的函数，例如一元一次函数、一元二次函数等等。再往后，他们就能够体会函数的一般概念了。

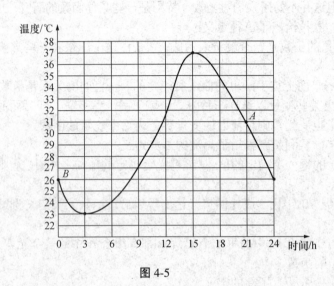

图 4-5

这种做法体现了弗赖登塔尔的观点：

数学是做出来的数学。作为活动，它是动态的可创造的，结论或操作程序是未知的。学习者的目的是理解其意义，寻求在合适水平上的合理解答，数学方面的漏洞可以随着学习的深入逐渐弥补。将数学作为一种活动来解释和分析，建立在这一基础上的教学方法就是"再创造"方法，而不是现成的数学。作为结果，它是静态的固定的，而且是清晰的没有矛盾的。学习者的目的是了解它的意思，并能够模仿与复制它。

当然，也需要思考，当我们采用直观的模型去教一个概念（或者学生通过某个具体的事例去认识一个概念）时，它的负面效应是什么？因为模型经常会突出概念的一个方面而掩盖概念的其他属性。那么，非本质属性与本质属性的关系如何平衡？

简言之，教师面对数学概念，应当学会教学的思考——为学生准备数学，即了解概念的产生、发展与形成过程；在新的情境中使用不同的方式解释概念，把握概念的过程与对象这二重性。

2. 对学数学的反思

正如我们前面提到的，当学生走进数学课堂的时候，他们的头脑里并不是一张白纸——对数学有着自己的认识和感受。教师不能把他们看作"空的容器"，并按照自己的意愿，以自己对数学的认识和感受去设计教学活动，往这些"空的容器"里"灌输数学"。这样做常常会导入误区，因为师生之间在数学知识、数学活动经验、兴趣爱好、社会生活阅历等方面存在很大的差异，这些差异使得他们在对同一个教学活动的感觉通常是不一样的。

一位教师曾经有过这样的"遭遇"，当她把作家徐迟那篇令人荡气回肠（教师自己的感觉）的报告文学《哥德巴赫猜想》介绍给学生时，学生一方面折服数学家陈景润难能可贵的求索精神，另一方面也不解陈景润为何如此如醉如痴。数学难道就是如此高不可攀、遥不可及？

显然，她的初衷并没有达到，只因为师生之间的差异。而对具体的数学内容来说，师生之间差异的表现更为明显，也更容易对教学产生影响。例如，我们知道的"多边形外角和"问题。有教师曾经做过一个小试验（试验对象是几个四年级大学生）：

首先，采取猝然发问的方式提问：42边形的外角和是多少？多数人答不上来或迟疑而不敢答。但若问"42边形的内角和是多少"时，却能够想到答案，尽管在我们看来，"外角和"比"内角和"的结论简单得多。继续深究下去，怎样证明这些结论？他们基本上都可以回顾出来，只是在证明三角形内角和是180°时遇到一些困难。究其原因，可以从对他们提供的证明过程中入手并反思，对于内角和他们都采用了"将多边形分割成若干个三角形的方式"，在此基础上"推导"出了答案；对于外角和则都采用了代数运算的方式：

$$n180°-(n-2)180°=360°$$

由此可见，对他们而言，"内角和"是一个几何结论，包括形成结论的过程也是清楚的；而"外角和"则更像一个代数结论（因为它来自于代数运算，长期不用也几乎忘了），而不是一个几何现象。这说明，对同一个数学结论，不同的学习经历和知识背景导致的理解是不一样的。

要想多"制造"一些供课后反思的数学学习素材，一个比较有效的方式就是在教学过程中尽可能地把学生头脑中的问题"挤"出来，使他们解决问题的思维过程暴露出来。

3. 对教数学的反思

如前所述，教得好本质上是为了促进学得好，这在认识上无疑可以成为一种共识。但是，在实际教学过程中，我们的教学行为有否合乎我们的意思，或者说"合目的性"呢？下面的反思可以给我们一些启示。

[课例 4-8]"老师，我忘了"——一位教师的行动反思

一天，一位学生来问问题，下面是师生之间的一段对话。

学生：老师，你今天上课讲的复合函数的单调性我还不明白。

教师：哪里不明白？能不能举个具体的例子？

学生：我都不明白。

教师：我们今天讲了$y=f[g(x)]$这种类型的函数单调性，首先对它换元，令$y=f(u)$，$u=g(x)$。根据定义，如果在$g(x)$的定义域内，由$x_2>x_1$，有$u_2>u_1$，那么$g(x)$是单调递增的。而在$f(u)$中，$u_2>u_1$，有$y_2>y_1$，那么$f(u)$是单调递增的。结合起来有$x_2>x_1 \rightarrow y_2>y_1$，由定义可得$y=f[g(x)]$是单调递增函数，其他情况可同理得出。我们上课时给出一个帮助记忆的表（"+"表示递增，"-"表示递减）：

$U=g(x)$	$y=f(x)$	$y=f[g(x)]$
+	+	+
+	-	-
-	+	-
-	-	+

用这张表示来判断复合函数的单调性，明白吗？

学生：明白。

教师：好，我们看一个例子，比如判断$y=2^{x^2}$的单调性，$y=2^{x^2}$看成哪两个函数复合而成的？

学生：……

教师：能不能看成$y=2^u$，$u=x^2$呢？

学生：对，可以。

教师：好，你看$u=x^2$的单调性如何？

学生：x大于0是递增的，小于0是递减的。

教师：很好，那么$y=2u$的单调性如何呢？

学生：是递增的。

教师：那么把它们复合起来，$y=2^{x^2}$的单调性如何？请你对照这个表来分析。

学生：（在老师指导下）

x取值 \ 函数	$y=2u$	$u=x^2$	$y=2^{x^2}$
$x>0$	+	+	+
$x<0$	+	-	-

当$x>0$时，$y=2^{x^2}$是递增的，当$x<0$时，$y=2^{x^2}$是递减的。

教师：对，很好。现在你明白了吗？

学生：明白了。

几天后教了对数函数的性质，这位同学又来问问题了。

学生：老师，这道题求 $y=\log_{\frac{1}{2}}(x^2-2x-8)$ 的单调区间我不会做。

教师：前几天我不是给你讲过这样的问题了吗？你看，首先要对函数换元，应该怎样做换元呢？

学生：令 $y=\log_{\frac{1}{2}}u$，$u=x^2-2x-8$。

教师：接下来干什么？

学生：判断它的单调性。

教师：在什么条件下判断它的单调性？

学生：……

教师：看书上定义，在定义域内判断函数的单调性。

学生：对，我忘记了。

教师：$y=\log_{\frac{1}{2}}(x^2-2x-8)$ 的定义域是什么？

学生：$x^2-2x-8>0$，也就是 $x<-2$ 或 $x>4$。

教师：好，请你在定义域内判断这个函数的单调性。

学生：$u=x^2-2x-8=(x-1)^2-9$，当 $x<1$ 时，u 是减函数，当 $x>1$ 时，u 是增函数，$y=\log_{\frac{1}{2}}u$ 是减函数，所以当 $x>1$ 时，$y=\log_{\frac{1}{2}}(x^2-2x-8)$ 是减函数，当 $x<1$ 时是增函数。

教师：这样对吗？要在定义域范围内考虑单调性，定义域是什么？通过图像把两者联系起来考虑。（画图）

学生：就是当 $x<-2$ 时，$y=\log_{\frac{1}{2}}(x^2-2x-8)$ 是增函数，当 $x>4$ 时，$y=\log_{\frac{1}{2}}(x^2-2x-8)$ 是减函数，$(-\infty, -2)$ 是单调递增区间，$(4, +\infty)$ 是单调递减区间。

教师：很好。现在这类问题清楚了吗？

学生：清楚了。

一个星期后进行了数学单元测验，考了类似的求单调区间的问题，可这位同学又做错了。我找到她，问："这道题我不是给你讲过了吗？怎么考试又做错了？"她不好意思地说："老师，对不起，我忘了。"

教学反思

答疑时，我自认为讲得很清楚，学生受到了一定的启发。但是反思后我发现，自己的讲解并没有很好地针对学生原有的知识水平，从根本上解决她存在的问题，只是一味地想要她按照某个固定的程序去解决这一类问题。学生虽然当时说明白了，却并没有真正理解问题的本质性的东西，如复合函数的意义、复合函数中函数间的相互关系、换元的目的、函数单调性的定义、如何本质地反映函数的变化趋向，等等。由于我没有在她原有的知识水平和经验的基础上帮助她进行建构，并引导她注意新知识中的某些关键点，因此她的思维过程无法连续进行，新知识的联系不牢固，表面上看是记忆的问题"忘了"，其实她还是没有真正理解我讲解的内容。这恐怕也是学校教育中普遍存在的一种现象。

也许每一位教师在自己的教学生涯中都遇到过类似的情况，但不知是否有过类似的教学反思行为。相信这样的教学反思无疑会给我们以新的教学启示。

4.3 实施"我"的教学反思——教学反思的四个视角

教学反思的对象很广泛，既包括自己的教学行为，也包括其中隐含的对数学教学目标、意义、方式和相关理论的认识，甚至还有对教育或教学价值的基本观念等等。

这里，我们谈论的反思对象主要是自我的教学行为，它们存在于每一位教师的教学活动之中。

要想进行教学反思，必须首先将自我从当前的教学活动中"提取出来"，以一个"局外人"的视角来审视"我"的教学行为。毕竟，"不识庐山真面目，只缘身在此山中"。

以下四个方面可以成为有效从事教学反思的视角：

1. 自我经历

在实际教学过程中，我们常常把自己学习数学的经历作为选择（使用）教学方法的一个重要参照——我们当时就是这么学的，感觉还不错。为什么会这么做呢？那是因为我们每一个人都作过学生，都有学习数学的经历。那些经历和今天学生学习数学的感受虽不完全相同，但一定会有某些相似之处，而且比较感性——品尝过类似的喜怒哀乐，都有记忆深刻的紧张、痛苦和欢乐的经历……这样做的合理之处是因为经验可以在相似的情境中给我们以启示，特别是那些多年来深藏在自己心底的记忆、典型事例更有助于我们获得对数学教学的洞察。

这同时也给我们以新的启示：我们有可能通过对过去数学学习经历的反思去"发现"今天自我教学观念的真实含义，尽管这些反思更多地是一种"本能"、"不精确"和"不确定"的。例如，对"字母表示数"的认识。

"用文字代表数，让未知数参与运算"，这是代数思想进入数学的重要标志，但这不是每一个初学者所能立时领悟的。下面是一位教师的回忆：

当我12岁开始学习《小代数》的时候，发生了这么一件事：老师要我们计算长方形的周长（已知长为a，宽为b），我的答案是$2(a+b)$。

但我不懂结果的意思，只好去问老师："这个长方形周长究竟有多长？"

老师看看我的书面答案，又看看我的脸，半天说不出话来。

我催问："究竟有多长？"

"你不是已经算出来了吗？"老师说。

"没有啊！"我坚持自己的想法。

老师又说："你不是已经算出来了吗？"

我还是说："没有啊！"

老师似乎无法给出进一步的解释。

……

回家后反复思考老师的话，终于悟出一个道理，"用文字代表数，让未知数像已知数一样参加运算"。原来代数就是这样的啊！

那时的我就开始接受代数的思想，并逐步摆脱算术思想的束缚。现在想来，这应当是每一个中学生学好代数的第一步，也是关键的一步。

从这里或许我们可以感受到这样一个信息，学生理解抽象的符号意义需要过程——一个逐渐深化的过程。而进一步的反思则是，我在类似知识的教学过程中给学生提供了必要的活动素材和机会了吗？

当然，或许我们已有的数学学习经历还不能够给自己提供更多、更有价值、可用作反思的素材，那么，一个值得推荐的方法就是"重新作一次学生"——以学习者的身份实际地从事一些探索性活动。而且，为了使这些活动经历能够给自己提供有价值的反思性素材，应当选择那些对自己而言有挑战性的探索活动（一帆风顺的经历通常不能够给自己的教学提供有益的建议），并有意识地对活动过程中的有关行为做出反思。

2. 学生角度

我们的教学行为关键在于要对学生有益。教得好本质上是为了促进学得好，但事实究竟怎样，最有发言权的恐怕还是学生。透过学生的眼睛来看我们的教学行为，常常会收到许多意想不到的效果，让我们信心倍增。

在新课程实验中，一些实验区的老师贯彻教材以学生发展为本的理念，给他们提供了许多通过自主活动了解、体会数学的机会，学生在这些活动中的很多表现也给老师带来了惊喜。

实际教学过程中，许多教师经常向学生介绍一些精巧、奇异的解题方法，特别是哪些几乎难以想像的奇思妙解,其初衷多半是让学生感受方法的奇妙,进而发奋努力,学好数学。但实际上,许多学生在赞叹它们的同时,会产生一些比较"现实"的想法:数学真是太巧妙了,我们的老师也真是聪明,这些难题他能想出5个解法。我可不是学数学的料子,这些解法我连听还听不明白,以后还是离数学远点吧。

在运用小组讨论方式学习数学的过程中,经常会出现个别学生成为"话语霸权者"的情况,自己不停地说,不让别人说。有的老师就设法改变这种状况,比如制订一个"规则",一个人说完以后,在其他三人发言之前不得再讲(回答问题除外)。他的初衷也是非常好的,让大家都有表达看法的机会,使讨论能够真正进行下去。没承想,很多善于用语言表达的学生却觉得老师制订的"规则"是表面民主化,实质上剥夺了他们发言的权力。

有的时候,从学生的目光里,我们能够得到很多教学上的启示,下面是一位教师的真实经历:

为了废止注入式,采用启发式,在教学中我常采用分析综合法,这种方法的关键在分析部分。

要证 A,经分析只要证得 B 就行;要证 B,经分析只要证得 C 就行;要证 C,经分析只要证得 D 就行,而 D 恰好是题设条件(或某定理、公理、定义),于是问题得证。华罗庚教授把它通俗地称之谓"要,只要法",其模式为

$$A \Leftarrow B \Leftarrow C \Leftarrow \cdots\cdots \Leftarrow K$$

而 K 已知,故问题可证。

通常,学生也认为这样的讲课有启发。可是,有一天发生了这样一件事。一位学生在课余对我讲:分析法很好,做习题时我也学着用,但有时遇到下面这种情况:

$$A \Leftarrow B \Leftarrow C \Leftarrow D \Leftarrow A$$

这就是我们常讲的"恶循环"。思维过程中出现这种恶循环,就应改变思维方向,否则思维受阻。这位学生困惑不解地问我"为什么老师讲课时不会出现这种恶循环呢?为什么每次分析总是百发百中,无往而不利呢?其中是否有秘诀?"我想了想,坦白地告诉他:"为什么能百发百中,是因为昨天晚上我备了课。"我继续对他讲:"如果不备课,或者你突然要我解一道难题,我的思维同样会受阻,会碰壁。不过,在碰壁前,常常有预感——快要碰壁了。有时直觉还会告诉我,应向左转或右转,就能挣脱困境。"

此时这个学生非常兴奋,"老师,下次讲课,就讲您是怎样从困境中挣脱出来的。就讲您是怎样预感到要碰壁的,讲您拐弯的经验,不要老是百发百中。"

这件事给我很大的震动——"老师,就讲您是怎样预感到要碰壁的,讲您拐弯的经验,不要老是百发百中"。回去以后,我反复思考这个学生的意见,很有

感慨。是啊，人的一生必定会遇到许多沟沟坎坎，遭遇到很多困境，而关键是"怎样从困境中挣脱出来"，这对于学生来说太重要了，能够有办法从中走出来实在是一大幸事。

就具体的教学方法而言，所谓的"分析法"，这都是我事先设计好了的，是在我备课时早已探究到了的，对我来说都是已知的，而对学生则是未知的。教师把自己思维过程中失败的部分隐瞒了，最有意义、最有启发的东西丢掉了，正如贝尔纳所说："构成我们学习上最大障碍的是已知的东西，不是未知的东西。"

可见，这次师生对话不仅涉及教学方法问题，还透露出一个重要思想——要把教学作为一个过程来进行，不能作为结果来进行。学生想知道是教师的思维过程，而不是思维结果。这才符合教学的本质。

人们有一个体会：在逆境中生活，最容易得到锻炼。如果只带领学生走顺境（这当然可以加快教学进度），而极力回避逆境，这不是最好的教学方法。大数学家希尔伯特的导师富士在讲课时就常把自己置于困境中，并再现自己从中走出来的过程，让学生看到老师的真实思维过程是怎样的。对此，所有的学生包括希尔伯特都感到终身受益。

从那以后，"重视思维过程"的教学思维一直存在于我的头脑里，表现在我的实践过程中。究其原因，与这个学生的建议是分不开的。

由此可见，借助学生的眼睛看一看自己的教学行为，是促进教学行为理智化的必要手段。正如爱默森所说"教育成功的秘密在于尊重学生。"当然，在具体实践过程中，出于种种原因，学生可能不大愿意将自己对教师的不满意说出来。此时，一方面应当为师生之间的沟通创设一个宽松的氛围；另一方面，则可以建议学生通过写数学周记等方式，将自己的想法表达出来。

3. 同事眼中

在各种教学支持系统里，同事之间的相互帮助应当最直接、最简便，并且也非常有效。其主要原因有：

● 同事之间由于长期相处，彼此之间通常已经形成了可以讨论教学问题的共同语言、沟通方式和宽松氛围，因此，可以毫不费力地展开有意义的讨论。

● 同事之间所处的教学环境相似，所面对的教学对象具有相近的现实背景，因此容易找到共同关注的教学问题，展开对彼此都有成功的交流。

● 同事之间的工作地点靠近，有更多的机会从事各种交流活动，比如共同设计教学活动、相互听课、做课后分析等等，因而能够比较真切地了解彼此之间在教学理念等方面的异同。

同事之间有效的相互帮助可以通过以下一些方式进行：

● 交流。与同事进行宽松的交流，可以使我们了解自己的教学行为在多大程度上是"自以为是",又有哪些方面被证明是有效的。对交流双方来说,一个比较容易操作、而且很有效的交流过程是彼此听对方的课。双方认定交流的话题,授课人介绍自己的教学设计,双方明确交流平台,展开交流,形成各自看法。

双方交流的一般性问题包括:

我觉得这一堂课比较成功的地方是……我觉得这一堂课比较糟糕的地方是……

这个地方的处理不知道怎么样,没有把握。如果是你,会怎么办?

我本想在这里"放一放"学生,但怕收不回来,你觉得应该怎么做?

我最怕遇到这种"意外"的情况,但今天感觉处理得还可以,你觉得怎么样?

当然,更多的交流还应当结合具体的教学内容展开。

● 合作解决问题。

相对于前一种方式,合作解决问题更有意义。首先,解决问题是认识教学的一种非常有效的方法;其次,采用合作的形式解决问题更能增加合作双方的实质性理解,使得彼此之间的相互帮助是互惠的。

一个比较现实有意义的合作"点"是共同从事教学设计——为相同或不同的教学内容设计教学过程。在具体的设计过程中,双方应充分表达对教学主题的设计思路,从设计的依据、出发点,到教学重心、基本教学过程,甚至富有创意的素材或问题,并力图使对方理解自己所表达的意义。

更为重要的是,这样的设计活动要为随后的教学反思留下空间。哪些内容是在彼此听课过程中应当特别关注的;哪些问题是在课后交流过程中需要探讨的;哪些教学行为可能给我们的反思活动提供新的话题……至于特定的教学设计结果,可以基本相同,也可以保持个性。

除此以外,同事之间共同从事专门的教学课题研究也是一种有效的合作方式。

同事之间有效的交流、合作的前提是尊重、坦诚和相互理解,尊重彼此之间的差异;以开诚布公的方式和易于他人理解的方式向对方表达自己的看法;聆听他人的意见,并理解其中的含义。

需要明确,凡事有一利则必有一弊,同事之间由于客观上存在着诸多的"相近性",所以可以比较方便地相互帮助,也能较快地取得成效。但是,这些"相近性"也非常容易造成彼此之间在看待教学现象的视角方面、在选择教学决策的依据方面、在解决教学问题的方法方面具有更多的"趋同性"。其负面效应就是考虑问题的思路狭隘、交流过程中难以出现认知冲突、不易形成有新意的解决问题的策略,严重的还会导致教学反思过程的排他性。

4. 文献资料

这是四个视角中惟一的理论视角。我们都知道,理论在指导教学实践中有着极为重要的作用，学习相关的（数学）教育理论，我们能够对许多实践中感到疑惑的现象得出解释；能够对存于现象背后的问题有比较清楚的认识；能够更加理智地看待自己和他人的教学经验；能够更大限度地做出有效的教学决策。阅读（数学）教育理论文献对于教学反思活动，也有类似的意义。

首先，阅读理论文献可以开阔我们反思教学行为的思路，不再总是局限于经验的小天地里，我们能够看到自己的教学实践行为有哪些与特定的教学情境相关、哪些更带有普遍意义，从而对这些行为有着较为客观的评价。

其次，阅读理论文献或者从理论的高度对自身的教学行为反思，能够使我们更加理性地从事教学反思活动，并对反思得到的结论更加有信心。

更为重要的是，阅读理论文献（或者说学习相关教学理论）可以使我们理智地看待自己教学活动中"熟悉的"、"习惯性"的行为，能够从更深刻的层面（比如观念的层面）反思它们，进而使自身的专业发展走上良性发展的轨道。

例如，阅读有关建构主义的文献，提高数学学习心理方面的理论水平，无疑可以更加深刻地分析（他人）或反思（自我）在相关理论指导之下的新型的甚至是"另类的"数学教学过程。

[课例4-9]三角形相似

教师：请大家在课本上随便选一幅图，用手边的放大镜去看一看，能发现什么？（以贴近学生生活背景的题材提出需要研究的对象，有益于学生主动从事数学活动；而没有具体的研究课题又可以让学生广开思路，自主地选择希望研究的内容，不过这对教师来说是个挑战）

（学生活动一会儿）

教师：发现什么了？

学生甲：线段变长了。

学生乙：三角形变大了。

学生丙：四边形也变大了。

学生丁：圆也变大了。

……

（学生的"发现"是多种多样的，有可能超越教师预料的范围，这对教师而言也是一种挑战。）

教师：太好了，我们得到了这么多的发现。不过我还想知道一些更确切更具体的信息，比如说我们现在使用的是三倍的放大镜……

学生甲：那线段放大为原来的三倍长。

学生乙：三角形的每一条边也变成原先边长的三倍，而且面积也变大了，可能是三倍，也可能更多，从图上看好像不止三倍。

学生丙：四边形也一样，边长是原先边长的三倍，面积也好像不止三倍，可能多一点。

学生（几个）：圆也放大了，圆周变长了，面积变大了。多少倍很难说。

教师：画个图吧（分别作三角形、四边形、圆及其放大的相应图形，见图4-6。我也感觉好像看不出每个图形的面积放大了多少倍。不过我们是否可以用已有的数学知识去解决它呢？

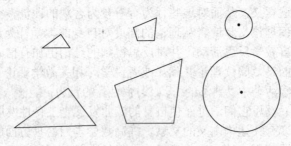

图 4-6

（学生思考，讨论）

学生戊：三角形面积好像放大为9倍。四边形好像也一样，大概面积也放大为9倍（上黑板作图并解释）。

教师：很好。那么圆呢，也一样？

学生丁：圆周变长了，肯定圆的面积要变大，具体多少倍应当可以算出来。

学生甲：这里是说线段放大三倍，圆周不是线段，不一定也放大三倍吧？

教师：这问题提得不错，大家觉得呢？

学生乙：圆周长肯定也放大三倍。因为圆的半径r是线段，而圆周长等于$2\pi r$，所以也放大三倍。

学生丁：对！那面积肯定也放大9倍，因为圆的面积是πr^2。

教师：很好。看起来我们已经不用实地测量就能算出上面每个图形的面积都放大了9倍。那要是五边形，六边形呢？（学生立刻回答：一样的——自己获得的真正理解）我也同意。不过要是5倍的放大镜呢？

（多名学生回答：面积放大25倍。教师不直接指出$9=3^2$，而是让学生自己观察。）

教师：到此为止我们做得很好。先依靠放大镜去"发现"问题，再凭经验猜测它的结论，最后用已有的数学知识去解决它。下面我们再拿起放大镜，还是看这些图形，看有没有新的发现（仍然是一般性的提出问题，以促进学生做发散性思考。这样的问题适合每一个学生发挥自己的特长）？

（学生活动一段时间后，无人发言）

教师：我觉得一个四边形被放大成了五边形了（教师手举一个放大镜，一张纸）。（学生大笑，有几个学生说：不可能）哦，那是我看错了。

学生戊：三角形还是放大成三角形，四边形还是放大成四边形，圆还是放大成圆。

学生乙：而且形状也相同。

教师：小乙，你说的"形状相同"是什么意思？

学生乙：正三角形还是放大成正三角形，正方形还是放大成正方形，圆还是放大成圆。

教师：一般的三角形呢？

学生乙：放大后的三角形跟原先的三角形形状相同，短边还是短边，长边还是长边，有一点像照相，每一条边都是按比例增加的。

教师：小乙看到了一个新的现象，在放大镜下，有些东西是不变的。比如图形的形状、图形各边长之间的比例关系，是这样吗？

学生丙：是这样的。因为每一条边都放大相同的倍数，所以各边之间的比例关系不变。

教师：还有不变的吗？

学生甲：从图来看（手指着黑板上的图），三角形、四边形的内角大小没变。（许多学生表示同意）实际上所有角的大小都不变，变大的只是角两边的长度。

教师：很有意思，现在我们发现在放大镜下有的东西变大了，而有的东西没变。而且图形大小的变化是因为线段被放大了，图形形状没变是因为角的大小不变。（以下略）

课例分析

这是一个较典型的建构式教学例子。教学中，教师并不急于采取手段干扰学生的认知过程以使其回到"正确的轨道"上来，尽管学生的思维可能会偏离教学主题；也不要求每一个学生都得到课本上或者自己心目中"标准"的"最佳"的答案，而是尽量给学生以从事数学活动的素材和机会，使其在活动中获得并表达自己对学习内容的理解。同时，学生之间、师生之间的相互交流又使学生有机会反思自己的认知——我的理解是什么？我是怎么理解的？我的思路有哪些值得改进的地方？这是建构主义有别于其他学习理论的独特之处。其他学习理论最关注如何使每一个学生都达到"最佳"或既定目标，建构主义则认为这是不可能的，对同一个对象不同的学生有自己的认知角度、认知方式和认知结果。重要的是给每一个学生以主动活动的机会，并提供有价值的认知方法和结果，让他们去感受、去选择。因此，建构主义推崇"学生自主、主动的学习活动方式"。

事实上，建构主义既给学生提供从事认知活动的机会，又给他们提供了从事元认知活动的机会。

然而，建构主义理论正处于进一步发展与完善的阶段，它的一些关于学习的观点显然并非"无懈可击"，数学教学更是如此。事实上，极端建构主义的许多观点在数学教学中应当慎重应用。例如，多年来关于数学真理性与实在性的讨论以及数学的广泛性应用使我们认识到"客观上，数学本身存在着高度的一致性"，"数学表达式的内在意义（知识结构、定理与法则的客观意义等）与其外在形式之间已经存在较为稳定的对应关系"，……这使得在数学学习过程中，个体绝对意义上的"自主建构"是不可能的。学生对数学的理解、表达，对他人的理解应当受到其所属的"认知共同体"的制约，而且，大多数研究表明学习者自己建构的知识更容易被记住，尤其是被长久地记住；但并非被告知的东西就不能记忆，学习某些特定数学内容，"建构"也不一定是最佳的方式（如乘法表、代数恒等变形的最初学习等）。而就学习背景而言，由于"复杂问题的解决依赖于多种能力的综合应用"，因此，一个在"部分性"技能的学习中有困难的人很容易被复杂工作所需要的认知加工要求难倒；对大多数"部分性"技能已经被很好掌握了的工作而言，从原始背景出发的学习会使学生浪费许多时间却只得到一个练习极少数技能的机会。另外，由于建构主义的许多理论奠基于皮亚杰理论基础之上，而皮亚杰的若干基本观点也正面临着质疑，因此，建构主义的有些观点的理论可靠性尚待确认。对"知识的学习必须通过自我建构去进行"的实验性研究也处于初期阶段，还没有充分的实验依据表明其教学的整体优越性。值得引起注意的是自主建构型教学应当与"学生中心论"的教学模式区别开来。

由此可见，阅读理论性文献是提高自身反思水平的一个重要手段，或者说，理论能够使我们的教学反思走得更远。

更为重要的是，正如我们前面谈到的，教学反思的最重要目的是改进未来的教学，而在这一点上，阅读理论性文献、学习数学教育与教学理论是极为关键的一个环节，不可或缺。

教师的职业需要专门化，教师的专业发展是不可或缺的，它的方式与途径多种多样，但其中最为便利而又十分有效的就是教学反思。没有反思，专业能力就不可能有实质性的提高。机会就在每一位教师的身边。

第五章　数学建模与数学问题解决

5.1　数学建模

在新颁布的数学课程标准里，数学建模成为十分重要的组成部分。从数学诞生的时候起，自然数、加减乘除四则运算等，都是模拟现实世界数量关系的抽象模型。一部数学史，也是数学模型发展的历史，但是，正式提出"数学模型"这个名词，则是 20 世纪下半叶的事。由于计算机的出现，数学应用的范围扩大，以至数学能够成为一种直接解决问题的技术。人们对于数学模型的建立，进行了系统的研究。进入 21 世纪之后，数学建模开始大规模进入中小学数学课堂。

5.1.1　数学建模概述

数学建模可以看成是问题解决的一部分，它的作用对象更侧重于非数学领域中需用数学工具来解决的问题，如来自日常生活、经济、工程、理、化、生、医等学科中的应用数学问题。作为问题解决的一种模式，它更突出地表现了原始问题的分析、假设、抽象的数学加工过程；数学工具、方法、模型的选择和分析过程；模型的求解、验证、再分析、修改假设、再求解的迭代过程，因此更完整地表现了学数学和用数学的关系。一般地，数学建模的过程可用图 5-1 表示。

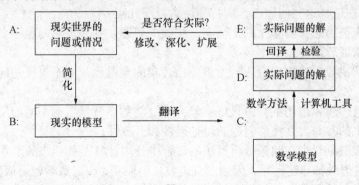

图 5-1

我们的学生在学校中接触较多的是传统的文字应用问题，经过人工化、形式化，对数学建模相对生疏。怎样更好地从形式化的数学应用过渡到数学建模，这是一个正在被许多国家研究和实践的数学教育课题。

数学建模的对象确实有许多是应用题，但数学建模所涵盖的范围要比这大得多。常见的文字应用题的求解过程常常是找出相应的函数或方程（组）模型，继而求解。课本上传统的文字应用题往往有这样的特点：条件清楚准确、不多不少，结论唯一确定，原始问题数学化的过程简单、清楚、明了，解出的结论也很少要求学生思考是否符合实际、是否需要进一步调整和修改已有的模型。而这几点往往是一般数学建模过程的难点和"重头戏"所在。从国外教材的变化中，我们可以体会出应用题教学变化的一种趋势：问题的来源更加生活化，更贴近实际；条件和结论更模糊；可用信息和最终结论更有待学生自己去挖掘。数学建模需要从应用做起，数学建模应该从应用题的改革做起。

"应用题教学"目的是通过有实际背景的例子来加深对所学知识的理解，说明所学知识的"有用"和"可用"。数学建模教学则强调能动在用所学的数学知识解决问题，它更强烈地表现对所学知识的"想用、能用、会用"的一种"用"数学的意识。

5.1.2 中学数学建模教与学的目标和策略

在中学，特别是高中阶段，可以针对学生的不同发展水平，分层次开展多样的数学应用与建模活动。形式可以是多种多样的，常见的主要有以下三种：

（1）结合正常的课堂教学，在部分环节上"切入"应用和建模的内容；

（2）以数学应用和数学建模为主题的单独的教学环节；

（3）数学建模选修课程。

中学中开展数学应用与建模活动的关键是寻找一批适合学生参与的"好的问题"，教师在选择这些问题时，应特别注意以下几点：

（1）应努力选择与学生的生活实际相关的问题，并减少对问题不必要的人为加工和刻意雕琢；

（2）解决数学建模问题应努力表现出建模的全过程，而不仅仅是问题本身的解决；

（3）数学建模选用的问题最好有较为宽泛的数学背景，有不同的层次以便不同水平学生的参与，并注意问题的可扩展性和开放性；

（4）应鼓励学生在问题分析解决的过程中使用计算工具和成品工具软件；

（5）提倡教师自己动手，因地制宜地收集、编制、改造数学应用或建模问题，以更适合学生的使用，并根据所教学生的实际情况采取适当的教学或学习策略。

教师把握教学目标时应立足于"做"而不是讲,立足于学生对问题的分析,对解决问题过程的理解,而不要仅仅以有正确的解答为满足。要让学生在问题、困难、挑战、挫折、取胜的交替体验中,在选择、判断、协作、交流的轮换操作中,经历一个个学数学、用数学,进而发现问题,走向新的学数学、用数学的过程。

一个中学数学建模的简要案例

现以高中数学教学的学习或复习为背景,介绍一个数学建模的教学设计。该设计以"教育储蓄"为素材,通过建模活动让学生学会运用等差、等比数列的通项、求和等知识,构造经济方面的数学模型,并最后解决问题。以下是教学过程的一种参考设计:

(1)请学生个人或组成小组,利用课余时间收集有关"教育储蓄"的资料,事先可以让学生讨论需要了解的信息是什么。主要途径:网上主题词检索、各大银行直接询问。

以往的应用题常常是"没有源头"的,所需解决问题的信息都是已知的,不多不少,没有信息寻求、选择、加工的过程。而解决实际问题的第一步应该是从寻求有关信息开始。

(2)让学生交流、互相启发补充扩展他们取得的信息。重点确认以下信息:教育储蓄的适用对象(在校中小学学生)、储蓄类型和特点(是"零存整取"的形式,但享受"整存整取"的利率,不扣利息税)、最低起存金额(人民币50元)、每户存款本金的最高限额(人民币2万元)、支取方式(到3年期或到六年期,凭学校开出的在学证明一次支取本息)、银行现行的各类、各档存款利率(略)和零存整取、整存整取的本息计算方法。

学生常常出现的问题是信息寻求时"丢三落四",用互相交流的方式常常可以改善这一点;同时合作学习、合作解决问题的意识,也是我们特别要培养的基本功。

(3)请学生提出拟解决的问题,根据问题,在教师带领下,寻找适用的数学工具,建立相应的数学模型。如有:

①依教育储蓄的方式,每月存50元,连续存3年,到期(3年或6年)时一次可支取本息共多少钱?(等差数列求和、公式应用模型)

②依教育储蓄的方式,每月存a元,连续存3年,到期(3年或6年)时一次可支取本息共多少钱?(公式模型的一般化)

③依教育储蓄的方式,每月存50元,连续存3年,到期(3年)时一次可支取本息比同档次的"零存整取"多收益多少钱?(比较方知优劣)

④欲在3年后一次支取教育储蓄本息合计1万元,每月应存入多少钱?

⑤欲在 3 年后一次支取教育储蓄本息合计 a 万元,每月应存入多少钱?(特殊到一般)

⑥依教育储蓄的方式,原打算每月存 100 元,连续存 6 年,可是到 4 年时,学生需要提前支取全部本息,一次可支取本息共多少钱?

⑦依教育储蓄的方式,原打算每月存 a 元,连续存 6 年,可是到 b 年时,学生需要提前支取全部本息,一次可支取本息共多少钱?(分段函数的模型,一般化)

⑧(开放题)不用教育储蓄的方式,而用其他的储蓄形式,以每月可存 100 元,6 年后使用为例,探讨以现行的利率标准可能的最大收益,将得到的结果与教育储蓄比较(可以涉及等比数列、递推关系、单调性应用、不等式比较等许多知识)

⑨(开放题)学生自己设计的其他计算题(如自己设立指标,计算并比较 3 年期和 6 年期的教育储蓄的相对收益的大小;设计一项专项储蓄方案等;设计一个回报率更高的投资方案等)。

⑩(开放题)将问题解决过程中出现的数学模型(等差数列或复利增长模型)进一步抽象出来,看看它还有怎样的应用?

(4)学生交流计算的结果和他们发现和提出的新问题

可以让学生报告小组的讨论结果并分工写成解题报告或小论文。教师应特别注意学生在求解过程中提出的新问题,如有可能,可以利用这些问题形成新的问题求解的循环。教师注意及时给予鼓励和肯定性的评价和进一步工作的建议,也可以通过学生之间质疑、答辩、评价来实现数学之外的教育功能。

对使用这个素材进行教学设计时的建议:

(1)注重问题情境的创设,尽可能使学生体验数学建模解决教育储蓄问题的完整过程,特别是数据采集、问题设计、一般化的讨论、结果交流和评价等环节尽可能让学生参与。

(2)注意计算器、计算机工具的使用,特别是在求数值解的过程中。

(3)淡化对等差、等比数列一般性质的过渡讲解与讨论,围绕问题解决的需求介绍等差、等比数列的相关知识。鼓励学生自己围绕问题寻求相关的知识。注意设计开放的"结尾",给学生思考的空间,鼓励学生提出自己的问题和有创意的解法。

5.1.3 "生活中的数学"——数学教育关注的热点

社会生活与教学联系更加紧密,以及生活的变化要求教学教育及课程作出相应的调整与变化,这使得"生活中的数学"成为数学教育改革中关注的热点,以下通过几个侧面作一反映。

1. 数学建模——引导学生将数学运用于现实生活的有效途径

数学建模（Mathematical Modeling）是建立数学模型的过程的简称。基于现实问题的数学建模过程大致有如下步骤：现实问题—数学描述与分析—建立模型—数学问题求解—回到原问题解释、验证—实际结果。事实上，一般的列方程解应用问题也可视为一个简单的教学建模问题。数学建模引起人们的普遍重视，在于它具有多重的教育价值，如：数学知识与技能的灵活运用，培养应用数学的意识、分析解决问题的能力，经历数学化的过程，对数学思想方法的掌握，对同一具体问题的不同模型刻画，创造性地解决问题能力的培养，基于数学建模的小组合作交流与研究方式对学生学习能力的培养，通过数学建模认识环境、自然与社会，认识数学的价值等等。数学建模无论作为教内容的一种呈现方式、数学学习活动的一种组织形式或是课外活动与竞赛的一种类型，已经显示出极强的生命力。如下案例选自北京第一届高中数学建模竞赛初赛试题：

[案例 5-1]三峡截流合龙

1997 年 11 月 8 日，电视正在播放十分壮观的长江三峡工程大江截流的实况。截流从 8:55 开始，当时龙口的水面宽 40m，水深 60m。11:50 时，播音员报告宽为 34.4m，到 13:00 时，播音员又报告水面宽 31m。这时，电视机旁的小明说，现在可以估算下午几点合龙。从 08:55 到 11:50，进展的速度为每小时宽度减少 1.9m，从 11:50 到 13:00，每小时宽度减少 2.9m，小明认为回填速度是越来越快的，近似地每小时速度加快 1m。他估计从下午 1 点起，大约要 5 个多小时，即到下午 6 点多才能合龙。但到了下午 3 点 28 分，电视里传来了振奋人心的消息：大江截流成功！小明后来想明白了，他估算的方法不好，现在请你根据上面的数据，设计一种较合理的估算方法（建立一种较合理的数学模型）进行计算，使你的计算结果更切合实际。

分析：建模的合理性有以下两个评价要点：（1）回填速度应以每小时多少立方米填料来计算？这样，能否建立合理的回填速度计算模型便为第一个评价要求点。（2）注意到回填速度是在逐渐加快；水流截面越大，水越深，回填时填料被冲走的就越多，相应的进展速度就越慢，反之就越快。在模型中对回填速度越来越快这一点如何作出较合理的假设，这是第二个评价要点。

解题：下面的计算模型可供参考。

为简便计算，回填体积可用龙口水流的截面面积代替。

假设截面为等腰三角形，那么要回填的面积

$$A_0 = \frac{40 \times 60}{2} = 1200 \ (\text{m}^2)。$$

到 11:50 经 175min 回填后,龙口宽为 34.4m。设此时水流截面与原截面相似(如右图),则此时的水深 h_1 满足

$$\frac{17.2}{h_1} = \frac{20}{60} = \frac{1}{3},$$

故 $h_1 = 51.6$ (m),此时尚待回填的面积:
$A_1 = 17.2 \times 51.6 = 887.52$ (m^2)

回填平均速度为

$$\frac{(1200 - 887.52) \times 60}{1750} = 107.136 \ (\text{m}^2/\text{h})$$

到 13:00 尚待回填的面积:
$A_1 = 15.5 \times (55.5 \times 3) = 720.75$ (m^2)

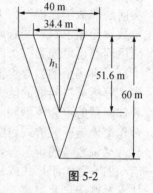

图 5-2

从 11:50 到 13:00 回填的平均速度为:

$$\frac{(887.52 - 720.75) \times 60}{70} = 143 \ (\text{m}^2/\text{h})$$

比以前的速度加快了。在回填过程中,回填速度是越来越快的。可建立多种模型行计算,下面举出两种算法。

方法一:假设回填速度是等比加速的,加快的比为 $\frac{143}{107} = 1.336$,

下午 1:00~2:00 回填面积为
$143 \times 1.336 = 191.048$。
2:00~3:00 回填面积为
$143 \times 1.336^2 = 255.24$
此时,待填面积为

$720.75 - (191.048 + 255.24) = 274.462$,需要 $\frac{274.462}{143 \times 1.336^3} = 0.8(\text{h})$ 便能合龙。因此,自下 1:00 开始,再需 2.8 个小时,即在下午 3:48 龙口即可合龙。

方法二:假设回填速度 v 与水深 l 成反比。因为水深与待填面积 S 的关系是 $\frac{2}{3}l^2 = S$,所以回填速度 v 与 $\sqrt{S}$ 成反比,则 $v\sqrt{S} = k$,k 为常数,k 值可按 12:00~13:00 的 v 和 S 的值求出。那时

$v = 143$ (m^2/h);

$l = 51.6 \times \dfrac{6}{7} = 44.23$ （m）

$S = \dfrac{2}{3} \times 44.23^2 = 1\,304.20$ （m²）

$k = \sqrt{1\,304.20 \times 143} = 36.11 \times 143$
$= 5\,164.35$.

下午 1:00~2:00 回填速度为

$\dfrac{5\,164.35}{\sqrt{720.75}} = 192.36$ （m²/h），

回填面积为 192.36m²；

2:00~3:00 回填速度为

$\dfrac{5\,164.35}{\sqrt{720.75 - 192.36}} = 224.67$ （m²/h），

回填面积为 224.67m²；

3:00~4:00 回填速度为

$\dfrac{5\,164.35}{\sqrt{720.75 - 192.36 - 224.67}} = 296.33$ （m²/h），故回填面积为 296.33m²。

所以到下午 4:00，待填面积仅为 720.75-192.36-224.67-296.33=7.39，可认为已经合龙，也就是说，按这一模型估算，下午 4 点龙口即可合龙。

2. 面向社会生活的"问题解决"

"问题解决"（Problem Solving）尽管作为一个口号已提出了 20 多年，但至今仍成为许多国家数学教育改革的突破口或着力点，可以说其教育价值经受了历史的检验。目前，人们是从多重意义上看待问题解决的：作为教学目的、作为心理活动、作为运用知识的过程、作为数学活动方式、作为教学类型、作为一种能力，等等。

国内数学教育界近十年来倡导问题解决，已取得很大成效，特别是把问题解决作为联系学校数学与现实社会的桥梁，首先从问题入手，大量设计返反映现实生活的数学问题，以改变过去不是纯粹的练习题就是纯粹的竞赛题和考题的状况。张奠宙、戴再平主编的《中学数学问题集》（华东师范大学出版社，1995）就是这方面的代表。应该说它在 1995 年问世，的确给当时的数学教育界带来一缕清新的气息。这本问题集最大的一个特点就是紧贴现实生活，在近 200 个问题中，现实生活问题占了一多半，表 5-1、5-2 分别是其中的两类问题：

表 5-1 日常经济生活应用题

1. 定期储蓄	6. 还本销售	11. 电影票的推销奖金	16. 图表上的信息	21. 国民经济二十年翻两番
2. 提前支取定期储蓄	7. 国库券的收益率	12. 混合咖啡的价格	17. 价格与成交量趋势图	22. 几年可以翻一番
3. 存期十年的储蓄	8. 买股票与储蓄	13. 加速资金周转	18. 股市走势图	23. 世界人口增长
4. 汽车折旧	9. 全棉布与涤纶布	14. 降价前的商品	19. 有奖销售	24. 购房贷款的偿还
5. 为孩子储蓄学费	10. 折价出售的货品	15. 如何获得最大利润	20. 计算机降价	25. 公说公有理,婆说婆有理

表 5-2 实际情境的模型和应用题

1. 快车与慢车	19. 卡车能通过隧道吗?	37. 用正多边形地砖铺砌地面
2. 哪家更优惠	20. 施泰纳比问题	38. 温度取何值使结果最小
3. 街心岛的面积	21. 公路的最短路线	39. 进货批量
4. 测定古莲子的年代	22. 上海东方明珠电视塔	40. 进货次数
5. 装水的固柱形容器	23. 船的转角	41. 流水线上的零件供应点
6. 纸张的开数	24. 飞机之间的距离	42. 导线的电阻
7. 两根电线杆	25. 光线的入射角	43. 怎样乘车
8. 保卫我国领海	26. 日食持续的时间	44. 万有引力与电话次数
9. 运动物体的最远距离	27. 模具底面的面积	45. 食物配置
10. 网球的轨道	28. 测斜孔	46. 麦场设置
11. 匀质细棒的重心	29. 三角形面积的最大值	47. 餐厅选菜的规律
12. 平行力的合力的作用点	30. 火车站建在何处	48. 竞猜抽奖
13. 磁带收带轮的转速	31. 供应站的位置	49. 乒乓球单打比赛的场数
14. 汽车前灯灯泡的位置	32. 水槽问题	50. 六合彩的获奖率
15. 输出功率最大时的负载电阻	33. 最大视角	51. 铣刀的外径
16. 太阳与彗星的引力	34. 透光最多的窗户	52. 危险的毁林
17. 农场的草地	35. 看不清的帐簿	53. 红绿灯的概率
18. 机场内的新建筑	36. 联营厂产品的总数	54. 溶液的加热

值得重视的是，面向社会生活的问题解决在数学教育实践中得到进一步的发展，又产生出一些新的数学学习形式，数学综合实践活动就是其中之一，只不过它更注重问题解决的挑战性和综合性。综合实践活动以活动为主要开展形式，倡导学生的亲身经历，要求学生积极参与探究、实践、考察、服务、反思等一系列活动，获得丰富的生活体验，以增长社会经验。这一过程不仅具有手段性价值，同时也具有目的性价值，因为它回归了生活的本质，有助于学生运用数学知识去对自然、社会和人生问题作出思考和感悟，并将之内化为一种积极的生活态度和社会责任感。所以综合实践活动作为一个载体所承载的数学教育价值空间是广阔的。

当前，在大量生活化、情境化的素材进入数学课堂之后，也出现了另一方面的担心。比如，生活化素材的人为编制或标签化的存在，生活经验既可能对学生的数学学习产生积极作用，也可能产生负面影响，对后者还可能估计和研究不足。过分强调生活化是否会肢解数学本身的系统性等。因此，处理好生活与数学的关系，寻找两者恰当的平衡就显得尤为重要。

5.2 数学问题解决

对于数学问题解决，摘于不同的文件，出于不同的学科，源于不同的维度，提法很多，如问题解决是教学目的；问题解决是教学过程；问题解决是基本能力；问题解决是一种教学方式；问题解决是一种有意义的学习过程；问题解决是一种心理过程；问题解决是一种艺术；莫衷一是。从"问题解决就是生搬硬套的练习"到"问题解决就是像数学家那样做数学"，几乎 10 个人就有 10 种提法。

现在，一个被比较普遍接受的看法是指综合地、创造性地运用各种数学知识去解决那种并非单纯练习题式的问题，包括实际问题和源于数学内部的问题。而以"问题解决"作为数学教育的中心，则是指应当努力帮助学生学会"数学地思维"。

可见，"问题解决"与着眼于"应试"、突出"题型+解法"的"题海战术"是不同的，问题解决中的问题与传统教学中的习题也是不同的。

问题解决中的"问题"也有多种提法。一个比较简洁的界定是指：一个对人具有智力挑战特征的、没有现成的直接方法、程序或算法的未解决问题的情境。一个比较详细的界定是将问题描述为：

(1) 对学生来说不是常规的，不能靠简单模仿来解决；

(2) 可以是一种情境，其中隐含的数学问题要学生自己去提出、求解并作出解释；

(3) 具有趣味和魅力，能引起学生的思考和向学生提出智力挑战；
(4) 不一定有终极的答案，各种不同水平的学生都可以由浅入深地作出回答；
(5) 解决它往往需伴以个人或小组的数学活动。

实行问题解决的教学模式，需要提供"好问题"。那么什么是一个好的数学问题呢？通常认为"好问题"应具有下述5个特征（张国杰 数学学习论导引 重庆：西南师范大学出版社，1995 147-148）：
(1) 问题是非常规的，具有挑战性；
(2) 学生都可以动手做，具有可参与性；
(3) 问题引人入胜，具有趣味性；
(4) 问题能够推广或扩充到各种情形，具有探索性；
(5) 问题有多种解法，多种答案，多种解释，具有开放性。

下面我们观察两个"好"的问题。

问题 1 明明同学看见有许多同学从我们的教室进进出出，依次是进4人，出8人，出3人，进5人，进2人，出1人，请问教室的人是多了还是少了？若多了，多几人？若少了，少几人？

一个办法是"进"的人数求和，4+5+2=11；"出"的人数求和，8+3+1=12，然后比较大小。

另一个办法是根据题意直接列式计算，用正号表示"进"，用负号表示"出"，有 4-8-3+5+2-1=-1，即教室少了1人。

(1) 由这个运算的过程可以看到，引进负数既有助于表示"进"、"出"，又有助于列出运算式；更重要的是允许"小数减大数"了，否则，第一步 4-8 就过不去。

(2) 由这个运算的过程可以看到，引进负数就能同时回答两个问题：教室里的人是增多还是减少（看符号）？增多或减少几个（看绝对值）？

这比"支出"看成"负收入"，"减少"看成"负增加"自然也深刻了。

问题 2 （高中，不等式学习）生活常识告诉我们，给糖水里加糖，糖水就变甜了；给菜汤里加盐，菜汤就变咸了，你能从这一经验中提炼出一个数学关系吗？

(1) 这是一个尽人皆知的生活事实（都熟视无睹了），这里有数学道理吗？该用什么样的数学关系式来表示呢？学生睁大惊奇的眼睛，开启思维的小船。

(2) 这个情境具有不等式的必要因素与必要形式。变甜、变咸所表达的是大小关系，记为

$$P_1 < P_2$$

这里用到了字母表示数的知识。

(3) P_1 代表什么样的事实，它又应该用怎样的式子表达出来呢？这要调动"质

量分数"(浓度)的概念,设 b 克糖水里有 a 克糖,则

$$P_1 = \frac{a}{b}, \qquad \frac{a}{b} < P_2$$

(4) 这还没有把加糖反映出来。再设加入 m 克糖,有

$$P_2 = \frac{a+m}{b+m} \qquad 得 \qquad \frac{a}{b} < \frac{a+m}{b+m}$$

这是一个真分数不等式。

(5) 如何证明这个不等式呢?有分析法,综合法,作差法,作商法,放缩法,定比分点法,斜率法,复数法等不下十多种。并且这个不等式有广泛的应用(包括实际问题和数学本身的问题)。

中国的数学教育改革与国外的"问题解决"平行发展。20 世纪 90 年代以来有"提倡问题解决"作为进一步改革中国数学教育"突破口"的设计,并初步形成了"中国的数学问题解决"特色,主要表现为:

(1) 注重研究数学解题思维过程;
(2) 强调数学方法论研究;
(3) 提倡数学解题策略研究;
(4) 应用问题、数学建模教学研究;
(5) 开放题、情境题的教学研究,及其在考试中的大规模运用;
(6) 提倡研究性学习,进行"问题教学"、"情境教学"、"开放性教学"。

新课程改革所倡导的教师教学方式和学生学习方式,体现了"问题解决"的理念和研究成果。

5.3 数学问题解决的框架

"问题解决"的初始阶段,专注于波利亚的现代启发法研究上,虽然取得了进展,但相应的教学却未能取得预期的效果:学生已经具备了足够的数学知识,似乎也已掌握了相应的解题策略,但却仍然不能有效地解决问题。这表明,"问题解决"是一个包含有多个环节的复杂过程,从而,相应的研究就不能唯一地集中在启发性解题策略之上,而应过渡到对于解决问题全部过程的系统分析。美国学者舍费尔德在名著《数学解题》一书中,提出了一个新的理论框架,描述了复杂的智力活动的四个不同性质的方面:

(1) 认识的资源,即解题者已掌握的事实和算法;
(2) 启发法,即在困难的情况下借以取得进展的"常识性的法则";
(3) 调节,它所涉及的是解题者运用已有知识的有效性(即现代认知心理学

中所说的元认知);

(4) 信念系统,即解题者对于学科的性质和应当如何去从事工作的看法。

我国学者整合国内外有关"问题解决"过程的各种看法,提出了问题解决的一般模式,分为 5 个阶段。

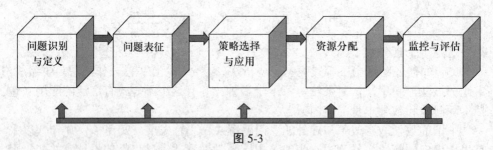

图 5-3

(1) 问题识别与定义。是指你必须意识到自己正面临着一个问题,并正确地定义它,只有在这些准备工作的基础上,才有可能着手解决问题。

(2) 问题表征。对问题合理识别之后,必须对问题进行表征,其方式是多样的,可以是语义的也可以是表象的,可以在头脑中编码也可以利用纸笔等工具编码,其表征方式会影响问题解决的难度。

(3) 策略选择与应用。问题解决策略一般分成两大类,一类是规则系统,保证某一特定问题解决的一种方法或程序;另一类是发现问题解决方案的程序,是一种为获得创造性系统阐述而作为工具运用的技术;

(4) 资源分配。合理地分配资源是有效解决问题的关键,资源不当会影响问题的有效合理解决,它是有效解决问题能力高低的一个标志;

(5) 监控与评估。监控可以理解何为解决者对问题解决全过程的把握和关注,而评估则是对问题解决进程及其结果的质量作出评定。

5.4 解决问题与实践活动

实践与综合应用是《标准》设立的一个学习领域,对于改变学生的数学学习方式,提高学生解决问题能力都具有重要意义。实践与综合应用实际上是一类重要的解决问题的活动。

《标准》在第一学段设立了"实践活动",第二学段为"综合应用",第三学段为"课题学习",便于教师结合不同学段学生的生活经验和知识背景,引导学生以自主探索与合作交流的方式,理解数学,发展解决问题的策略,体会数学与现实生活的联系。"实践活动"与"综合应用"有什么重点呢?第一学段"实践活动"

强调的是与学生生活经验的联系,强调具体化的实践活动,综合应用的成分较少,因为第一学段的学生知识比较少,综合思维能力还比较低;第二学段"综合应用",就是在第一学段的基础上提高了对学生综合应用的要求,不仅有实践的要求,还要求学生综合应用知识来解决问题。综合应用有两方面的含义:一方面是数学的各方面知识;另外是沟通与其他学科知识的联系。在第三学段设立"课题学习",让学生有机会经历研究的过程。

将"实践与综合应用"作为数学知识技能领域的一个重要内容,并不是在数学知识领导之外增加新的知识,而是强调数学知识的整体性和现实性,注意数学的现实背景以及与其他学科之间的联系。通过综合实践活动,促使学生进行自主探索、合作交流,并学会综合运用所学的知识解决实际问题。

5.4.1 实践活动与解决问题

实践与综合应用是探索性、实践性和应用性一类的学习活动。要求学生独立自主地探索,综合应用所学数学知识和思想方法进行实践和解决问题。实践与综合应用活动的背后有一定的思考含量。这种实践和综合活动也为教师的教学和科学研究提供了广阔的天地,更多地体现为校本课程。它的形式是多样化的,这种多样的形式包括小的操作活动,小的课查、小的访谈等等,教师可以根据不同的情况设计不同的形式。在实践活动中,学生综合运用已有的知识经验,经过自主探索和合作交流,解决与生活经验密切联系、具有一定挑战性和综合性的问题,以发展他们解决问题的能力,加深对"数与代数"、"空间与图形"、"统计与概率"内容的理解,体会各部分内容之间的联系。

将"实践与综合应用"作为数学学习的一个领域,并不是在数学知识领域之外增加新的知识,而是强调数学知识的整体性和现实性,注意数学的现实背景以及与其他学科之间的联系。通过综合实践活动,促使学生进行自主探索、合作交流,并学会综合运用所学的知识解决实际问题。

实践与综合应用的教学中要注意以下几点:首先,要有一个比较大的问题,问题也可以由学生提出,这个问题对于中小学生来说具有进行探索的余地和思考的空间。中小学生进行小课题学习是一种探索的学习,学生经历一个收集信息、处理信息、讨论交流和得出结论的过程,学生在此过程中学会一些探索和研究的方法。活动内容结合身边的事情,学生具有一定的自主性,教师起到引导的作用。评估主要不是看结果,而是注重过程(实践不应该作为书面考试的内容)。

5.4.2 在实践的过程提高学生解决问题的能力

通过实践活动，让学生经历观察、操作、实验、调查、推理等实践活动，能运用所学的知识和方法解决简单问题，感受教学在日常生活中的作用等。学生通过这些实践活动，初步获得数学活动的经验，了解数学在日常生活中的简单应用，初步学会与他人合作交流，获得积极的数学学习情感。

实践活动的实质是解决问题的活动。学生将通过数学活动了解数学与生活的广泛联系，学会综合运用所学的知识和方法解决简单的实际问题，加深对所学知识的理解，获得运用数学解决问题思考方法，并能与他人进行合作交流。通过实践活动，要引导学生注意以下几个方面：

1. 经历观察、操作、实验、调查、推理等实践活动，在合作与交流的过程中，获得良好的情感体验

经历观察、操作、实验、调查、推理等实践活动，把活动融于各个领域的学习内容之中。例如，学习"空间与图形"，学生在形成概念中就有操作的过程；又如学习"统计与概率"，学生收集数据中就有调查的过程。因此，本目标实施的重点是结合其他领域的学习内容，把实践活动融于其中。在教学中应注意以下几点。

（1）注重日常教学过程中的实践活动。正如上述所分析的，实践活动不是单独的项目，它应与日常教学过程紧密地联系，是整个教学过程中的一部分。例如，认识轴对称图形。除了在课堂中进行折一折、画一画等操作活动，也可以带领学生到校内外去观察，看一看生活的环境中哪些地方运用到轴对称图形。学生只有在大量的实践活动中，才能提高实践活动的能力。

（2）注重学生间的合作与交流。有些操作、实验、调查等实践活动，靠学生个体的能力是难以完成的，它需要同伴间的相互合作。对此，教师在组织这方面的活动时，要注重引导学生间的合作，使他们从小就能体会到完成任务需要共同的合作。同时，对于各小组在实践活动中获得的一些体会、经验、结果等，应组织学生进行交流。这样既可以扩大学生实践活动的认识范围，又能提高他们语言的表述能力。

2. 获得初步的数学实践活动经验，运用所学知识和方法解决简单问题

学生经历实践活动之后，初步懂得实践活动的操作步骤、操作方法以及活动过程中的情感体验。这些活动经验是学生成长过程中的宝贵积累，对学生终身学习有很大帮助。另外，"能够运用所学的知识和方法解决简单的问题"是指数学的应用问题，它既能巩固学生所学的知识，又能为知识的综合应用创造条件。在教

学中应注意以下几点:

(1) 加强实践活动的指导。数学的实践活动并不是"放羊式"的活动,它仍需要教师的指导。例如,开展一些调查活动。在准备阶段中,教师应与学生共同讨论调查的主题、调查的步骤以及调查的方法,一旦学生开展调查,就会有序地进行活动。在教师的指导中,应重点帮助学生逐步掌握操作步骤与操作方法,以便为后续发展打下基础。

(2) 加强综合设计的指导。开展实践活动并不是为了实践而实践,而是力求通过实践活动,促进学生知识的整合、方法的优化及智慧的开发。因此,在设计实践活动中,要考虑到各方面知识的综合。

例1 某班去三个景点游览,时间为 8:00~16:00,请你设计一个游览计划,包括时间、费用、路线等。完成这一活动,学生需要做如下几方面的工作。①了解有关信息,包括景点之间的路线图及乘车所需时间、车型与租车费用、同学喜爱的食品和游览时需要的物品等;②借助数、图形、统计图表等表述有关信息;③计算乘车所需的总时间、每个景点的游览时间、所需的总费用、每个同学需要交纳的费用等。

3. 感受数学在日常生活中的作用

让学生体会数学与现实世界的联系,树立正确的数学观,是实践活动的一个基本特点。为了让学生感受数学在日常生活中的作用,缩短数学与人、自然的距离,在数学课程中要强调数学知识与学生生活之间的联系,是新课程的一个重要思想。为了让学生的感受更深一些,在本学段中可以结合各知识点的学习,从学生熟悉的生活事例出发,安排一系列的活动。

例2 (1) 收集生活中常见的数,在课堂上列举出来,说明数的相关单位。(2) 列举与数有关的事物,如车票、钱币、收据、楼层、车流量、弹子游戏、纸张的剪裁、教室的黑板、洗衣粉的盒子等;在些基础上,可以探讨数的现实意义,如大小、高矮、长短、价格、尺码等。

由于这些活动的素材取自于生活,所以对激发学生的学习兴趣、培养学生学习的主动性十分有利,可以帮助学生认识数学与生活和社会的联系,认识事物的状态可以用数刻划。在教学中应注意以下几点:

(1) 在知识形成过程中,感受数学在日常生活中的作用。很多数学知识是对生活问题的抽象,而书本上抽象的知识,对中小学些还很不容易理解。例如,米和千米的单位换算,一般在教室上课,教师主要通过米尺的演示,告诉学生这是 1 米,有 1 000 个 1 米就是千米。学生可以理解知识,但是感受不深,随着时间的推移,学生常常会出现 3 米=3 000 千米的错误,可是,到实地考察,就可以避免这类错误。当学生沿着操场的跑道走一圈是 400 米,学生看到这样大的操场一圈仅

400米，这样，对400米的认识已有一定的印象。接着，又让学生沿着操场走3圈，可以询问学生，"现在共走了多少米？""那么1 000米应该走几圈？"在这一活动中，通过观察以及实地行走，学生对1 000米的认识是深刻的。

（2）在数学过程中，感受数学在日常生活中的作用。

例3 在学生学习了统计表后，可以安排一个实践活动，让三、四个学生组成一个小组，利用课后，到马路上去收集某一时刻的交通工具的客流量，然后制成一张统计表。这一活动通过学生自己收集数据，自己整理数据，自己制作统计表，既可以巩固统计的知识，又使学生感受到统计知识在日常生活中的作用。

4. 初步感受数学知识间的相互联系，体会数学的作用

数学知识间的是相互联系，前面的知识是后面知识的基础，后面知识是前面知识的发展，从而形成数学知识的环环相扣。对中小学生来说，理解数学知识间的联系，也就把握了数学知识的脉搏与解决问题的钥匙。在教学中应注意以下几点：

（1）在操作过程中，感受教学知识间的相互联系。

例4 平行四边形面积公式。学生要获得平行四边形的面积公式，他们需要进行多次的运手操作活动，其中把平行四边形转化为长方形是主要的操作活动。那么，为什么要把平行四边形剪拼成长方形呢？它们之间又有什么联系呢？这就需要引导学生，从中发现这两个面积公式的相互联系。当然，这种感受并不是教师传授的，而是学生自己在操作中，通过比较分析，逐步感悟的。

（2）在渗透数学思想中，感受数学知识间的相互联系。如果说知识间的联系是显性的，那么知识间的联系背后的数学思想则是隐性的，而且是重要的。例如计算不规则的物体体积。学生在学习长方体的体积之后，教材往往会安排一道计算不规则物体体积的题目，而采取的方法是将物体放入水中，通过计算水上升的体积，从而得到物体的体积。从显性方面来说，这是"等积变形"，那么，从隐性来说，是将未知转为已知。学生把握这一数学转化的思想，不仅可以解决一两个实际问题，也能以此类推，解决一大批这样的问题。所以，在分析上述的问题时，不能仅仅停留在知识的显性联系上，更应把隐性的数学思想渗透在其中，让学生真正把握数学知识间的联系。

5. 获得综合运用所学知识解决简单实际问题的活动经验和方法

综合应用活动强调学生主动学习，不仅强调对知识的学习，而且更重要的是强调学生学习方法的养成。综合应用活动的基本方法是行动、提问、研究和实践，它不是死记硬背可以得到的，而需要学生在活动过程中，通过与同伴的交流、向教师阐述自己的观点、与其他同学的比较逐步形成的。因此，让学生在综合应用

活动中,自己体验活动过程,自己总结方法是本目标实施的重点。在教学中应注意以下几点。

(1) 在多样化的活动形式中,形成解决问题的不同方法。虽然,综合应用活动的基本方法是行动、提问、研究和实践,但在不同的活动中,其运用的方法也是不同的。对中小学生来说,综合应用的活动的形式有小调查、小制作、小游戏和小课题等,学生在这些活动中,它的方法是不同的。例如,小调查,方法是确定主题、落实调查对象、收集调查数据、分析整理调查数据。又如小制作,方法是设计制作内容、收集制作材料、动手操作实践、修改小制作等。当然,对每个项目以及每个学生来说,在具体的过程中,方法也不同,所以,通过各种形式的活动,让学生获得一些经验,然后逐步形成有个性的解决问题的方法。

(2) 在活动的过程中,帮助归纳解决问题的方法。对中小学生来说,他们在解决问题中,有的是凭借着自己的经验去解决问题,这其中带有很多的经验性。

例 5 设计合适的包装方式。①现有 4 盒磁带,有几种包装方式?哪种方式更省包装纸?②若有 8 盒磁带,哪种方式更省包装纸?学生在这一活动中,虽然也可以找到最省包装纸的方法,但这一方法的获得仅凭借自己的经验,这时,如果教师能够帮助学生分析为什么会省包装纸,归纳出其中的主要原因,那么,今后碰到类似问题,他们就会有方法了。

例 6 上海的电视塔有多高?北京的电视塔有多高?它们的高度大约分别相当于几个教室的高度?分别相当于多少个学生手拉手的长度?分别相当于多少个学生手拉手的长度?还有什么样的办法可以形象地描述电视塔的高度?为解决这一问题,学生在讨论中可以凭借自己的经验回答。但是,有的学生回答时往往是随意的。这时,教师可以进一步组织学生讨论信息的来源,并把这些来源分别归纳,从而使学生掌握询问、查阅资料等获得数据的调查方式。这样,一旦学生今后要解决类似问题,就可以把这些方式迁移过去。

6. 促进学生发现问题能力和应用意识的发展

实践活动的开展对于发展学生的应用意识具有重要作用。解决问题中的一个重要的方面是发现问题,发现问题是解决问题的基础。在进行解答问题教学活动前,要让学生自己发现和选择问题。无论是从课堂的教学活动中,从学校的学习环境中,或从学校所在的社区内,都存在着值得研究的数学问题。比如学校附近的交通,家庭中开支问题等。教师要注意引导学生去发现和提出各种数学问题。

学生发现问题的能力和他们的应用意识有关。《标准》对应用意识作了清楚的刻划,为我们理解应用意识提供了基本的依据。义务教育阶段的数学学习,学生具有的应用意识应主要体现在以下两个方面。

(1)"面对实际问题时,能主动尝试着从数学的解度运用所学知识和方法寻求解决问题的策略"

这是指主动应用数学知识的意识。学生能主动应用数学知识对于学生的数学思维能力的发展具有重要意义。在实际情境中,学生的主动运用数学知识的意识包括以下几个方面。第一,在实际情境中发现问题和提出问题的意识。第二,主动应用数学知识解决问题的意识。具有应用意识的学生,会善于把问题与已有的数学知识联系起来,并积极进行数学思考,主动积极地解决问题。在具体的情境中能否从数学角度发现问题和解决问题,反映了人的基本数学素养。

(2)"认识到现实生活中蕴含着大量的数学信息、数学在现实世界中有着广泛的应用"

这是指一种理论联系实际的意识,包含了两方面的含义:第一,学生对生活中的数学现象具有一定的敏感性,认识到生活中处处有数学,数学就在我们身边。第二,指对数学有一种正确的观念。学习者在学习过程中认识到数学是有用的。随着时代的发展,数学的应用价值日益体现出来。教师在教学中,应该让学生体会数学的应用价值。

目前,强调培养学生的应用意识具有重要的现实意义。我国的数学教育具有很多优秀的经验和优良的传统,需要认真总结和发扬,但是也必须看到数学教育中也存在着一些问题,比较突出的问题是忽视数学的应用,忽视数学与其他学科以及与日常生活的联系,忽视培养学生的应用意识和创新意识。早在 40 年代,国际著名的数学家柯朗曾经十分尖锐地批评过数学教育中的这个问题。他指出:"两千年来,掌握一定的数学知识已被视为每个受教育者必须具备的智力。数学在教育中的这种特殊地位,今天正在出现严重危机。不幸的是,数学教育工作者对此应负责任。数学的教学逐渐流于无意义的单纯演算习题的训练。固然这可以发展形式演算能力,但却无助于对数学的真正理解,无助于提高独立思考能力。……忽视应用,忽视数学与其他领域之间的联系,这种状况丝毫不能说明形式化方针是正确的,相反,在重视智力训练的人们中必然激起强烈的反感。"柯朗的批评是尖锐的,也是中肯的,应该引起数学工作者,特别是数学教育工作者认真的思考,尽快改变数学教育中存在的这种现象,把培养学生的应用意识作为义务教育阶段数学教育(包括数学教学学习等)的重要目标之一。

如何培养学生的应用意识是《标准》实施过程中的重要问题。在教学中,教师可以注意以下几个方面的问题。

(1)在数学教学中和对学生数学学习的指导中,应该重视介绍数学知识的来龙去脉。一般地说,数学知识的产生源于两个方面:实际的需要和数学内部的需要。在义务教育阶段,所学的知识大都是来源于实际的生活,当然也包括学生的实际生活经验。例如:在日常生活中存在着丰富的"具有相反意义的量"、"不同形式的等量关系和不等量关系"以及"变量与变量之间的函数的对应关系"等等,这些正是我们在数学中引入"正、负数"、"方程"、"不等式"、"函数"等概念的实际背景。在义务教育阶段的许多数学知识，有具体和直接的应用，应该让学生充分地实践和体验这些知识直接的应用。在此基础上让学生感受和体验数学的应用价值。了解数学知识的来龙去脉是形成数学的应用意识的重要组成部分。

（2）学会运用数学语言去描述周围世界出现的数学现象，是培养学生应用意识的另一个重要方面。数学是一种"世界的通用语言"，它可以简洁、清楚、准确地刻划和描述日常生活中的许多现象，让学生养成乐于运用数学语言进行交流的习惯，既可以增强学生的数学应用意识，也可以提高学生运用数学的能力。例如，当学生乘坐出租车的时候，他能意识到付费与行驶时间之间具有函数关系等等。

（3）我们还应该在数学教学和课外活动中鼓励和支持学生"面对实际问题时，能主动尝试着从数学的角度运用所学知识和方法寻求解决问题的策略"。我们举一个发生在我们身边的实际例子。

例 7 有一所农村小学，盖了一座新教学楼，盖好后需要装修。学校把这个任务交给了一位数学老师和他的学生（五年级的一个班）。这位老师引导他的学生们对这个任务进行了充分的讨论。他们把这个任务分解为两个部分，一部分是测量这个大楼的表面积；另一部分是了解市场上各种涂料的价格，设计使用涂料的分配方案，既能保证装修质量，又使得装修花费比较节省。这两个任务对于五年级的学生来说是一项具有挑战性的任务，因为楼房的表面积并不全是在课本上学过的规则图形，并且为了避免危险，还不能爬到楼顶去测量。这就需要学生综合运用所学数学知识和其他知识来解决问题，比如可用投影、估算、材料等知识。另一方面，进行市场调查，这对学生来说也是挑战。从课堂到实践，需要查找大量有关市场的资料，找出实际背景中的数学知识，并灵活运用一些数学知识进行方案设计。这个过程中，学生需要通过自己查阅各种资料、收集信息、处理数据、进行小组讨论等方式主动学习，开阔了学生的视野，提高了学生兴趣，培养了解决问题中的合作意识。全班学生根据这两个任务分成了两组，进行实际测量和市场调查，提出了三个合理的设计方案供学校参考。在这个过程中，学生不仅体验到数学在实际生活中的作用，而且品尝到应用数学知识解决实际问题的成功喜悦，不仅提高了学习数学的兴趣，也提高了学生了解其他知识的兴趣。

第六章 高考数学命题分析及题型示例

6.1 基础知识命题分析

《标准》规定了数学教学目标的内容有三大类：知识与技能，过程与方法，情感、态度与价值。知识与技能主要包括数学事实、数学概念、数学定理和公式、数学问题解决、数学思想方法等，因而高考数学试卷的命制坚持"有利于高校选拔人才，有利于中学素质教育"的原则，体现"整体保持稳定，局部锐意创新"的命题思路。命题将呈现"重点突出，焦点集中，亮点璀璨"等共性，试卷难度控制在 0.50~0.55 之间，题型仍为选择题、填空题及解答题，并在每种题型中设置有一定难度的试题，从而实现选拔的功能。

6.1.1 函数和导数

函数是高中教学内容的主干知识，是每年高考考查的重点。这部分内容主要包括：函数的概念，函数的图象与性质，指数函数与对数函数，反函数和函数的关系。函数内容是高考中考查能力的重要素材，一般考查能力的试题都是以函数为基础编制的，在新课程卷中函数问题多与导数相结合，发挥导数的工具作用。应用导数研究函数的性质，即使用导数的方法研究函数的单调性、极大（小）值和最大（小）值，应用函数的单调性证明不等式，又体现出新的综合热点，拉近了高中数学与高等数学的距离，近年来高考中必有一个大题出现。

由于函数与导数内容的结合，一般的问题都要先从求导开始，而求导又有规范的方法，利用导数判断函数的单调性也有规定的尺度，具有较强的可操作性，难度适中。

函数和导数的内容在高考试卷中所占的比例较大，每年都有题目考查，考查时有一定的综合性并与思想方法紧密结合，对函数与方程的思想、数形结合的思想、分类讨论的思想、有限与无限的思想等都进行了深入的考查。这样综合地统揽各种知识、综合地应用各种方法和能力在函数的考查中得到了充分的体现。

函数与导数的解答题在文、理两卷中往往分别命制，这不仅是由教学内容的差异所决定的，也与文、理科考生的思维水平差异有关。文科卷函数与导数的解答题，其解析式一般只选用多项式函数；而理科卷则可在指数函数、对数函数以及三角函数中选取，在选择和填空题中则更多的是涉及函数的图象、反函数、函数的奇偶性、函数的连续性和导数的几何意义等重点内容。在考查时也不是简单地考查公式的应用，而是与数学思想方法相结合，体现能力立意的命题原则。

例1 已知 $\lim\limits_{x\to 2}\dfrac{x^2+cx+2}{x-2}=a$，且函数 $y=a\ln^2 x+\dfrac{b}{x}+c$ 在 $[1, e]$ 上单调，则

A. $b\in(-\infty, 0]$ 　　　　　　　B. $b\in[2e, +\infty)$

C. $b\in(-\infty, 0]\cup[2e, +\infty)$ 　　D. $b\in[0, 2e]$

分析：$\lim\limits_{x\to 2}\dfrac{x^2+cx+2}{x-2}=a$，

∴ $x^2+cx+2=(x-2)(x+m)=x^2+(m-2)x-2m$

∵ 该式恒成立，

∴ $\begin{cases} m-2=c \\ m=-1 \end{cases}$

∴ $c=-3$

∴ $\lim\limits_{x\to 2}\dfrac{(x-2)(x-1)}{x-2}=\lim\limits_{x\to 2}(x-1)=1$，

∴ $a=1$。

∴ $y=\ln^2 x+\dfrac{b}{x}-3$

∵ 函数 $y=\ln^2 x+\dfrac{b}{x}-3$ 在 $[1, e]$ 上单调，$y'=\dfrac{2}{x}\ln x-\dfrac{b}{x^2}$

当 $y'\geq 0$ 时，$\dfrac{2}{x}\ln x-\dfrac{b}{x^2}\geq 0$，

∴ $b\leq 2x\ln x$。 即 $b\leq (2x\ln x)_{\min}$。

∵ $u=2x\ln x$ 在 $[1, e]$ 上是增函数。

∴ $(2x\ln x)_{\min}=2\cdot\ln 1=0$。 ∴ $b\leq 0$。

当 $y'\leq 0$ 时，∵ $x\in[1, e]$ ∴ $b\geq 2x\ln x$。

即 $b\geq (2x\ln e)_{\max}=2e\ln e=2e$，∴ $b\geq 2e$。

∴ 由以上可知：$b \geq 2e$ 或 $b \leq 0$，故选 C。

点评：本题主要体现了导数的应用。

例 2 设 $x = 3$ 是函数 $f(x) = (x^2 + ax + b)e^{3-x}(x \in \mathbf{R})$ 的一个极值点。

（1）求 a 与 b 的关系式（用 a 表示 b），并求 $f(x)$ 的单调区间；

（2）设 $a > 0$，$g(x) = (a^2 + \frac{25}{4})e^x$。若存在 $\xi_1, \xi_2 \in [0, 4]$ 使得 $|f(\xi_1) - g(\xi_2)| < 1$ 成立，求 a 的取值范围。

解析：（1） $f'(x) = -[x^2 + (a-2)x + b - a]e^{3-x}$。

由 $f'(3) = 0$，得 $b = -2a - 3$。

∴ $f(x) = [x^2 + ax - 2a - 3]e^{3-x}$，

∴ $f'(x) = -[x^2 + (a-2)x - 3a - 3]e^{3-x}$

$\qquad = -(x-3)(x+a+1)e^{3-x}$

令 $f'(x) = 0$ 得 $x_1 = 3$，$x_2 = -a - 1$。

由于 $x = 3$ 是 $f(x)$ 的一个极值点，故 $x_1 \neq x_2$，即 $a \neq -4$。

当 $a < -4$，$x_1 < x_2$ 故 $f(x)$ 在 $(-\infty, 3]$ 上为减函数，在 $[3, -a-1]$ 上为增函数，在 $[-a-1, +\infty)$ 上为减函数。

当 $a > -4$，$x_1 > x_2$ 故 $f(x)$ 在 $(-\infty, -a-1]$ 上为减函数，在 $[-a-1, 3]$ 上为增函数，在 $[3, +\infty)$ 上为减函数。

（2）当 $a > 0$ 时，$-a - 1 < 0$，故 $f(x)$ 在 $[0, 3]$ 上为增函数，在 $[3, 4]$ 为减函数。

因此 $f(x)$ 在 $[0, 4]$ 上的值域为 $[\min\{f(0), f(4)\}, f(3)]$，即 $[-(2a+3)e^3, a+6]$。而 $g(x) = (a^2 + \frac{25}{4})e^x$ 在 $[0, 4]$ 上为增函数，所以值域为 $[a^2 + \frac{25}{4}, (a^2 + \frac{25}{4})e^4]$。

∵ $(a^2 + \frac{25}{4}) - (a + 6) = (a - \frac{1}{2})^2 \geq 0$，

∴ 由题设知：$\begin{cases}(a^2+\dfrac{25}{4})-(a+6)<1\\a>0\end{cases}$。

∴ $0<a<\dfrac{3}{2}$。

∴ a 的取值范围是 $(0,\dfrac{3}{2})$。

点评： 本题主要考查函数、不等式和导数的应用等知识，考查综合运用数学知识解决问题的能力。

6.1.2 数列

在高考中历来把数列当作重要的内容来考查，对这部分的要求也会达到相应的深度，题目有适当的难度和一定的综合程度。数列问题在考查考生的演绎推理能力中发挥着越来越重要的作用。高考试卷中的数列试题有的是从等差数列或等比数列入手构造新的数列，有的是从比较抽象的数列入手，给定数列的一些性质，要求考生进行严格的逻辑推证，找到数列的通项，或证明数列的一些其他性质。

数列中 S_n 与 a_n 的关系一直是高考命题的重点。要掌握在如下三种递推关系下，数列 $\{a_n\}$ 的通项公式的求法，即 $a_{n+1}=f(a_n)$，$S_{n+1}=f(S_n)$，$S_n=f(a_n)(n\in \mathbf{N}^*)$ 构造等差或等比数列是解决此类问题的有效方法，这类问题对恒等变形能力提出了很高的要求，要求考生首先明确变形目标，然后根据目标进行恒等变形。在变形过程中，不同的变形方法可能简化原来的式子，也可能使其更加复杂，所以还存在着变形路径的选择问题。

求和问题也是高考中的常见题目，要求掌握一些特殊数列的求和方法，例如错位相减法、倒序相加法、拆项求和法。

使用选择题、填空题形式考查数列的问题，往往突出考查函数与方程的思想、数形结合的思想、特殊与一般的思想、有限与无限的思想等数学思想方法。除了考查等差数列与等比数列外，也考查一般数列。使用解答题形式考查的数列问题，其内容往往是一般数列的内容，其方法是研究数列通项及前 n 项和的一般方法，且往往不单一考查数列而是与其他内容相结合，以体现出对解决综合问题能力的考查力度。数列综合题对数学素养有较高的要求，对选拔较高能力的考生起到重要的作用。

高考在考查数列内容时考虑到文、理科考生在能力上的差异，一般命制不同的试题进行考查。理科试卷命题时以一般数列为主,以抽象思维和逻辑思维为主;而文科试卷则侧重于对基础知识和基本方法的考查,命题时以等差、等比数列为主,以具体思维、演绎思维为主。逻辑思维常与形象思维对比,正如具体与抽象对比。

例 1 数列 $\{a_n\}$ 满足 $a_1 = 10, a_n = a_{n-1}^n (n \geq 2)$,则数列 $\{a_n\}$ 的通项公式 $a_n = $ _____。

分析:$\because a_n = a_{n-1}^n (n \geq 2)$

$\therefore \lg a_n = n \lg a_{n-1}$,

$\therefore \dfrac{\lg a_n}{\lg a_{n-1}} = n$。

$\therefore \dfrac{\lg a_2}{\lg a_1} = 2, \dfrac{\lg a_3}{\lg a_2} = 3$,

……

$\dfrac{\lg a_n}{\lg a_{n-1}} = n.$

把以上各式左、右两边相乘可得:

$\dfrac{\lg a_n}{\lg a_1} = 2 \cdot 3 \cdots\cdots n.$

$\therefore \lg a_n = 1 \cdot 2 \cdot 3 \cdots\cdots n = n!.$

$\therefore a_n = 10^{n!}$

点评:对一般数列的考查有时也采用选择题或填空题的形式,此时所涉及的数列知识并不多,而主要考查由递推式求通项时常用的方法,如叠加法、累乘法、迭代法、辅助数列法等常规数学方法,同时也考查由特殊到一般的归纳方法。

例 2 已知 $a_1 = 2$,点 (a_n, a_{n+1}),在函数 $f(x) = x^2 + 2x$ 的图象上,其中 $n = 1, 2, 3, \cdots$

(1)证明数列 $\{\lg(1+a_n)\}$ 是等比数列;

(2)设 $T_n = (1+a_1) \cdot (1+a_2) \cdots\cdots (1+a_n)$,求 T_n 及数列 $\{a_n\}$ 的通项;

(3) 记 $b_n = \dfrac{1}{a_n} + \dfrac{1}{a_n+2}$,求数列 $\{b_n\}$ 的前 n 项和 S_n,并证明 $S_n + \dfrac{2}{3T_n - 1} = 1$.

(1) **证明**:由已知 $a_{n+1} = a_n^2 + 2a_n$,

∴ $a_{n+1} + 1 = (a_n + 1)^2$

∵ $a_1 = 2$,

∴ $a_n + 1 > 1$,两边取对数得

$\lg(1 + a_{n+1}) = 2\lg(1 + a_n)$,

即 $\dfrac{\lg(1 + a_{n+1})}{\lg(1 + a_n)} = 2$

∴ $\{\lg(1 + a_n)\}$ 是公比为 2 的等比数列。

(2) 由 (1) 知 $\lg(1 + a_n) = 2^{n-1} \cdot \lg(1 + a_1)$

$\qquad\qquad\qquad = 2^{n-1} \cdot \lg 3$

$\qquad\qquad\qquad = \lg 3^{2^{n-1}}$

∴ $1 + a_n = 3^{2^{n-1}}$ （*）

∴ $T_n = (1 + a_1)(1 + a_2) \cdots (1 + a_n)$

$\qquad = 3^{2^0} \cdot 3^{2^1} \cdot 3^{2^2} \cdot \cdots \cdot 3^{2^{n-1}}$

$\qquad = 3^{1+2+2^2+\cdots+2^{n-1}}$

$\qquad = 3^{2^n - 1}$

由（*）式得 $a_n = 3^{2^{n-1}} - 1$

(3) ∵ $a_{n+1} = a_n^2 + 2a_n$

∴ $a_{n+1} = a_n(a_n + 2)$

∴ $\dfrac{1}{a_{n+1}} = \dfrac{1}{2}\left(\dfrac{1}{a_n} - \dfrac{1}{a_n + 2}\right)$

∴ $\dfrac{1}{a_n + 2} = \dfrac{1}{a_n} - \dfrac{2}{a_{n+1}}$

又 $b_n = \dfrac{1}{a_n} + \dfrac{1}{a_n + 2}$

$\therefore b_n = 2(\dfrac{1}{a_n} - \dfrac{1}{a_{n+1}})$

$\therefore S_n = b_1 + b_2 + \cdots + b_n$

$= 2(\dfrac{1}{a_1} - \dfrac{1}{a_2} + \dfrac{1}{a_2} - \dfrac{1}{a_3} + \cdots + \dfrac{1}{a_n} - \dfrac{1}{a_{n+1}})$

$= 2(\dfrac{1}{a_1} - \dfrac{1}{a_{n+1}})$

$\because a_n = 3^{2^{n-1}} - 1, a_1 = 2, a_{n+1} = 3^{2^n} - 1$,

$\therefore S_n = 1 - \dfrac{2}{3^{2^n} - 1}$ $\therefore S_n + \dfrac{2}{3T_n - 1} = 1$

点评：本题主要考查了函数、数列的通项及数列的前 n 项和等知识，同时考查了分析、推理的能力和运算能力，解题过程中充分运用了拆项相消的技巧。

例3 已知各项均为正数的数列 $\{a_n\}$ 满足：$a_1 = 3$，且

$$\dfrac{2a_{n+1} - a_n}{2a_n - a_{n+1}} = a_n a_{n+1} \quad n \in \mathbf{N}^*$$

（1）求数列 $\{a_n\}$ 的通项公式；

（2）设 $S_n = a_1^2 + a_2^2 + \cdots + a_n^2$，

$$T_n = \dfrac{1}{a_1^2} + \dfrac{1}{a_2^2} + \cdots + \dfrac{1}{a_n^2},$$

求 $S_n + T_n$，并确定最小正整数 n，使 $S_n + T_n$ 为整数。

解析：（1）条件式化为：$a_{n+1} - \dfrac{1}{a_{n+1}} = 2(a_n - \dfrac{1}{a_n})$，因此 $\{a_n - \dfrac{1}{a_n}\}$ 为一个等比数列，其公比为 2，首项为 $a_1 - \dfrac{1}{a_1} = \dfrac{8}{3}$。

所以 $a_n - \dfrac{1}{a_n} = \dfrac{8}{3} \cdot 2^{n-1} = \dfrac{2^{n+2}}{3}(n \in \mathbf{N}^*)$ ①

$\because a_n > 0$,

$\therefore$ 由①解出 $a_n = \dfrac{1}{3}(2^{n+1} + \sqrt{2^{2n+2} + 9})$ ②

（2）由①有：

$$S_n + T_n = (a_1 - \frac{1}{a_1})^2 + (a_2 - \frac{1}{a_2})^2 + \cdots + (a_n - \frac{1}{a_n})^2 + 2n$$

$$= (\frac{2^3}{3})^2 + (\frac{2^4}{3})^2 + (\frac{2^5}{3})^2 + \cdots + (\frac{2^{n+2}}{3})^2 + 2n$$

$$= \frac{64}{27}(4^n - 1) + 2n \quad (n \in \mathbf{N}^*)$$

为使 $S_n + T_n = \frac{64}{27}(4^n - 1) + 2n$ 为整数，当且仅当 $\frac{4^n - 1}{27}$ 为整数。

当 $n = 1, 2$ 时，显然，$S_n + T_n$ 不为整数；

当 $n \geq 3$ 时，

∵ $4^n - 1 = (1+3)^n - 1 = C_n^1 \cdot 3 + C_n^2 \cdot 3^2 + 3^3(C_n^3 + \cdots + 3^{n-3}C_n^n)$

∴ 只需 $\dfrac{C_n^1 \cdot 3 + C_n^2 \cdot 3^2}{27} = \dfrac{n}{9} \cdot \dfrac{3n-1}{2}$ 为整数。

∵ $3n-1$ 不可能被 3 整除，∴ n 为 9 的整数倍。

∴当 $n = 9$ 时，$\dfrac{n}{9} \cdot \dfrac{3n-1}{2} = 13$ 为整数。

∴ n 取得的最小正整数值为 9。

点评：本题考查数列通项、求和、考查综合分析问题、解决问题的能力，同时对运算能力提出了较高的要求。

6.1.3 三角函数

三角函数是继指数函数、对数函数之后学习的又一类型的函数，在高考中，突出考查它的图象与性质，尤其是形如 $y=A\sin(\omega x+\varphi)$ 的函数图象与性质。对三角公式和三角变形的考查或与三角函数的图象与性质相结合，或者直接化简求值。在化简求值的问题中，不仅考查考生对相关变换公式掌握的熟练程度，更重要的是以三角变形公式为素材，重点考查相关的数学思想和方法，主要是方程的思想和换元法，同时要注意正、余弦定理的应用。

例1 已知在图 6-1 三角形 ABC 中，$AB = \dfrac{4\sqrt{6}}{3}$，$\cos B = \dfrac{\sqrt{6}}{6}$，$AC$ 边上的中线

$BD = \sqrt{5}$，求 $\sin A$ 的值。

解析：设 E 为 BC 的中点，连接 DE，则 $DE \parallel AB$，且 $DE = \frac{1}{2}AB = \frac{2\sqrt{6}}{3}$，设 $BE = x$，在 $\triangle BDE$ 中利用余弦定理可得：

$BD^2 = BE^2 + DE^2 - 2BE \cdot ED\cos\angle BED$

$\therefore x^2 + \frac{8}{3} + 2 \times \frac{2\sqrt{6}}{3} \times \frac{\sqrt{6}}{6}x = 5$

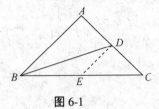

图 6-1

解得 $x = 1$，$x = -\frac{7}{3}$（舍去）

$\therefore BC = 2.$

$\therefore AC^2 = AB^2 + BC^2 - 2AB \cdot BC\cos B = \frac{28}{3}$

即 $AC = \frac{2\sqrt{21}}{3}$

又 $\because \sin B = \frac{\sqrt{30}}{6}$，$\therefore \frac{2}{\sin A} = \frac{\frac{2\sqrt{21}}{3}}{\frac{\sqrt{30}}{6}}$

$\therefore \sin A = \frac{\sqrt{70}}{14}$

点评：本题主要考查正弦定理、余弦定理的应用，同时考查考生的运算能力。

例 2 设函数 $f(x) = \boldsymbol{a} \cdot (\boldsymbol{b} + \boldsymbol{c})$，其中向量 $\boldsymbol{a} = (\sin x, -\cos x), \boldsymbol{b} = (\sin x, -3\cos x), \boldsymbol{c} = (-\cos x, \sin x), x \in \mathbf{R}$.

（1）求函数 $f(x)$ 的最大值和最小正周期；

（2）将函数 $y = f(x)$ 的图象按向量 $\boldsymbol{d}$ 平移，使平移后得到的图象关于坐标原点成中心对称，求长度最小的 $\boldsymbol{d}$。

解析：（1）由题意，得

$f(x) = \boldsymbol{a} \cdot (\boldsymbol{b} + \boldsymbol{c})$

$= (\sin x, -\cos x) \cdot (\sin x - \cos x, \sin x - 3\cos x)$

$$= \sin^2 x - 2\sin x\cos x + 3\cos^2 x$$
$$= 2 + \cos 2x - \sin 2x$$
$$= 2 + \sqrt{2}\sin(2x + \frac{3\pi}{4})$$

故 $f(x)$ 的最大值为 $2+\sqrt{2}$，最小正周期为 $\frac{2\pi}{2} = \pi$。

（2）由 $\sin(2x + \frac{3\pi}{4}) = 0$，得 $2x + \frac{3\pi}{4} = k\pi$，即 $x = \frac{k\pi}{2} - \frac{3\pi}{8}, (k \in \mathbf{Z})$

于是 $\boldsymbol{d} = (\frac{3\pi}{8} - \frac{k\pi}{2}, -2)$.

$\therefore |\boldsymbol{d}| = \sqrt{(\frac{k\pi}{2} - \frac{3\pi}{8})^2 + 4} (k \in \mathbf{Z})$

因为 k 为整数，要使 $|\boldsymbol{d}|$ 最小，则只有 $k=1$，此时 $\boldsymbol{d} = (-\frac{\pi}{8}, -2)$ 即为所求。

点评：本题主要考查向量的乘法及三角函数最值的应用。

6.1.4 不等式

不等式是高中数学的重要内容之一。在高考试题中，对不等式内容的考查包括不等式的性质、解简单的不等式以及均值定理的应用等。对不等式性质的考查突出体现在对基础知识的考查，同时也体现出对相应思想方法的考查。以选择题、填空题形式考查解不等式时，不仅仅考查经常使用的同解变形的代数方法，也重点考查数形结合的思想以及特殊化的思想。对使用均值定理求最值的考查，由于学习了导数的应用，考查要求有所降低，突出常规方法，淡化特殊技巧。在解答题中，一般是解不等式或证明不等式。不等式的证明与应用常与其他知识相综合，尤其是理科试卷，属于在知识网络的交汇处设计的试题，有一定的综合性和难度，突出体现对理性思维的考查。不等式的应用往往以取值范围的设问方式呈现，通过相关知识，转化为不等式或不等式组的问题，并且往往含有参数，也有一定的综合性难度。

例 1 已知函数 $f(x) = \frac{1+x}{1-x}\mathrm{e}^{-ax}$

（1）设 $a > 0$，讨论 $y = f(x)$ 的单调性；

（2）若对任意 $x \in (0,1)$ 恒有 $f(x) > 1$，求 a 的取值范围。

解：（1） $f(x)$ 的定义域为 $(-\infty,1)\cup(1,+\infty)$.

对 $f(x)$ 求导数得： $f'(x)=\dfrac{ax^2+2-a}{(1-x)^2}e^{-ax}$

① 当 $0<a<2$ 时， $f'(x)>0$，$f(x)$ 在 $(-\infty,1)$ 和 $(1,+\infty)$ 上为增函数；

② 当 $a=2$ 时， $f'(x)=\dfrac{2x^2}{(1-x)^2}e^{-2x}$

∴ $f'(x)$ 在 $(-\infty,0),(0,1)$ 和 $(1,+\infty)$ 上均大于 0，且在 $x=0$ 处连续。

∴ $f(x)$ 在 $(-\infty,1)$ 和 $(1,+\infty)$ 上为增函数；

③ 当 $a>2$ 时，令 $f'(x)=0$，

解得 $x_1=-\sqrt{\dfrac{a-2}{a}}, x_2=\sqrt{\dfrac{a-2}{a}}$

当 x 变化时， $f'(x)$ 和 $f(x)$ 的变化情况如下表：

x	$(-\infty,-\sqrt{\dfrac{a-2}{a}})$	$(-\sqrt{\dfrac{a-2}{a}},\sqrt{\dfrac{a-2}{a}})$	$(\sqrt{\dfrac{a-2}{a}},1)$	$(1,+\infty)$
$f'(x)$	+	−	+	+
$f(x)$	↗	↘	↗	↗

$f(x)$ 在 $(-\infty,-\sqrt{\dfrac{a-2}{a}})$ ，$(\sqrt{\dfrac{a-2}{a}},1)$ ，$(1,+\infty)$ 上为增函数，在 $(-\sqrt{\dfrac{a-2}{a}},\sqrt{\dfrac{a-2}{a}})$ 上为减函数。

（2）① 当 $0<a\leqslant 2$ 时，由（1）知，对任意 $x\in(0,1)$ 恒有 $f(x)>f(0)=1$.

② 当 $a>2$ 时，任取 $x_0=\dfrac{1}{2}\sqrt{\dfrac{a-2}{a}}\in(0,1)$，

则由（1）知 $f(x_0)<f(0)=1$，这种情况排除。

③当 $a \leqslant 0$ 时，对任意 $x \in (0,1)$，恒有 $\dfrac{1+x}{1-x} > 1$ 且 $e^{-ax} \geqslant 1$，得

$$f(x) = \dfrac{1+x}{1-x} e^{-ax} \geqslant \dfrac{1+x}{1-x} > 1$$

综上，当且仅当 $a \in (-\infty, 2]$ 时，对任意 $x \in (0,1)$ 恒有 $f(x) > 1$。

点评：本题通过不等式主要考查导数的应用及分类讨论的思想。

例2 已知函数 $f(x) = -x^2 + 8x$，$g(x) = 6\ln x + m$

(1) 求 $f(x)$ 在区间 $[t, t+1]$ 上的最大值 $h(t)$；

(2) 是否存在实数 m，使得 $y = f(x)$ 的图象与 $y = g(x)$ 的图象有且只有三个不同的交点？若存在，求出 m 的取值范围；若不存在，说明理由。

解析：(1) $f(x) = -x^2 + 8x = -(x-4)^2 + 16$

当 $t+1 < 4$，即 $t < 3$ 时，$f(x)$ 在 $[t, t+1]$ 上单调递增，

$$\begin{aligned} h(t) &= f(t+1) = -(t+1)^2 + 8(t+1) \\ &= -t^2 + 6t + 7 \end{aligned}$$

当 $t \leqslant 4 \leqslant t+1$，即 $3 \leqslant t \leqslant 4$ 时，$h(t) = f(4) = 16$；

当 $t > 4$ 时，$f(x)$ 在 $[t, t+1]$ 上单调递减，$h(t) = f(t) = -t^2 + 8t$。

综上，$h(t) = \begin{cases} -t^2 + 6t + 7 & t < 3 \\ 16 & 3 \leqslant t \leqslant 4 \\ -t^2 + 8t & t > 4 \end{cases}$

(2) 函数 $y = f(x)$ 的图象与 $y = g(x)$ 的图象有且只有三个不同的交点，即函数 $\varphi(x) = g(x) - f(x)$ 的图象与 x 轴的正半轴有且只有三个不同的交点。

$\because \varphi(x) = x^2 - 8x + 6\ln x + m$

$\therefore \varphi'(x) = 2x - 8 + \dfrac{6}{x}$

$\qquad = \dfrac{2x^2 - 8x + 6}{x}$

$\qquad = \dfrac{2(x-1)(x-3)}{x} (x > 0)$

当 $x \in (0,1)$ 时，$\varphi'(x) > 0$，$\varphi(x)$ 是增函数；

当 $x \in (1,3)$ 时，$\varphi'(x) < 0$，$\varphi(x)$ 是减函数；

当 $x \in (3, +\infty)$ 时，$\varphi'(x) > 0$，$\varphi(x)$ 是增函数；

∴ 当 $x = 1, x = 3$ 时，$\varphi'(x) = 0$，

∴ $\varphi(x)$ 的极大值 $= \varphi(1) = m - 7$

$\varphi(x)$ 的极小值 $= \varphi(3) = m + 6\ln 3 - 15$

∵ 当 x 充分接近 0 时，$\varphi'(x) < 0$，当 x 充分大时，$\varphi(x) > 0$

∴ 要使 $\varphi(x)$ 的图象与 x 轴正半轴有三个不同的交点，必须且只须

$$\begin{cases} \varphi(x) \text{的极大值} = m - 7 > 0, \\ \varphi(x) \text{的极小值} = m + 6\ln 3 - 15 < 0 \end{cases}$$

即 $7 < m < 15 - 6\ln 3$。

所以存在实数 m，使得函数 $y = f(x)$ 与 $y = g(x)$ 的图象有且只有三个不同的交点，m 的取值范围为（7, 15-6ln3）。

点评：本小题主要考查函数的单调性、极值、最值等基本知识，考查运用导数研究函数性质的方法，考查函数与方程、数形结合、分类与整合等数学思想方法和分析问题。

6.1.5 立体几何

高考试卷中对空间想象能力的考查集中体现在立体几何试题上。由于在 B 版教材中增加了空间向量，从而开拓了解决立体几何问题的空间，也拓展了高考命题的思路。

近年高考中，立体几何解答题的命制仍将采用"一题两法"的模式，即传统解法和向量解法。无论使用 A、B 哪种教材的考生，对同一个试题都能解答。使用传统方法的考生，重点考查识图、画图、添加辅助线等形式表现出来的空间想象能力，以及使用演绎法进行逻辑推理的思维能力；使用空间向量法的考生，则重点考查如何合理地建立空间直角坐标系，如何将空间图形中的几何量用空间向量的坐标来表示，如何进行空间向量的运算以达到证明和求解的目的。

例 在直三棱柱 ABC-$A_1B_1C_1$ 中，如图 6-2，$AA_1=2$，$AC=BC=1$，$\angle ACB=90°$，点 E 是 AB 的中点，点 F 在侧棱 BB_1 上且 $EF \perp CA_1$。

（1）求二面角 C-A_1F-E 的大小；

（2）求点 E 到平面 CA_1F 的距离。

解法一：（1）过 E 作 $EG \perp FA_1$，垂足为 G，连结 CG，在直三棱柱 ABC—$A_1B_1C_1$ 中，面 $A_1B \perp ABC$，又 $AC=BC$，E 为 AB 中点。

$\therefore CE \perp AB$，$\therefore CE \perp$ 面 A_1B

又 $EG \perp FA_1$，$\therefore CG \perp A_1F$

$\therefore \angle CGE$ 为二面角 C-A_1F-E 的平面角。

又 $\because CE \perp$ 面 A_1B，$\therefore CE \perp EF$

而 $EF \perp CA_1$，$EF \perp$ 面 A_1CE

$\therefore EF \perp A_1E$，$\therefore \triangle A_1AE \sim \triangle EBF$

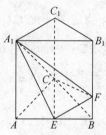

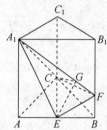

图 6-2

$$\therefore BF = \frac{AE}{AA_1} \cdot BE = \frac{\frac{\sqrt{2}}{2}}{2} \times \frac{\sqrt{2}}{2} = \frac{1}{4}$$

在 Rt$\triangle A_1AE$ 中，

$$A_1E = \sqrt{A_1A^2 + AE^2} = \sqrt{2^2 + (\frac{\sqrt{2}}{2})^2} = \frac{3\sqrt{2}}{2}$$

在 Rt$\triangle EBF$ 中，

$$EF = \sqrt{BE^2 + BF^2} = \sqrt{(\frac{\sqrt{2}}{2})^2 + (\frac{1}{4})^2} = \frac{3}{4}$$

$$\therefore A_1F = \sqrt{A_1E^2 + EF^2} = \frac{9}{4}$$

$$\therefore EG = \frac{A_1E \cdot EF}{A_1F} = \frac{\frac{3\sqrt{2}}{2} \times \frac{3}{4}}{\frac{9}{4}} = \frac{\sqrt{2}}{2}$$

又 $\because CE = \frac{\sqrt{2}}{2}$，$\therefore \tan \angle CGE = \frac{EC}{EG} = 1$

$\therefore \angle CGE = 45°$

$\therefore$ 二面角 C-A_1F-E 的大小为 $45°$。

（2）设顶点 E 到平面 A_1CF 的距离为 d，由（1）知 $CG=1$，$CE \perp$ 面 A_1B，$A_1E \perp EF$，

$$\therefore V_{C-A_1EF} = V_{E-A_1CF}.$$

$$\therefore \frac{1}{3}CE \cdot \frac{1}{2}A_1E \cdot EF = \frac{1}{3} \times \frac{1}{2} \times CG \cdot A_1F \cdot d$$

∴ $d = \dfrac{1}{2}$.

∴ 点 E 到平面 CA_1F 的距离为 $\dfrac{1}{2}$。

解法二：（1）如图 6-3，分别以 CA、CB、CC_1 为 x 轴、y 轴、z 轴建立空间直角坐标系，并设 $BF = x$，则 $C(0, 0, 0)$，$A(1, 0, 0)$，$B(0, 1, 0)$，$E(\dfrac{1}{2}, \dfrac{1}{2}, 0)$，$F(0, 1, x)$，$A_1(1, 0, 2)$，则 $\overrightarrow{EF} = (-\dfrac{1}{2}, \dfrac{1}{2}, x)$，$\overrightarrow{CA_1} = (1, 0, 2)$

∵ $EF \perp CA_1$，∴ $\overrightarrow{EF} \cdot \overrightarrow{CA_1} = 0$

∴ $-\dfrac{1}{2} \times 1 + \dfrac{1}{2} \times 0 + 2x = 0$，∴ $x = \dfrac{1}{4}$.

设向量 $\boldsymbol{n} = (x, y, z)$ 为平面 A_1CF 的法向量，

则 $\boldsymbol{n} \cdot \overrightarrow{CA_1} = 0$，$\boldsymbol{n} \cdot \overrightarrow{CF} = 0$

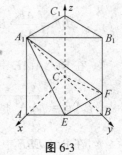

图 6-3

又∵ $\overrightarrow{CA_1} = (1, 0, 2)$，$\overrightarrow{CF} = (0, 1, \dfrac{1}{4})$

∴ $\begin{cases} x + 2z = 0 \\ y + \dfrac{1}{4}z = 0 \end{cases}$ 令 $x = 2$，则 $z = -1$，$y = \dfrac{1}{4}$

∴ $\boldsymbol{n} = (2, \dfrac{1}{4}, -1)$.

由题意，$CA = CB$，E 为 AB 的中点，所以 $CE \perp AB$。

又三棱柱 $ABC\text{-}A_1B_1C_1$ 为直三棱柱，

∴ $CE \perp$ 面 A_1EF，

∴ $\overrightarrow{CE} = (\dfrac{1}{2}, \dfrac{1}{2}, 0)$ 为平面 A_1EF 的法向量。

∴ $\cos \langle \boldsymbol{n}, \overrightarrow{CE} \rangle = \dfrac{\boldsymbol{n} \cdot \overrightarrow{CE}}{|\boldsymbol{n}||\overrightarrow{CE}|} = \dfrac{\dfrac{9}{8}}{\dfrac{9}{4} \times \dfrac{\sqrt{2}}{2}} = \dfrac{1}{2}$

∴ $\langle \boldsymbol{n}, \overrightarrow{CE} \rangle = 45°$，即二面角 $C\text{-}A_1F\text{-}E$ 为 $45°$。

（2）向量 $\overrightarrow{CE}$ 在平面 A_1CF 的法向量 $\boldsymbol{n}$ 上的投影长即为点 E 到平面 A_1CF 的

距离。

∴ 点 E 到平面 A_1CF 的距离为 $\dfrac{1}{2}$。

点评：本题主要考查向量在立体几何中的应用，使几何问题代数化。

6.1.6 解析几何

由于新教材中增加了平面向量的内容，而平面向量可以用坐标表示。因此，以坐标为桥梁，使向量的有关运算与解析几何的坐标运算产生了联系，因而可以以向量及其有关运算为工具来研究解析几何中的有关问题，主要是直线的平行、垂直、点的共线、定比分点以及平移等。由此，给高考中解析几何试题的命制开拓了新的思路，为实现在知识网络的交汇处设计试题提供了良好的素材。

高考中着重考查解析几何中的基本教学思想及利用代数的方法研究几何问题的基本特点和性质。因此，在解题的过程中，计算占了很大的比例，对运算能力有较高的要求。但计算要根据题目中曲线的特点和相互之间的关系进行，所以曲线的定义和性质是解题的基础，而在计算过程中，要根据题目的要求，利用曲线性质将计算简化，或将某一个"因式"作为一个整体处理，这样就可大大简化计算。这其中体现的是"模块"的思想，也就是换元法。

例1 椭圆的两焦点分别为 $F_1(0, -1)$、$F_2(0, 1)$，直线 $y = 4$ 是椭圆的一条准线，设点 P 在椭圆上，且 $||\overrightarrow{PF_1}| - |\overrightarrow{PF_2}|| = m \geq 1$，$\dfrac{\overrightarrow{PF_1} \cdot \overrightarrow{PF_2}}{|\overrightarrow{PF_1}| - |\overrightarrow{PF_2}|}$ 的最大值和最小值分别是：（　　）

A. $\dfrac{9}{4}, \dfrac{3}{2}$ B. $\dfrac{2}{3}, \dfrac{4}{9}$ C. $\dfrac{9}{2}, \dfrac{3}{4}$ D. $\dfrac{4}{3}, \dfrac{2}{9}$

分析：解答本题的入手点是写出椭圆的标准方程，依题意，设椭圆的方程 $\dfrac{x^2}{a^2} + \dfrac{y^2}{b^2} = 1(a > b > 0)$

则由 $\begin{cases} c = 1 \\ \dfrac{a^2}{c} = 4 \end{cases}$ ∴ $a = 2, b = \sqrt{3}$

∴ 椭圆方程为：$\dfrac{x^2}{4} + \dfrac{y^2}{3} = 1$

因为点 P 在椭圆上，故 $|\overrightarrow{PF_1}| + |\overrightarrow{PF_2}| = 4$，$||\overrightarrow{PF_1}| - |\overrightarrow{PF_2}|| = m$

$|\overrightarrow{PF_1}|=\dfrac{4+m}{2}$, $|\overrightarrow{PF_2}|=\dfrac{4-m}{2}$

$\overrightarrow{PF_1}\cdot\overrightarrow{PF_2}=|\overrightarrow{PF_1}||\overrightarrow{PF_2}|\cos\angle F_1PF_2$

$=|\overrightarrow{PF_1}||\overrightarrow{PF_2}|\cdot\dfrac{|\overrightarrow{PF_1}|^2+|\overrightarrow{PF_2}|^2-|\overrightarrow{F_1F_2}|^2}{2|\overrightarrow{PF_1}|\cdot|\overrightarrow{PF_2}|}=\dfrac{m^2+8}{4}$

$\therefore \dfrac{|\overrightarrow{PF_1}|\cdot|\overrightarrow{PF_2}|}{|\overrightarrow{PF_1}|-|\overrightarrow{PF_2}|}=\dfrac{1}{4}(m+\dfrac{8}{m})$

由平面几何知识得 $|\overrightarrow{PF_1}|-|\overrightarrow{PF_2}|\leqslant|\overrightarrow{F_1F_2}|$，$m\leqslant 2$，$\therefore m\in[1,2]$

令 $f(x)=x+\dfrac{8}{x},x\in[1,2]$

$\therefore f'(x)=1-\dfrac{8}{x^2}<0$

$\therefore$ 函数 $f(x)$ 在 $[1,2]$ 上是单调递减的，从而当 $m=1$ 时，原式取得最大值 $\dfrac{9}{4}$，当 $m=2$ 时，原式取得最小值 $\dfrac{3}{2}$，故选 A。

例 2 已知 O 为坐标原点，点 E、F 的坐标分别为 $(-1,0)$ 和 $(1,0)$，点 A、P、Q 运动时满足 $|\overrightarrow{AE}|=2|\overrightarrow{EF}|$，$\overrightarrow{AQ}=\overrightarrow{QF}$，$\overrightarrow{PQ}\cdot\overrightarrow{AF}=0$，$\overrightarrow{AP}//\overrightarrow{EP}$。

（1）求动点 P 的轨迹 C 的方程；

（2）设 M、N 是 C 上两点，若 $\overrightarrow{OM}+2\overrightarrow{ON}=3\overrightarrow{OE}$，求直线 MN 的方程。

解析：（1）$\because \overrightarrow{AQ}=\overrightarrow{QF}$，$\therefore Q$ 为 AF 的中点. $\because \overrightarrow{PQ}\cdot\overrightarrow{AF}=0$

$\therefore PQ\perp AF$，PQ 为 AF 的垂直平分线。

$\therefore |\overrightarrow{PA}|=|\overrightarrow{PF}|$

$\because \overrightarrow{AP}//\overrightarrow{PE}$，则 A、E、P 三点共线。

$\therefore P$ 为 AF 的垂直平分线与 AE 的交点。

$\therefore |\overrightarrow{PE}|+|\overrightarrow{PF}|=|\overrightarrow{PE}|+|\overrightarrow{PA}|=|\overrightarrow{AE}|=2|\overrightarrow{EF}|=4$

∴ 点 P 的轨迹为椭圆，且 $2a = 4$，$c = 1$
∴ $a^2 = 4$，$b^2 = 3$
∴ 所求椭圆方程为 $\dfrac{x^2}{4} + \dfrac{y^2}{3} = 1$.

（2）设两点的坐标为 $M(x_1, y_1)$，$N(x_2, y_2)$，则

$3x_1^2 + 4y_1^2 = 12$

由已知 $\overrightarrow{OM} + 2\overrightarrow{ON} = 3\overrightarrow{OE}$，可得

$x_1 + 2x_2 = -3$

$y_1 + 2y_2 = 0$

由上四式可组成方程组：

$$\begin{cases} 3x_1^2 + 4y_1^2 = 12 \\ 3x_2^2 + 4y_2^2 = 12 \\ x_1 + 2x_2 = -3 \\ y_1 + 2y_2 = 0 \end{cases} \Longleftrightarrow \begin{cases} 3x_1^2 + 4y_1^2 = 12 & \text{①} \\ 3x_2^2 + 4y_2^2 = 12 & \text{②} \\ x_1 = -2x_2 - 3 & \text{③} \\ y_1 = -2y_2 & \text{④} \end{cases}$$

把③④代入①得

$27 + 36x_2 + 12x_2^2 + 16y_2^2 = 12 \quad\quad$ ⑤

⑤−②×4 得 $x_2 = -\dfrac{7}{4}$

代入②得 $y_2 = \pm\dfrac{3\sqrt{5}}{8}$

直线 MN 与 x 轴显然不垂直。

∴ 所求直线 MN 的斜率为：

$k = \dfrac{y_2 - y_1}{x_2 - x_1} = \dfrac{3y_2}{3 + 3x_2} = \dfrac{y_2}{1 + x_2} = \pm\dfrac{\sqrt{5}}{2}$

又 $2(\overrightarrow{ON} - \overrightarrow{PM}) = 3(\overrightarrow{OE} - \overrightarrow{OM})$，则可知直线 MN 过 E 点，

∴ 直线 MN 的方程为 $y = \pm\dfrac{\sqrt{5}}{2}(x + 1)$。

点评：本题集中体现了方程的思想以及解析几何的方法：消元的方法、整体代入的方法。

6.1.7 概率与统计

概率与统计这部分在高考中占据十分重要的地位，它的应用性较强，因而每年高考必有一道大题。由于文、理科对此内容要求不同，高考所考查的重点也不同：文科重点考查随机事件的概率、独立事件的概率以及独立重复试验恰好发生 k 次的概率；而理科试题则在这几种事件的基础上侧重考查离散型随机变量的分布列及其期望与方差的应用。

由于中学数学中所学习的概率与统计内容是这一数学分支中最基础的内容，考虑到教学实际和学生的生活实际，高考对部分内容的考查将贴近考生生活，注重考查基础知识和基本方法。

例 1 有 n 个不同的小球随机地投入 N（$N \geq n$）个盒子中，假定每个盒子能容纳小球的个数不限，求下列事件的概率。

(1) $A =$ "指定的 n 个盒子中各有一个小球"；
(2) $B =$ "任意 n 个盒子中各有一个小球"；
(3) $C =$ "指定的一个盒中恰有 m（$m \leq n$）个小球"；
(4) $D =$ "有一个盒子中恰有 m（$m \leq n$）个小球"。

解析：每一个小球可以投入 N 个盒子中的任一个盒子，共有 N 种不同的方法，故 n 个小球投入 N 个盒子应有 N^n 种不同的方法，所以基本事件的总数为 N^n。

(1) A 包含的基本事件数，相当于 n 个小球在指定的 n 个盒子中进行全排列，总数为 $n!$，所以 $P(A) = \dfrac{n!}{N^n}$。

(2) n 个盒子可任选，共有 C_N^n 种选法，故 B 包含的基本事件数为 $C_N^n n!$，故

$$P(B) = \frac{C_N^n n!}{N^n} = \frac{N!}{N^n (N-n)!}$$

(3) 在指定的一个盒子中恰有 m 个小球，共有 C_n^m 种选法，余下 $n-m$ 个小球可以任意放在 $N-1$ 个盒子中，共有 $(N-1)^{n-m}$ 种不同放法，因而事件 C 包含的基本事件数为 $C_n^m (N-1)^{n-m}$，所以

$$P(C) = \frac{C_n^m (N-1)^{n-m}}{N^n} = C_n^m \left(\frac{1}{N}\right)^m \left(1 - \frac{1}{N}\right)^{n-m}$$

(4) 盒子有 N 种选法，故事件 D 包含的基本事件数为 $N C_n^m (N-1)^{n-m}$，故

$$P(D) = \frac{N C_n^m (N-1)^{n-m}}{N^n} = C_n^m \left(\frac{1}{N}\right)^{m-1} \left(1 - \frac{1}{N}\right)^{n-m}$$

点评：本题主要考查随机事件在指定条件下发生的概率。

例2 有三个盒子，第一个盒装有 4 个红球 1 个黑球，第二个盒子装有 3 个红球 2 个黑球，第三个盒子装有 2 个红球 3 个黑球，如果任取一盒，从中任取 3 个球，以 ξ 表示取到的红球个数。

（1）写出ξ的概率分布列；

（2）求$E\xi$，$D\xi$；

（3）求所取到的红球个数不少于2的概率。

解析：（1）ξ的可能值为 0，1，2，3，则

$$P(\xi = 0) = \frac{1}{3} \times \frac{C_3^3}{C_5^3} = \frac{1}{30},$$

$$P(\xi = 1) = \frac{1}{3} \cdot \frac{C_3^1 C_2^2}{C_5^3} + \frac{1}{3} \cdot \frac{C_2^1 C_3^2}{C_5^3} = \frac{9}{30},$$

$$P(\xi = 2) = \frac{1}{3} \cdot \frac{C_4^2 C_1^1}{C_5^3} + \frac{1}{3} \cdot \frac{C_3^2 C_2^1}{C_5^3} + \frac{1}{3} \cdot \frac{C_2^2 C_3^1}{C_5^3} = \frac{15}{30},$$

$$P(\xi = 3) = \frac{1}{3} \cdot \frac{C_4^3}{C_5^3} + \frac{1}{3} \cdot \frac{C_3^3}{C_5^3} = \frac{5}{30}$$

∴ ξ的概率分布列为：

ξ	0	1	2	3
P	$\frac{1}{30}$	$\frac{9}{30}$	$\frac{15}{30}$	$\frac{5}{30}$

（2）$E\xi = 0 \times \frac{1}{30} + 1 \times \frac{9}{30} + 2 \times \frac{15}{30} + 3 \times \frac{5}{30} = 1.8$，

$D\xi = (0-1.8)^2 \times \frac{1}{30} + (1-1.8)^2 \times \frac{9}{30} + (2-1.8)^2 \times \frac{15}{30} + (3-1.8)^2 \times \frac{5}{30} = 0.56$

（3）$P(\xi \geq 2) = P(\xi = 2) + P(\xi = 3) = \frac{15}{30} + \frac{5}{30} = \frac{2}{3}$

点评：本题本题主要考查随机事件发生的概率、数学期望和方差。

6.2 对数学思想与数学方法的考查

6.2.1 函数与方程的思想

函数与方程、不等式是通过函数值等于零、大于零或小于零而相互关联的，它们之间既有区别又有联系。函数与方程的思想，既是函数思想与方程思想的体现，也是两种思想综合运用的体现，是研究变量与函数，相等与不等过程中的数学思想。

高考中把函数与方程的思想作为七种思想方法的重点来考查，并使用选择题和填空题考查函数与方程思想的基本运算，而在解答题中，则从更深的层次，在知识网络的交汇处，从思想方法与相关能力综合的角度进行深入考查。

例 若动点 (x, y) 在曲线 $\dfrac{x^2}{4}+\dfrac{y^2}{b^2}=1(b>0)$ 上变化，则 x^2+2y 的最大值为（　　）

A. $\begin{cases}\dfrac{b^2}{4}+4(0<b<4)\\ 2b \quad (b\geqslant 4)\end{cases}$　　　　B. $\begin{cases}\dfrac{b^2}{4}+4(0<b<2)\\ 2b \quad (b\geqslant 2)\end{cases}$

C. $\dfrac{b^2}{4}+4$　　　　D. $2b$

分析：设 $x=2\cos\theta, y=b\sin\theta$，则

$$x^2+2y=4\cos^2\theta+2b\sin\theta$$
$$=-4\sin^2\theta+2b\sin\theta+4$$
$$=-4(\sin\theta-\dfrac{b}{4})^2+\dfrac{b^2}{4}+4$$

∵ $-1\leqslant \sin\theta\leqslant 1$

∴ 当 $0<b<4$ 时，$\sin\theta=\dfrac{b}{4}$ 时 x^2+2y 取得最大值。

$$(x^2+2y)_{\max}=\dfrac{b^2}{4}+4$$

当 $b\geqslant 4$ 时，$\sin\theta=1$ 时 x^2+2y 取得最大值，

$(x^2+2y)_{max}=2b$,故选 A。

点评：本题本题主要考查利用三角换元求最值。

6.2.2 数形结合的思想

数学研究的对象是数量关系和空间形式，即"数"与"形"两个方面，在解决数学问题的过程中"数"与"形"相互转化的研究策略，即是数形结合的思想，在使用过程中，由"形"到"数"的转化，往往比较明显，而由"数"到"形"却需要转化的意识，因此，数形结合思想的使用往往偏重于解决由"数"到"形"的转化。

在高考中，充分利用选择题和填空题的题型特点（这两类题型只需写出结果而无需写出解答过程），突出考查考生将复杂的数量关系问题转化为直观的几何图形问题来解决问题的能力，而在解答题中，考虑到推理论证的严密性，对数量关系问题的研究将突出代数的方法而不提倡使用几何的方法，故解答题中对数形结合思想的考查以"形"到"数"的转化为主。

例 1 已知变量 x,y 满足约束条件：
$\begin{cases} 1 \leqslant x+y \leqslant 4 \\ -2 \leqslant x-y \leqslant 2 \end{cases}$，若目标函数 $z=ax+y(a>0)$ 仅在点

(3,1)处取得最大值，则 a 的取值范围为_____。

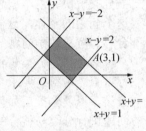

图 6-4

分析：由约束条件画出可行域，如图 6-4 所示，观察图形可知要使目标函数仅在(3,1)处取得最大值，则 $a>1$。

例 2 某公司招收男职员 x 名，女职员 y 名，x 和 y 需满足约束条件。
$5x-11y \geqslant -22$,
$2x+3y \geqslant 9$,
$2x \leqslant 11$,
则 $z=10x+10y$ 的最大值是（　　）
A．80　　　　　B．85　　　　　C．90　　　　　D．95

分析：先画出满足约束条件的可行域，如图 6-5 阴影部分所示，由
$\begin{cases} 5x-11y=-22 \\ 2x=11 \end{cases}$,

解得 $\begin{cases} x = 5.5, \\ y = 4.5. \end{cases}$

但 $x \in \mathbf{N}^*, y \in \mathbf{N}^*$，结合图知当 $x = 5, y = 4$ 时，$z_{\max} = 90$，故选 C。

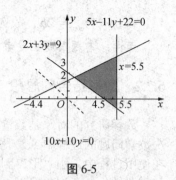

图 6-5

点评：简单线性规划问题是新增内容，解答时必须画出几条直线所围成的平面区域，再研究目标函数所确定的直线系与所画平面区域的关系，再解方程组求交点坐标，代入目标函数求值。这一系列的过程既有由"数"到"形"，也有由"形"到"数"，体现出了"数"与"形"之间的互相关系，这就是新增内容中重点考查数形结合思想的体现。

6.2.3 分类与整合的思想

"分"与"合"既是矛盾的对立面，又是矛盾的统一体。有"分"必然有"合"，当分类解决完这个问题之后，还必须把它们整合到一起，因为我们研究的毕竟是这个问题的全体，这样，有"分"有"合"，先"分"后"合"，不仅是分类与整合思想解决数学问题的主要过程，也是分类与整合思想的本质属性。

高考将对分类与整合思想的考查放在了比较重要的位置，并以解答题为主进行考查。考查时要求考生理解什么样的问题需要分类研究，为什么要分类，如何分类，以及分类后如何研究，最后如何整合。考查中经常对含有字母参数的数学问题进行分类与整合的研究，由此重点考查考生思维的严谨性与周密性。

例 从数字 1，2，3，4，5 中，随机抽取 3 个数字（允许重复）组成一个三位数，其各位数字之和等于 9 的概率为（   ）

A. $\dfrac{13}{125}$ B. $\dfrac{16}{125}$ C. $\dfrac{18}{125}$ D. $\dfrac{19}{125}$

分析：本题是一个求等可能事件概率的问题，可以使用公式：

$P(A) = \dfrac{card(A)}{card(I)} = \dfrac{m}{n}$ 来计算，在本题中 n 由 1，2，3，4，5 中任意抽取 3 个数字（允许重复）组成的所有三位数的个数，而 m 则是在这些三位数中，各位数字之和等于 9 的三位数的个数。

由乘法原理可以得到 $n = 5 \times 5 \times 5 = 125$。

而要想求 m，则需要对"各位数字之和等于 9"这个事件进行划分。由题意，可以划分为以下5种情况,并且只有这5种。

$1+3+5=9$,此时可组成 $A_3^3=6$ 个三位数,
$2+3+4=9$,此时可组成 $A_3^3=6$ 个三位数,
$2+2+5=9$,此时可组成3个三位数,
$4+4+1=9$,此时可组成3个三位数,
$3+3+3=9$,此时只能组成1个三位数。

再由加法原理,可得 $m=6+6+3+3+1=19$,所以 $P(A)=\dfrac{19}{125}$。故选 D。

点评:与排列、组合有关的计数问题离不开划分,或分步,或分类,其中所体现的数学思想方法正是分类与整合的思想。等可能事件的概率问题,往往转化成求排列、组合数的问题,也同样体现出分类与整合的思想。在解本例中,m 与 n 的关系是部分与整体的关系,是"分"与"整"思想的第一次体现。而在求 m 的具体数值时,又进行了划分,共分5种不同情况进行研究,这就是所谓的"分类"。当把这5种情况研究完之后,还要把它们合在一起才能求得 m 的值,这就是所谓的"整合"。"分类"与"整合"是研究过程的两个不同方向,但却是辨证的统一。

6.2.4 转化与化归的思想

所谓转化与化归的思想是指在研究解决数学问题时采用某种手段将问题通过变换使之转化,进而使问题得到解决的一种解题策略,一般情况下,总是将复杂的问题化归为简单的问题,将较难的问题转化为较容易求解的问题,将未解决的问题化归为已解决的问题等等。

高考中十分重视对转化与化归思想的考查,要求考生熟悉数学变换的思想,有意识地运用数学变换的方法去灵活解决有关的数学问题。高考中重点考查一些常用的变换方法,如一般与特殊的转化,繁与简的转化,构造转化,命题的等价转化,等等。

例 设函数 $f(x)(x\in \mathbf{R})$ 为奇函数,$f(1)=\dfrac{1}{2}, f(x+2)=f(x)+f(2)$,则 $f(5)=$ ( )

A. 0   B. 1   C. $\dfrac{5}{2}$ D. 5

分析:本题属于求函数值的问题,题目的已知条件中并没有给出函数的解析式,而是给出了函数的两条性质和 $x=1$ 的函数值,分析后不难看出,要想求出 $f(5)$

的值，必须利用所给的两条性质进行转化，最终利用 $f(1)=\dfrac{1}{2}$ 求值。

$$f(5)=f(3+2)=f(3)+f(2)=f(1+2)+f(2)=f(1)+2f(2)$$

又 $\because$ $f(x)$ 是 **R** 上的奇函数，

则 $f(-1)=-f(1)$，

又 $\because$ $f(-1+2)=f(-1)+f(2)$，

$\therefore f(1)=-f(1)+f(2)$

$\therefore f(2)=2f(1)=1$

$\therefore f(5)=\dfrac{1}{2}+2=\dfrac{5}{2}$

故选 C。

点评：本题以求函数值为素材，重点考查化归与转化的思想，利用函数的两条性质，沟通已知与未知的关系，将未知转化成已知进行求解。在转化的过程中，本题又体现出特殊与一般，具体与抽象之间的相互转化，使多种数学思想方法交织、融汇在一起，由此体现出对运算能力和思维能力的考查。

6.2.5 特殊与一般的思想

在高考中，会有意设计一些能集中体现特殊与一般思想的试题。曾出现过用一般归纳法进行猜想的试题、由平面到立体、由特殊到一般进行类比猜想的试题。这些题目主要以选择题的形式出现，通过构造特殊函数、特殊数列，寻找特殊点，确定特殊位置，利用特殊值，特殊方程等，研究解决一般问题、抽象问题、运动变化的问题、不确定的问题等等。

例 $\triangle ABC$ 的外接圆的圆心为 O，两条边上的高的交点为 H，$\overrightarrow{OH}=m(\overrightarrow{OA}+\overrightarrow{OB}+\overrightarrow{OC})$，则实数 $m=$ _____。

分析：解法 1（特例法）：令 $\angle A=90°$，则 O 为 BC 边上的中点，H 为 A 点，此时，所给等式变为 $\overrightarrow{OA}=m(\overrightarrow{OA}+0)$，求得 $m=1$。

解法 2（一般法）：取 BC 的中点为 D，则 $\overrightarrow{OB}+\overrightarrow{OC}=2\overrightarrow{OD}$，且有 $OD\perp BC$，$AH\perp BC$，由 $\overrightarrow{OH}=m(\overrightarrow{OA}+\overrightarrow{OB}+\overrightarrow{OC})$ 可得 $\overrightarrow{OA}+\overrightarrow{AH}=m(\overrightarrow{OA}+2\overrightarrow{OD})$。

$\therefore \overrightarrow{AH}=(m-1)\overrightarrow{OA}+2m\overrightarrow{OD}$

$\therefore \overrightarrow{AH} \cdot \overrightarrow{BC} = (m-1)\overrightarrow{OA} \cdot \overrightarrow{BC} + 2m\overrightarrow{OD} \cdot \overrightarrow{BC}$

即 $0 = (m-1)\overrightarrow{OA} \cdot \overrightarrow{BC} + 0$，$\therefore m = 1$

点评：采用特殊方法巧妙解题，使复杂问题简单化。

6.2.6 有限与无限的思想

高考中对有限与无限思想的考查，往往是渗透到其他数学思想和方法中考查，例如，在使用由特殊到一般的归纳思想时，含有有限与无限的思想；在使用数学归纳法证明时，解决的是无限的问题，体现的是有限与无限的思想，等等。近年的高考必将加强对有限与无限思想的考查，设计出重点体现有限与无限思想的新颖试题。

例 已知 m，n 是正整数，则 $\lim\limits_{x \to 1} \dfrac{x^m - 1}{x^n - 1} = (\quad)$

A. 0　　　　B. 1　　　　C. $\dfrac{m}{n}$　　　　D. $\dfrac{m-1}{n-1}$

分析：$\lim\limits_{x \to 1} \dfrac{x^m - 1}{x^n - 1} =$

$= \lim\limits_{x \to 1} \dfrac{(x-1)(x^{m-1} + x^{m-2} + \cdots + x + 1)}{(x-1)(x^{n-1} + x^{n-2} + \cdots + x + 1)}$

$= \lim\limits_{x \to 1} \dfrac{x^{m-1} + x^{m-2} + \cdots + x + 1}{x^{n-1} + x^{n-2} + \cdots + x + 1}$

$= \dfrac{m}{n}$

故选 C。

点评：本题主要利用因式分解求函数极限。

6.2.7 偶然与必然的思想

高考中对概率内容的考查已放在了重要的位置。通过对等可能事件的概率、互斥事件有一个发生的概率、相互独立事件同时发生的概率、n 次独立重复试验恰好发生 k 次的概率、随机事件的分布列与数学期望等重点内容的考查，在考查基本概念与基本方法的同时，考查在解决实际应用问题中偶然与必然的辩证关系，体现偶然与必然的数学思想。

6.3　高考数学试卷命题探讨

为了有效地发挥数学考试的作用，就要设计好考试的全过程。在实施考试的诸多环节中，命题是最关键的环节。不同类型的考试有其不同的目的，无论哪种考试，都必须用试题来体现测试的目的。考试对教育、教学有着很强的反馈作用或导向作用。这也是各种类型测试中，命题的另一个重要的意义，因此，测试的命题对数学教育的正常进行与健康发展具有重大影响。

数学考试命题的依据应是教学大纲规定的教学目标和教学要求。各个阶段测试的命题，都要遵循教育和教学的客观规律。命题包括命制单题和组拼试卷两项工作。在命题中，对考查内容和考核能力的定位，对材料的选用，对题型的选择，对难度的调控，对整卷的布局等，都要有周密思考，精心设计。

数学考试的种类很多，包括检查教学效果的测验，评定成绩的日常考查，进行选拔的入学考试等等。目前在全国影响最大的是高等学校入学考试。因此，以下我们将只叙述高考数学试卷的命题。我国的高考已有近百年历史，数学试卷的形式多种多样，但是，从1980年以后按照"标准化考试"等理论，高考数学试卷形成了固定的模式，年年不变。尽管这种模式具有许多优点，被广泛认可，但是也明显具有许多缺点，如"知识点"的提法割裂知识的整体性，复盖率的要求使试卷太长，题目过多等。以下我们主要围绕当前的高考命题理论进行探讨。

6.3.1　确定试卷结构

依据测试的性质和目标，以及被试群体的实际情况进行命题，是命题的基本原则。确定试卷结构相当于绘制考试命题的设计蓝图，所以对考试命题至关重要。

（1）内容覆盖率，重点内容，各章节内容比例。根据考试的性质和不同的考试对象确定知识的覆盖率，然后根据内容覆盖率的要求选取试题。如果全卷的题目数量有一定的限制，则应多选取一些综合性试题，以考查尽量多的内容。由于各章节内容多少不同，重要程度不同，所以还要确定各章节的内容比例，保证试卷中各章节的内容比例符合规定的要求，在每一章中，要保证重点内容的考查。

（2）内容要求层次及分数分布。由于知识点的重要程度不同，所以在考查过程中对其要求的层次也不同。如在我国普通高考数学科考试中，对每项具体内容要确定其属于了解、理解、掌握、灵活运用四个层次的哪一层次，根据要求层次的规定，选取相应的试题。同时全卷中各层次试题的考查力度和考查比例。

（3）题型比例，选定本次考试拟使用的各种题型，确定各种题型试题的比例。普通高考数学科考试中选择题、填空题和解答题的比例分别为 40%、10% 和 50%。这是考虑到考试目的、学科特点，评卷工作量和评卷误差等多种因素，经综合平衡后确定的。

（4）整卷难度要求和难度结构。组拼试卷时各题目的难度不能完全相同，难度分布应有一定的梯度，按难、中、易确定合适的比例。在常模参照考试中，试卷的总体难度控制在 0.50～0.60 之间，可以使考生的成绩呈正态分布。在标准参照考试中，为精确测量考生的达标程度，全卷试题的难度应相对集中，分布在及格线或达标分数的划界点附近。

（5）考试时间及试卷满分值。要有效控制试卷长度，各题作答时间之和应小于规定的考试时间，使中等水平的考生能在规定时间内完成全卷，并有 10～15 分钟的检查时间。通常教师和学生完卷的时间是 1:2。

（6）各种题型中，同一知识范围的试题一般不超过一个，各题之间不能存在相互暗示、参照的信息。

（7）制定双向细目表。双向细目表是一种反映考查内容和考查要求的横竖两向的表格，其中一向是试题的考查内容，考查内容可分若干级列项，分级可粗可细，应结合学科的特点和测试的目的，作出科学合理的划分。项目之间，不宜交叉重复，也不能出现漏洞，各项内容的总和恰是全部的测试内容。另一向则是考查要求的不同层次。

（8）各种题型前要有科学、明确、简洁、合理的指导语。

（9）试卷、参考答案及评分标准的总说明要置于卷首，表述确切、简洁。

6.3.2 单题命制方法

1. 试题要求

①试题内容应严格限定在《教学大纲》或《考试大纲》规定的本课程的范围之内，杜绝"超纲"现象。

②每一试题都要有明确的考核目的。

③试题应根据大纲要求的层次编拟，准确体现大纲要求的水平。

④试题要科学，题意明确，试题文字通顺，表达准确、简炼，术语、符号使用规范。

⑤考查内容、试题素材、评分标准和参考答案所涉及的内容应注意种族、民族、风俗、性别等及社会各部门、行业的差异，以避免造成误解和负面影响。

数学考试中常用的题型有选择题、填空题和解答题，下面分别讨论其命题技术。

2. 选择题的命制

选择题包括单选题和多选题，在考试时间有限，题量有限的限制下，要较好地发挥选择题的功能，必须发挥群体的力量。在编制选择题时应注意：

①题干表述准确，不提供答案信息，不出现与答案无关的线索。
②选项与题干内容和谐协调，连接自然流畅。
③正确选项与干扰项长度、结构、属性、水平等尽量相近。
④干扰项能反映考生的典型错误。
⑤各题正确项的排列随机，分布均匀。

对每道选择题的编制都要用心研磨，改进其不足和失当，以保证试题的质量。

例1 如果凸 n 边形 F ($n \geq 4$) 所有对角线都相等，那么（　　）

A. $F \in \{$四边形$\}$　　　　　　B. $F \in \{$五边形$\}$

C. $F \in \{$四边形$\} \cup \{$五边形$\}$　　D. $F \in \{$等边多边形$\}$

本题中，选项存在包含关系，由 A 或 B 都可以推出 C，这样"4 选 1"的选择题一下子变成了"2 选 1"。类似地，在命制分类或选项为区间的选择题时也容易出现这样的疏漏，应当引起注意。

例2 若 a, b, c 是等比数列，$0 < a < b < c, n > 1$ 是整数，则 $\log_a n, \log_b n, \log_c n$ 所成的数列为（　　）

A. 等比数列

B. 等差数列

C. 各项的倒数组成等差数列

D. 在这个数列中，第二项和第三项分别是第一项和第二项的次幂

E. 以上都不对

本题作为一个选择题存在着许多尚待改进的缺陷。首先科学性上有疏漏，必须补充 a, b, c 均不为 1 才能做对数的底；其次各选项不匹配。本题可以借助数学符号将其改编为一道完美的试题。读者不妨作为练习，自己试一试进行改编。

3. 填空题命制

填空题的考查功能接近选择题，侧重于对基础知识和基本技能的考查，但在考查能力方面，较选择题有较深一层的效用。在编制时应注意：

①提问和限定词准确，答案明确。
②空位的数量、位置适当。
③题目的文字表述与空位的关系确切、无歧义。
④求解的过程宜短，步骤不得太多，最好是 2 至 3 步。

⑤多数考生解答填空题有惧怕心理,因此填空题不宜过难。

例 3 从一条直线出发的_____所构成的图形叫做二面角,这条直线叫做二面角的_____。

第一个空格抓住学生容易疏忽的地方,把"两个半平面"抽空,结果有不少学生误答为"两个平面";后一个空格答案为"棱"。两个空格在难度上有一定层次,作为平时的诊断性的小测验,其形式是可取的,效果也比较好,但作为阶段性的成绩考试或水平考试,则有鼓励死记硬背之弊端。

例 4 函数 $y = \sin^4 x + \cos^4 x$ 的最小正周期是_____。

本题作为填空题考查的知识面过当宽,除三角变形外还有代数变形,计算量比较大,计算步骤较多,较难实现考查目的。因为填空题只看最后结果,如果考生答错,难以判定其是周期的概念不清,还是三角公式记错,或者是代数计算出错。

4. 解答题的命制

解答题具有形式灵活多变,内涵深广,难度调整的幅度大等特点,能比较深刻地考查思维能力、推理能力、空间想像能力、表达陈述能力等。这些试题既可以是考查基本知识的简单检测题,也可以是有一定综合性、甚至是高度综合的高难度试题,从答卷可以比较清楚地看出考生解题的思维过程、推理和计算过程,从而能够比较深入地考查考生的素质。

解答题的设计方法与前述两种题型的试题设计方法相比,虽无本质差别,但其活动的自由度却要大得多,而且要顾及的问题也比较多,要设计出一道好的解答题,一般要经历几个步骤,下面结合 2002 年高考数列题的编拟过程加以说明。

例 5 设数列 $\{a_n\}$ 满足 $a_{n+1} = a_n^2 - na_n + 1$, $n = 1, 2, 3, \cdots$

(1) 当 $a_1 = 2$ 时,求 a_2, a_3, a_4,并由此猜想 a_n 的一个通项公式;

(2) 当 $a_1 \geq 3$ 时,证明对所有的 $n \geq 1$,有

(i) $a_n \geq n + 2$;

(ii) $\dfrac{1}{1+a_1} + \dfrac{1}{1+a_2} + \cdots + \dfrac{1}{1+a_n} \leq \dfrac{1}{2}$

①立意与选材:立足一定的考查目的和中心,明确编拟的意图,选取适当的材料是编写试题的第一步。立意是核心,选材服务于立意,两者之间,往往交织

在一起。通常是先立意,确定试题的编写意图,明确考查目的,然后再选用合适的材料作为题材。有时也可能是先注意到一些好的题材,用它编题,根据考查的目的,并作进一步的剪裁取舍。不管谁先谁后,实际上两者都必须一起考虑,互相照顾。

上述高考题编拟的基本目的是考查代数推理能力,以考查演绎推理为主,兼顾归纳推理,在可能的范围和程度上考查数学归纳法,据此选用数列这一题材。编拟试题的两个基本的原则:一是不出现变量间的大于、小于或等于的关系,要求考生自己判断;二是尽量不出现"用数学归纳法证明……"的字样,而在证题过程中自然用到数学归纳法,以避免套用之虞。

②搭架与构架:有了明确的考查目的的恰当的题材之后,便可搭建试题的框架,构筑试题的模坯。以所选的题材为依托,采用与之相适应的结构架式。作为试题模坯,应力求留有余地,使之具有一定的弹性和伸缩性,也即题设条件要便于增加或减少,提问有多种角度可供调换,试题的难度容易调节。这样做,为了是方便下一步骤的加工和调整。

本题设计的初始框架是:

例6 设数列 $\{a_n\},\{b_n\}$ 满足

$$a_{n+1} = a_n^2 - na_n + 1, \quad b_{n+1} = b_n^2 - nb_n + 1$$

(1)设 $a_1 = 2$,求 a_2, a_3, a_4,并由此猜想 $\{a_n\}$ 的通项公式;

(2)当 $a_1 = 3, b_1 = 4$ 时,比较 a_n 与 b_n 的大小,并证明你的结论。

数列 $a_{n+1} = a_n^2 - na_n + 1$ 对首项极其敏感,当 $a_1 = 2$ 时,很容易求出通项公式 $a_n = n+1$。第(1)问,由递推公式 $a_{n+1} = a_n^2 - na_n + 1$ 求出数列的前几项是大纲对考生求数列的通项公式能力的要求;而猜想数列的通项公式,则是在不超纲的前提下的创新设计,考查了归纳猜想的能力。第(2)问深化推理能力的考查,利用首项对整个数列变化的影响,设定 $a_1 = 3$,$b_{n+1} = b_n^2 - nb_n + 1$,让考生比较 a_n 与 b_n 的大小。这时若先求 $\{a_n\},\{b_n\}$ 的通项,再比较大小,则将遇到难以逾越的困难,必须灵活寻找出路。一个比较常用的方法就是作差,应用数学归纳法进行证明。因此通过这样的题型设计,让学生比较自然地想到应用数学归纳法。同时要求考生先进行判断,再进行证明,达到考查数列和数学归纳法的目的。

③加工与调整:有了初步成形的试题(题坯)之后,接着的工作是深加工和细琢磨。这是单题编制的中期调整阶段,必须十分认真,对每一个细小的环节都得顾及。包括试题的陈述和答案的编写,评分标准的制定,都得在这一步骤中完成。以上题为例,题设的两个递推关系式,只是字母不同,重复繁冗。初步修改为:

例7 设数列 $\{c_n\}$ 满足

$c_{n+1} = c_n^2 - nc_n + 1$

（1）设 $c_1 = 2$，求 c_2, c_3, c_4，并由此猜想 $\{c_n\}$ 的通项公式；

（2）记数列 $\{c_n\}$ 当 $c_1 = 3$ 时为数列 $\{a_n\}$；当 $c_1 = 4$ 为数列 $\{b_n\}$，比较 a_n 与 b_n 的大小，并证明你的结论。

进一步讨论注意到，在第（2）问的解答中，首先必须证明当 $a_1 = 3$ 时，$a_n \geq n+1$；当 $b_1 = 4$ 时，$b_n \geq n+1$。估计较多考生难以自己想到这一过渡，而造成整题尽失，因此建议增加一句"（2）证明，当 $a_n \geq 2$，$a_n \geq n+1$"作为提示。将原来的第（2）问变为第（3）问。

经改造，题目的难度结构比较合理，但考查内容有些重复，两次考查数学归纳法显然没有必要，因此删除重复，增加新的内容和要求，将考查目标拓展、延伸成为修改的方向。

一个方案是将最后一问改为"证明 $\sum_{k=1}^{n}\dfrac{1}{a_{k+1}-1} \leq \dfrac{1}{2}$"。这个结论形式比较新颖，证明方法多样，过程中还要进行必要的放缩。但要证明这个结论，按照一般的方法，必须先证明当 $a_1 \geq 3$ 时，$a_n \geq a_{n-1}+2$。当然还可以应用结论"$a_{k+1}-1 \geq 2a_k \geq 2(a_k-1)$"证明，但原来的结论应加强为：当 $a_1 \geq 3$ 时，$a_n \geq n+2$

还有一种方案是将第（3）问改为证明"$\sum_{k=1}^{n}\dfrac{1}{a_{k+1}+1} \leq \dfrac{1}{2}$"，这样可以比较顺畅地利用结论，当"$a_1 \geq 3$ 时，$a_n \geq n+2$"，整个试题也较为自然、流畅。

从上面的加工过程可以看出，试题的加工和调整，首先要确保试题的科学性和适纲性，其次是精心调节难度。试题的难度调节，必须以整卷的难度分布为依据。常用的调节方法有：

（1）改变提问方式。例如，把证明题改变为探索题，将结论隐藏起来，可提高难度；增加中间的设问，把单问改变为分步设问，无异于给出提示，可降低难度。又如，改变提问的角度，往往也会改变试题的难度。

（2）改变题设条件。例如，适当增删已知条件，隐蔽条件明朗化，明显条件隐蔽化，直接条件间接化，间接条件直接化，抽象条件具体化，具体条件抽象化，乃至条件参数的变更等等，都可使试题的难度发生变化。

（3）改变综合程度。例如，增减知识点的组合；调整解题方法的结构；变换知识和方法的广度或者深度等等，也都会使试题的难度有所变化。

此外，为了提高试题的质量，在加工和调整这个步骤中，还应注意加强试题的针对性和有效性，安排好难点和考核点的分布。

（4）审查与复核。以上的加工步骤更多的是关注试题的考查内容、考查难度等，而最后的加工则要关注试题经过加工是否超纲、语言叙述是否符合学生的习惯、解法是否常规、书写和叙述是否规范，即在格式、语言、文字方面的加工。这方面必须反复审核，细加推敲，严防疏漏和失误，尤其是要杜绝科学性的失误。

上面的试题在确定最后一个方案作为基本的考核模式后，就要进行语言的加工了。首先在第一问中加入"猜想一个通项公式"，因为只由数列的前几项 a_1, a_2, a_3 猜想数列的通项公式，其通项公式是不确定的，并非只有一个。这样提问理论上比较严谨，也给考生留下充分发挥的空间。其次，担心考生不理解求和号" $\sum_{k=1}^{n}\frac{1}{a_k}$ "的意义影响求解，可以将其改为" $\frac{1}{1+a_1}+\frac{1}{1+a_2}+\cdots+\frac{1}{1+a_n}$ "。最后，将条件和结论进一步整理归类，将原来的三问改为两问，在第二问中增加一个小问，试题最后改编为前述例 5 的样子。

（5）以能力立意。试题包括立意、情境、设问三个方面，立意可以是知识、问题、能力，命题围绕立意进行，选取适当的材料，设立灵活的设问方式。

近年来，高考在改革中提出了以能力立意命题的指导原则。以能力立意命题就是首先确定试题在能力方面的考查目的，然后根据能力考查的要求，选择适宜的教学内容，设计恰当的设问方式。下面以一道高考试题的命制过程加以说明。

例 8 已知函数 $f(x)=\tan x, x\in(0,\frac{\pi}{2})$，若 $x_1, x_2\in(0,\frac{\pi}{2})$，且 $x_1\neq x_2$，证明 $\frac{1}{2}[f(x_1)+f(x_2)]>f(\frac{x_1+x_2}{2})$

本题在命题之初的基本立意是考查代数推理，参照高等数学讨论凸、凹函数的性质的思想命题。在确定这一立意以后，选择试验了各种函数，如：

$f(x)=\sin x, f(x)=\cos x, f(x)=\tan x, f(x)=\cot x$

$f(x)=\log_a x, f(x)=\lg x,$

$f(x)=x^2, f(x)=x^{\frac{1}{2}},$

$f(x)=a^x$

当年数学科需要命制四种试卷，其要求从高到低依次为老高考理科、新高考理科、老高考文科、新高考文科。因为考查要求和难度要求不同，经过比较，决定老高考理科选定正切函数，老高考文科选定以 a 为底的对数函数，需要分 $a<0$ 和 $a>0$ 两种情况讨论。新高考文科选定以 10 为底的常用对数函数。由此可以看出，不是首先选定考试内容的大类，如代数、三角、立体几何或解析几何，然后逐级细化，而是先选定考查目的，根据考查要求选定考试内容。在编制设问时也是考虑到不同试卷的考查特点，例如对理科试卷，目的是考查考生的严密的逻辑推理能力，所以应用了直接设问的方式；而对文科考生，着重考查考生猜想、直觉判断，再加以论证的能力，所以其设问为

"判断$\frac{1}{2}[f(x_1)+f(x_2)]$与$f(\frac{x_1+x_2}{2})$的大小并证明你的结论"。

从以上的命题过程可以看出，以能力立意命题，保障了考试突出能力与学习潜能考查的要求，使知识考查切实服务于能力考查。以能力立意命题时根据能力立意的要求确定试题的选材，自由裁剪、搭配各项考试内容，确定科学适宜的表现形式和提问方式，使情境与设问服务于能力考查的立意，达到目的与手段、形式与内容的协调统一。以能力立意命题拓展了命题思路，在选材时视野更为宽广，不拘泥于学科知识范围的束缚，更多地着眼于学科的一般的思想方法，着眼于有普遍价值、有实际意义的问题或实用背景。选材的观点提高了，命题关注的是反映能力与潜能的本质特征，解决问题时的思维与操作活动的心理过程，体现思维品质与技能的典型问题，并以其为核心选用题材，构筑试题，使之对知识和能力的考查容易实现和谐统一的要求，以能力立意命题有利于题型设计，易于形成综合自然、新颖的试题。对知识的考查自然地倾向于理解和应用，尤其是综合和灵活应用，所考查的知识也往往是学科的主体知识，或者是知识网络结构中交汇点部分。因此也较易形成不同综合程度的系列试题。

以能力立意命题在全卷的整合时，对试题的整体布局、层次安排有高屋建瓴之势。以能力考查统领全局，考查全面合理，能兼顾各个水平层次的考生，确保考试的区分度。因为重视能力，重视考生的心理活动，对试题难度的把握更有分寸，所提供的成绩更具可信性。以能力考查为核心构题筑卷，可使能力的考查全面合理，层次分明。对考生的区分精确合理。

6.4 选择题、填空题的解法

近几年来高考数学试题中选择题一直稳定在 12 道题，分值 60 分，占总分的 40%；填空题稳定在 4 道题，分值 16 分，约占总分的 11%。高考中的选择、填空题注重多个知识点的小型综合，渗透各种数学思想和方法，体现以"三基"为重点的高考导向，使作为中、低档题的选择、填空题成为具备较佳区分度的基本题型，因此，能否在选择题和填空题上获取高分，对高考数学成绩影响巨大。

1. 选择题不设中间分，一步失误，造成错选，全题无分，所以应仔细审题，

认真分析，正确推演，谨防疏漏，初选后认真检查，确保准确、快速求解是赢得时间获取全卷高分的必要条件。

要快速解答选择题，必须：（1）熟练掌握各种基本题型的一般解法；（2）结合高考单项选择题的结构、题目本身提供的信息或特征、以及不要书写解题过程的特点，灵活选用简便、最佳解法或特殊化法，避免繁琐的运算、作图或推理，避免"小题大做"，造成"超时失分"，给解答题（特别是中、高档题）留下充裕时间。

2．填空题的解法比较灵活，直接法、分析法、图象法、特殊化等看似很难灵活掌握，其实各方法背后都体现丰富的数学思想，比如：转化思想、数形结合和函数与方程的思想，以及换元法、整体化意识、特殊与一般、待定系数法、数学归纳法等，只有在扎实的基础上才能灵活运用各种思想方法解决高考中的填空题，从而达到"小题小做"的基本原则。

一、命题规律

1、选择题属于客观题，在近几年的高考试题中通常以几个题的形式出现，每题 5 分，共 60 分，与《考试说明》完全一致，其中解析几何 2～3 道，立体几何 2～3 道，三角函数 2～3 道，函数不等式 2～3 道。集合、映射、数列、复数、排列组合、二项式定理各 1 道，其中包括信息迁移，阅读理解与应用题 1～2 道。高考数学选择题具有概括性强、知识覆盖面宽、小巧灵活、有一定的综合性的特点，能够全面地考查学生的应变能力。

2．填空题是一种只要求写出结果，不要求写出解答过程的客观性试题，是高考数学中的三种常考题型之一，绝大多数是计算型（尤其是推理计算）和概念（性质）判断型的试题，在能力要求上高于选择题。

二、命题动向

选择填空题的数量与难度变化不大，但选择题中的后 2 道题，填空题中的后 2 道题中总会出现新题型，起到反映改革趋势、探索命题规律、考查学生创新能力、调节试卷结构的作用，因此，创新题仍成为选择、填空题的热点题目。

三、解题方略

1．选择题

①概念性强。数学中的每个术语、符号，乃至习惯用语，往往都有明确具体的含义，这个特点反映到选择题中，表现出来的就是试题的概念性强，试题的陈述和信息的传递，都是以数学的科学规定与习惯为依据，绝不标新立异。

②形数兼备。其表现是：几何选择题中常常隐藏着代数问题，而代数选择题

中往往又寓有几何图形的问题，因此，数形结合的解题方法是高考数学选择题的一种重要的有效的思考方法与解题方法。

③解法多样化。"一题多解"的现象在数学中表现突出，尤其是数学选择题，由于它有备选项，给试题的解答提供了丰富的有用信息，有相当大的提示性，为解题活动展现了广阔的天地，大大地增加了解答的途径和方法，这里面常常潜藏着极其巧妙的解法，有利于对考生思维深度的考查。

2. 填空题

填空题和选择题同属客观性试题，它们有许多共同的特点：其形式短小精悍，考查目标集中，答案简短、明确、具体，不必填写解答过程，评分客观、公正、准确等。

不过填空题和选择题也有质的区别。填空题没有备选项，因此，解答时既有不受诱误的干扰之好处，又有缺乏提示的帮助之不足，对考生独立思考和求解，在能力要求上会高一些。长期以来，填空题的答对率一直低于选择题的答对率，也许这就是一个重要的原因。填空题的结论，往往是在一个正确的命题或断言中，抽出其中的一些内容（即可以是条件，也可以是结论），留下空位，让考生独立填上，考查方法比较灵活，在对题目的阅读理解上，较之选择题，有时会显得较为费劲。

填空题与解答题比也有区别：填空题只要填写结果，省略过程，而且所填结果应力求简练、概括和准确，填空题的考点少，目标集中，否则，试题的区分度差，其考试信度和效度都难以得到保证。

6.4.1 选择题的解题方略

每次高考，数学选择题试题多、考查面广，不仅要求考生有正确的分辨力，还要有较快的解题速度，为此，需要研究解答选择题的一些特殊技巧。总的来说，选择题属于小题，解题的基本原则是"小题不能大做"，一般来说，能定性判定的，就不再使用复杂的定量计算；能使用特殊值判定的，也不必采用常规解法；能使用间接解法的，也不必采用直接解法；对于明显可以否定的选择支，应及早排除，以缩小选择的范围；对于具有多种解题思路的，宜于选择最简解法等等。解题的常用方法一般可分为直接法、排除法、特殊化法、代入验证法、分析法、数形结合法、估算法和极限法。

1. 直接法，就是从已知的条件出发，运用所学的定义、定理和公式，经过严密的推理和准确的计算，得出正确的结论，然后对照题目所给的选择支，从而作出判断选择的一种方法。

例1 已知在边长为1的等边三角形ABC中，$\overrightarrow{BC}=a$，$\overrightarrow{CA}=b$，$\overrightarrow{AB}=c$，那么$a\cdot b+b\cdot c+c\cdot a$等于（　　）

A. $\dfrac{3}{2}$　　　　B. $-\dfrac{3}{2}$　　　　C. 0　　　　D. 3

分析：要求解本题，只需找出a、b、c两两的夹角和长度，然后直接计算即可。另外，注意到$a+b+c=0$，亦可得出一种较为简单的计算方法。

解析：解法一：由条件知$<a,b>=<b,c>=<c,a>=120°$，$|a|=|b|=|c|=1$

$\therefore a\cdot b+b\cdot c+c\cdot a=3\times1\times1\times\cos120°=-\dfrac{3}{2}$

解法二：由条件知$a+b+c=0$，$|a|=|b|=|c|=1$

$\therefore a\cdot b+b\cdot c+c\cdot a=\dfrac{1}{2}[(a+b+c)^2-(a^2+b^2+c^2)]=-\dfrac{1}{2}(a^2+b^2+c^2)=-\dfrac{3}{2}$

解法三：（排除法）：考虑到a、b、c之间的夹角均为120°，而$\cos120°<0$，所以排除A、C、D，选B。

例2 已知$f(x)=x^2+2xf'(1)$，则$f'(0)$等于（　　）

A. 0　　　　B. -4　　　　C. -2　　　　D. 2

分析：直接求$f(x)$的导数$f'(x)$，然后再求$f'(0)$即可。题干中的$f'(1)$是一个干扰项，它是可以先求出的。

解析：$\because f(x)=x^2+2xf'(1)$

$\therefore f'(x)=2x+2f'(1)$

$\therefore f'(1)=2+2f'(1)$

$\therefore f'(1)=-2$

$\therefore f(x)=2x-4$

$\therefore f'(0)=-4$

例3 （06年重庆高考题）与向量$a=(\dfrac{7}{2},\dfrac{1}{2})$，$b=(\dfrac{1}{2},-\dfrac{7}{2})$的夹角相等，且模为1的向量是（　　）

A. $(\dfrac{4}{5},-\dfrac{3}{5})$　　　　　　　　B. $(\dfrac{4}{5},-\dfrac{3}{5})$或$(-\dfrac{4}{5},\dfrac{3}{5})$

B. $(\frac{2\sqrt{2}}{3}, -\frac{1}{3})$　　　　　　　　D. $(\frac{2\sqrt{2}}{3}, -\frac{1}{3})$ 或 $(-\frac{2\sqrt{2}}{3}, \frac{1}{3})$

解析：设所求向量为 (x, y)，则
$x^2+y^2=1$
$\frac{7}{2}x+\frac{1}{2}y = \frac{1}{2}x-\frac{7}{2}y$

解得 $\begin{cases} x=\frac{4}{5} \\ y=-\frac{3}{5} \end{cases}$ 或 $\begin{cases} x=-\frac{4}{5} \\ y=\frac{3}{5} \end{cases}$

故选 B。

练习 1：若 $a,b,c>0$ 且 $a(a+b+c)+bc=4-2\sqrt{3}$，$2a+b+c$ 的最小值为（　　）
A. $\sqrt{3}-1$　　　　B. $\sqrt{3}+1$　　　　C. $2\sqrt{3}+2$　　　　D. $2\sqrt{3}-2$

点评：直接法是解答选择题最常用的基本方法，低档选择题可用此法迅速求解。直接法适用的范围很广，只要运算正确必能得出正确的答案。提高考生解题能力，用简单方法巧解选择题，是建立在扎实掌握"三基"的基础上，否则一味求快则会快中出错，比如例1的解法二，借助了 $a+b+c=0$ 这一特点，简便地得出了结论。

2. 排除法，也叫筛选法、淘汰法。它是充分利用选择题中单选题的特征，即有且只有一个正确的选择支这一特征，通过分析、推时、计算、判断，排除不符合要求的选择支，从而得出正确的结论的一种方法。

例4　不等式 $(1+x)(1-|x|)>0$ 的解集是（　　）
A. $\{x|0 \leqslant x<1\}$　　　　　　　B. $\{x|x<0$ 且 $x\neq -1\}$
C. $\{x|-1<x<1\}$　　　　　　　D. $\{x|x<1$ 且 $x\neq 1\}$

解析：解法一：由 $x=0$ 是不等式的解可以排除B；由 $x=-2$ 是不等式的解，可以排除A、C；故选D。

解法二（直接法）：$\because (1+x)(1-|x|) = \begin{cases} 1-x^2 & x \geqslant 0, \\ (1+x)^2 & x<0. \end{cases}$

$1-x^2>0 \Leftrightarrow -1<x<1.$

又 $x \geqslant 0$，$\therefore 0 \leqslant x \leqslant 1.$

$(1+x)^2>0 \Leftrightarrow x \neq -1.$

又 $x<0$，$\therefore x<0$ 且 $x \neq -1.$

∴原不等式的解集为 $\{x|x<1 且 x\neq -1\}$.

例 5 设集合 $M=\left\{x\middle|x=\dfrac{k}{2}+\dfrac{1}{4},k\in \mathbf{Z}\right\}$, $N=\left\{x\middle|x=\dfrac{k}{4}+\dfrac{1}{2},k\in \mathbf{Z}\right\}$, 则（　　）

A. $M=N$　　　　B. $M\not\subset N$　　　　C. $M\supseteq N$　　　　D. $M\cap N=\varnothing$

解析：解法一：由 $\dfrac{3}{4}\in(M\cup N)$, 排除 D, 由 $1\in N$ 且 $1\notin M$, 排除 A、C；故选 B。

解法二：∵ $\dfrac{K}{2}+\dfrac{1}{4}=\dfrac{1}{4}(2K+1)$, $\dfrac{K}{4}+\dfrac{1}{2}=\dfrac{1}{4}(k+2)$,

∴当 $K\in \mathbf{Z}$ 时, $2k+1$ 的值域为 $\mathbf{Z}$, 而 $\{奇数\}\subseteq \mathbf{Z}$, 故选 B。

练习 2：(06 年重庆高考题) 如图 6-6 所示, 单位圆中 $\overset{\frown}{AB}$ 的长为 x, $f(x)$ 表示 $\overset{\frown}{AB}$ 与弦 AB 所围成的弓形面积的 2 倍, 则函数 $y=f(x)$ 的图象是（　　）

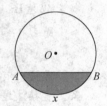

图 6-6

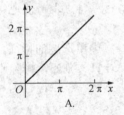
A.

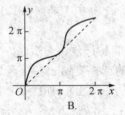
B.

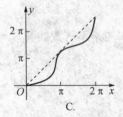
C.

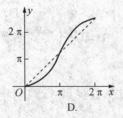
D.

点评：筛选法适用于定性型或不易直接求解型的选择题。当题目的条件多于一个时，先根据某些条件在选择支中找出明显与之矛盾的，予以否定，再根据另一些条件在缩小的选择支的范围内找出矛盾，这样逐步筛选，直到得出正确的选择，它与特例法、图解法等结合使用是解选择题的常用方法，近几年在高考选择题中约占 40%。

3. 特殊化法：从题干或选择支出发，通过选取特殊情况代入，将问题特殊化或构满足题设条件的特殊函数或图形位置，进行判断，特殊化法是"小题小做"的重要要策略，要注意在怎样情况下才可使用。特殊情况可能是：特殊值、特殊点、特殊位置、特殊函数等。

（1）特殊值

例 6 已知 $|\overrightarrow{OA}|=1, |\overrightarrow{OB}|=\sqrt{3}, \overrightarrow{OA}\cdot\overrightarrow{OB}=0$，点 C 在 $\angle AOB$ 内，且 $\angle AOC=30°$，设 $\overrightarrow{OC}=m\overrightarrow{OA}+n\overrightarrow{OB}(m,n\in\mathbf{R})$，则 $\dfrac{m}{n}$ 等于（　　）

A. $\dfrac{1}{3}$　　　　B. 3　　　　C. $\dfrac{\sqrt{3}}{3}$　　　　D. $\sqrt{3}$

解析：取 $m=1$，则 $AC // OB$，$|\overrightarrow{OA}|=1$，$\angle AOC=30°$，$OA\perp AC$，得 $|AC|=\dfrac{\sqrt{3}}{3}$，所以 $n=\dfrac{1}{3}$，则 $\dfrac{m}{n}=3$，故选 B。

例 7 一个等差数列的前 n 项和为 48，前 $2n$ 项和为 60，则它的前 $3n$ 项和为（　　）

A. -24　　　　B. 84　　　　C. 72　　　　D. 36

解析：结论中不含 n，故本题结论的正确性与 n 取值无关，取 $n=1$ 易知选 D。

练习 3：（06 年天津高考题）已知函数 $y=f(x)$ 的图象与函数 $y=a^x(a>0$ 且 $a\neq 1)$ 的图象关于直线 $y=x$ 对称，记 $g(x)=f(x)[f(x)+f(2)-1]$。若 $y=g(x)$ 在区间 $[\dfrac{1}{2},2]$ 上是增函数，则实数 a 的取值范围是（　　）

A. $[2,+\infty)$　　　　B. $(0,1)\cup(1,2)$　　　　C. $[\dfrac{1}{2},1)$　　　　D. $(0,\dfrac{1}{2}]$

（2）特殊位置

例 8 （2006 年辽宁高考题）与方程 $y=e^{2x}-2e^x+1\,(x\geqslant 0)$ 的曲线关于直线 $y=x$ 对称的曲线的方程为（　　）

A. $y=\ln(1+\sqrt{x})$　　　　　　　　B. $y=\ln(1-\sqrt{x})$

C. $y=-\ln(1+\sqrt{x})$　　　　　　　D. $y=-\ln(1-\sqrt{x})$

解析：由方程 $y=e^{2x}-2e^x+1(x\geqslant 0)$ 知，曲线 $y=e^{2x}-2e^x+1(x\geqslant 0)$ 过点

$(1, (e-1)^2)$。

所以其关于直线 $y = x$ 对称的曲线过点 $((e-1)^2, 1)$，代入选项验证知选 A。

例9 过抛物线 $y = ax^2$（$a > 0$）的焦点F作一条直线交抛物线于P、Q两点，若线段PF与FQ的长分别是p、q，则 $\dfrac{1}{p} + \dfrac{1}{q}$ 等于（ ）

A. $2a$ B. $\dfrac{1}{2a}$ C. $4a$ D. $\dfrac{4}{a}$

解析：考查直线 PQ 与 y 轴垂直的情况知选 C。

练习 4：（2006 年山东高考题）函数 $y = 1 + a^x (0 < a < 1)$ 的反函数的图象大致是（ ）

A. 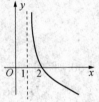　　　B.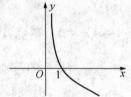

C. 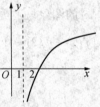　　　D.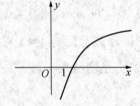

（3）特殊角

例 10 （2006 年四川高考题）下列函数，图象的一部分如图 6-7 所示的是（ ）

A. $y = \sin(x + \dfrac{\pi}{6})$

B. $y = \sin(2x - \dfrac{\pi}{6})$

C. $y = \cos(4x - \dfrac{\pi}{3})$

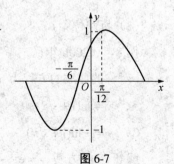

图 6-7

D. $y = \cos(2x - \dfrac{\pi}{6})$

解析：由图象知，图象过点$(\dfrac{\pi}{12},1)$、$(-\dfrac{\pi}{6},0)$，将$x = \dfrac{\pi}{12}$代入各选项只有C，D符合，排除A，B。

将$x = -\dfrac{\pi}{6}$代入C，D，只有D选项符合，故选D。

练习5：（05年全国高考题 III 卷）$\dfrac{2\sin 2a}{1+\cos 2a} \cdot \dfrac{\cos^2 a}{\cos 2a} = ($　　$)$

A. $\tan a$　　　　B. $\tan 2a$　　　　C. 1　　　　D. $\dfrac{1}{2}$

（4）特殊函数

例11　（2006年辽宁高考题）设$f(x)$是**R**上的任意函数，则下列叙述正确的是（　　）

A. $f(x)f(-x)$是奇函数　　　　B. $f(x)|f(-x)|$是奇函数

C. $f(x)-f(-x)$是偶函数　　　　D. $f(x)+f(-x)$是偶函数

解析：设$f(x)=x+1$，则$f(x)f(-x)=1-x^2$是偶函数，排除A；$f(x)|f(-x)|=(x+1)|1-x|$是非奇非偶函数，排除B；$f(x)-f(-x)=2x$是奇函数，排除C，故选D。

例12　定义在**R**上的奇函数$f(x)$为减函数，设$a+b\leq0$，给出下列不等式：

① $f(a)\cdot f(-a)\leq 0$　　　　② $f(b)\cdot f(-b)\geq 0$

③ $f(a)+f(b)\leq f(-a)+f(-b)$　　④ $f(a)+f(b)\geq f(-a)+f(-b)$

其中正确的不等式序号是（　　）

A. ①②④　　B. ①④　　C. ②④　　D. ①③

解析：取$f(x)=-x$，逐项检查，知①④正确，故选B。

练习6：（2001年春季高考题）已知函数$f(x)=ax^3+bx^2+cx+d$的图象如图6-8，则（　　）

A. $b\in(-\infty,0)$　　B. $b\in(0,1)$

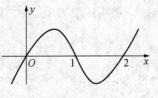

图6-8

C. $b \in (1, 2)$ D. $b \in (2, +\infty)$

（5）特殊向量

例 13 （2006年全国高考题 I 卷）设平面向量 a_1, a_2, a_3 的和 $a_1 + a_2 + a_3 = 0$，如果平面向量 b_1, b_2, b_3 满足 $|b_i| = 2|a_i|$，且 a_i 顺时针旋转 $30°$ 后与 b_i 同向，其中 $i=1, 2, 3$，则（　　）

A. $-b_1 + b_2 + b_3 = 0$ B. $b_1 - b_2 + b_3 = 0$

C. $b_1 + b_2 - b_3 = 0$ D. $b_1 + b_2 + b_3 = 0$

解析：令 $a_1 = (1, 0), a_2 = (0, 0), a_3 = (-1, 0)$，则由 $|b_i| = 2|a_i|$，又 a_i 顺时针旋转 $30°$ 后与 b_i 同向，得 $b_1 = (\sqrt{3}, -1), b_2 = (0, 0), b_3 = (-\sqrt{3}, 1)$

故 $b_1 + b_2 + b_3 = 0$，选 D。

练习 7：（2005年北京高考题）若 $|a| = 1, |b| = 2, c = a + b$，且 $c \perp a$，则向量 a 与 b 的夹角为（　　）

A. $30°$ B. $60°$ C. $120°$ D. $150°$

（6）特殊图形

例 14 （2006年湖南高考题）如图 6-9，$OM \parallel AB$，点 P 在由射线 OM、线段 OB 及 AB 的延长线围成的阴影区域内（不含边界），且 $\overrightarrow{OP} = x\overrightarrow{OA} + y\overrightarrow{OB}$，则实数对 (x, y) 可以是（　　）

A. $(\dfrac{1}{4}, \dfrac{3}{4})$ B. $(-\dfrac{2}{3}, \dfrac{2}{3})$

C. $(-\dfrac{1}{4}, \dfrac{3}{4})$ D. $(-\dfrac{1}{5}, \dfrac{7}{5})$

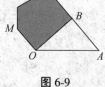

图 6-9

解析：取 $OB \perp AB$，则 $\begin{cases} x < 0, \\ y > 0, \\ \overrightarrow{OP} \cdot \overrightarrow{OB} > 0 \\ \overrightarrow{BP} \cdot \overrightarrow{BO} > 0 \end{cases}$

即 $\begin{cases} x<0, \\ y>0, \\ x+y>0, \\ x+y<1. \end{cases}$

从而答案只能选 C。

说明：当正确的选择对象，在题设普遍条件下都成立的情况下，用特殊值（取得愈简单愈好）进行探求，从而清晰、快捷地得到正确的答案，即通过对特殊情况的研究来判断一般规律，是解决本类选择题的最佳策略。

练习8：（2006年辽宁高考）给出下列四个命题：
①垂直于同一直线的两条直线互相平行；
②垂直于同一平面的两个平面互相平行；
③若直线 l_1, l_2 与同一平面所成的角相等，则 l_1, l_2 互相平行；
④若直线 l_1, l_2 是异面直线，则与 l_1, l_2 都相交的两条直线是异面直线。
其中假命题的个数是（　　）
A. 1　　　　　B. 2　　　　　C. 3　　　　　D. 4

（7）特殊方程

例15 双曲线 $b^2x^2-a^2y^2=a^2b^2$（$a>b>0$）的渐近线夹角为 α，离心率为 e，则 $\cos\dfrac{\alpha}{2}$ 等于（　　）

A. e　　　　B. e^2　　　　C. $\dfrac{1}{e}$　　　　D. $\dfrac{1}{e^2}$

解析：设双曲线的方程为 $\dfrac{x^2}{4}-y^2=1$，

则 $e=\dfrac{\sqrt{5}}{2}$，$\therefore \cos\dfrac{\alpha}{2}=\dfrac{2}{\sqrt{5}}$。故选 C。

点评：通过对特殊情况的研究来判断一般规律，是解答本类选择题的最佳策略，近几年高考选择题中可用或结合特例法解答的约占30%。

4. 代入验证法：将各个选项，逐一代入题设进行检验，从而获得正确的判断，即将各选择支分别作为条件，去验证命题，能使命题成立的选择支就是应选答案。

例16 若圆 $x^2+y^2=r^2$（$r>0$）上恰好有相异两点到直线 $4x-3y+25=0$ 的距离等于

1，则 r 的取值范围是（ ）

　　A．[4，6]　　　　B．[4，6)　　　　C．(4，6]　　　　D．(4，6)

　　解析：考查选择支可知，本题选择的关键是 r 能否等于 4 或 6，故可逐一检验，由于圆心到直线 $4x-3y+25=0$ 的距离为 5，则 $r=4$ 或 6 时均不符合题意，故选 D。

　　点评：代入法适合题设复杂、结论简单的选择题，若能根据题意确定代入顺序，则能较大地提高解题速度。

　　例 17（06 陕西高考题）已知非零向量 $\overrightarrow{AB}$ 与 $\overrightarrow{AC}$ 满足 $(\dfrac{\overrightarrow{AB}}{|\overrightarrow{AB}|}+\dfrac{\overrightarrow{AC}}{|\overrightarrow{AC}|})\cdot\overrightarrow{BC}=0$ 且 $\dfrac{\overrightarrow{AB}}{|\overrightarrow{AB}|}\cdot\dfrac{\overrightarrow{AC}}{|\overrightarrow{AC}|}=\dfrac{1}{2}$，则 $\triangle ABC$ 为（ ）

　　A．三边均不相等的三角形　　　　B．直角三角形
　　C．等腰非等边三角形　　　　　　D．等边角形

　　解析：根据四个选择支的特点，先验证等边三角形，刚好符合题意，则可排除其它三个选择支，故选 D。

　　说明：验证法适应于题设复杂，结论简单的选择题，若能根据题意确定代入顺序，则能提高解题速度。

　　练习 9：（06 年北京高考题）在下列四个函数中，满足性质："对于区间（1，2）上的任意 $x_1,x_2(x_1\neq x_2)$，$|f(x_2)-f(x_1)|<|x_2-x_1|$ 恒成立"的只有（ ）

　　A．$f(x)=\dfrac{1}{x}$　　　　　　　B．$f(x)=|x|$

　　C．$f(x)=2^x$　　　　　　　　D．$f(x)=x^2$

　　5．分析法：根据题目所提供的信息，进行快速推理，迅速作出判断的方法。

　　例 18 设 a、b 是满足 $ab<0$ 的实数，那么（ ）

　　A．$|a+b|>|a-b|$　　　　　　B．$|a+b|<|a-b|$
　　C．$|a-b|<|a|-|b|$　　　　　　D．$|a-b|<|a|+|b|$

　　解析：∵ A、B 是一对矛盾命题，故必有一真，从而排除错误支 C、D。又由 $a\cdot b<0$，可令 $a=1$，可令 $a=1$，$b=-1$，代入知 B 为真，故选 B。

　　点评：分析法一般用来解答题概念性问题，而对两个概念之间的外延的重合、包含、交叉、互斥等关系，就产生了逻辑推断思维过程中的同一、从属、矛盾、

对应关系的分析法的应用。

例 19 设 A, B, C, D 四点坐标依次是 $(-1, 0)$, $(0, 2)$, $(4, 3)$, $(3, 1)$,则四边形 $ABCD$ 是（　　）

A. 正方形　　　　　　　　B. 矩形
C. 菱形　　　　　　　　　D. 平行四边形

解析：若 A 真，则 D 也真；若 B 真，则 D 也真；若 C 真，则 D 也真；故 A,B,C 皆假，故选 D。

练习 10：若 $c>1, a=\sqrt{c}-\sqrt{c-1}, b=\sqrt{c+1}-\sqrt{c}$，则下列结论中正确的是（　　）

A. $a>b$　　　　　　　　B. $a=b$
C. $a<b$　　　　　　　　D. $a\leqslant b$

说明：逻辑分析法可分为以下三个方面：（1）若 "A 真=>B 真"，则 A 必假，否则它将与 "有且只有一个正确答案" 的前提矛盾；（2）若 A，B 是等价命题，即 "A∩B"，则 A、B 均为假，可同时排除；（3）若 A，B 为互补命题（A，B 成矛盾对立关系），则必有一真，即非 A 即 B。

6. 数形结合法：就是借助于图形和图象的直观性，数形结合，通过推理判断或必要的计算而选出正确答案的方法。

例 20 如果实数 x、y 满足等式 $(x-2)^2+y^2=3$，那么 $\dfrac{y}{x}$ 的最大值是（　　）

A. $\dfrac{1}{2}$　　　　　　　　B. $\dfrac{\sqrt{3}}{3}$

C. $\dfrac{\sqrt{3}}{2}$　　　　　　　　D. $\sqrt{3}$

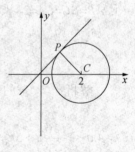

图 6-10

解析：$P(x、y)$ 在圆 $(x-2)^2+y^2=3$ 上，$\dfrac{y}{x}$ 是直线 PO 的斜率 k，从而只需求 k 的最大值即可。如图 6-10，在相切时，k 有最大值为 $\sqrt{3}$，故选 D。

点评：数形结合，借助几何图形的直观性，迅速作出正确的判断是高考考查的重点之一。

例 21 （2006 浙江高考题）对 $a,b \in \mathbf{R}$，记 $\max |a,b| = \begin{cases} a & a \geq b, \\ b & a < b. \end{cases}$ 函数 $f(x) = \max\{|x+1|, |x-2|\}(x \in \mathbf{R})$ 的最小值是（　　）。

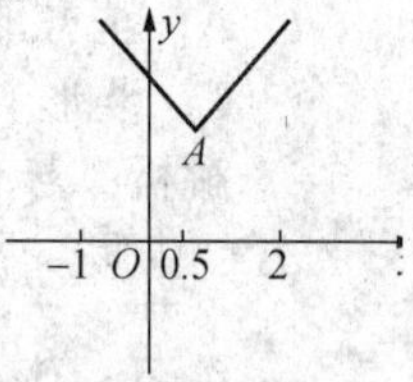

A. 0　　　B. $\dfrac{1}{2}$　　　C. $\dfrac{3}{2}$　　　D. 3

解析：设 $g(x) = |x+1|$，$\varphi(x) = |x-2|$，在同一直角坐标系下作出 $g(x)$ 与 $\varphi(x)$ 的图象，由题意，$f(x)$ 的图象如图 6-11，由图象知，$f(x)$ 在点 A 处取得最小值，计算得 A 点坐标为 $(\dfrac{1}{2}, \dfrac{3}{2})$，故选 C。

图 6-11

说明：运用数形结合法解题一定要对有关函数图象、方程曲线、几何图形较熟悉，否则错误的图象反而会导致错误的选择。数形结合，借助几何图形的直观性，迅速作正确的判断是高考考查的重点之一。

练习 11：（2006 年福建高考题）已知双曲线 $\dfrac{x^2}{a^2} - \dfrac{y^2}{b^2} = 1(a > 0, b < 0)$ 的右焦点为 F，若过点 F 且倾斜角为 $60°$ 的直线与双曲线的右支有且只有一个交点，则此双曲线离心率的取值范围是（　　）

A. [1, 2]　　　B. (1, 2)　　　C. [2, +∞)　　　D. (2, +∞)

7. 估算法：把复杂的问题转化为较简单的问题，求出答案的近似值，从而作出判断的方法。

例 22　已知过球面上 A、B、C 三点的截面和球心的距离等于球半径的一半，且 $AB=BC=CA=2$，则球面面积是（　　）

A. $\dfrac{16}{9}\pi$　　　B. $\dfrac{8}{3}\pi$　　　C. 4π　　　D. $\dfrac{64}{9}\pi$

解析：∵ 球的半径 R 不小于 $\triangle ABC$ 的外接圆半径 $r = \dfrac{2\sqrt{3}}{3}$，则 $S_{球} = 4\pi R^2 \geq 4\pi r^2 \geq \dfrac{16}{3}\pi > 5\pi$，故选 D。

点评：估算，省去了很多推导过程和比较复杂的计算，节省了时间，从而显得快捷，其应用广泛，是人们发现问题、研究问题、解决问题的一种重要的运算方法。

例23 《中华人民共和国个人所得税法》规定：公民全月工资、薪金所得不超过 800 元的部分，不必纳税，超过 800 元的部分为全月应纳税所得额，此项税款按下表分段累积计算。

全月应纳税所得额	税率
不超过 500 元的部分	5%
超过 500 元至 2000 元的部分	10%
超过 2000 元至 5000 元的部分	15%
...	...

某人一月份就交纳此税款 26.78 元，则他的当月工资、薪金所得介于（ ）
A．800～900 元   B．900 元～1 200 元
C．1 200 元～1 500 元   D．1 500 元～2 800 元

解析：当薪金为 1 500 元时，应交税款 500×5%+200×10%=45 元；当薪金为 1 200 元时，应交税款为 400×5% = 20 元，而 20＜26.78＜45，故选 C。

练习12：正方体的全面积是 a^2，它的顶点都在球面上，这个球的表面积是（ ）

A．$\dfrac{\pi a^2}{3}$ B．$\dfrac{\pi a^2}{2}$ C．$2\pi a^2$ D．$3\pi a^2$

上述各种方法不是相互排斥的，解选择题时，应联合运用各种方法，甚至不可以忽视直觉思维在解选择题中的作用，只有这样才能真正提高解选择题的能力。

8．极限法

将研究的对象或过程引向极端状态进行分析，使因果关系变得明显，从而使问题得以解决的方法叫极限法。

例24 过抛物线 $y = ax^2(a > 0)$ 的焦点 F 作一直线交抛物线于 P,Q 两点，若线段 PF 与 FQ 的长度分别为 p，q，则 $\dfrac{1}{p}+\dfrac{1}{q}$ 等于（ ）

A．$2a$ B．$\dfrac{1}{2a}$ C．$4a$ D．$\dfrac{1}{4a}$

解析：当点 P 向上趋近于无穷远时，点 Q 接近于 O，$p \to \infty$，$\dfrac{1}{p} \to 0$，$q \to |OF|$，$\dfrac{1}{q} \to \dfrac{1}{|OF|} = 4a$，故选 C。

练习 13：椭圆 $\dfrac{x^2}{a^2}+\dfrac{y^2}{b^2}=1(a>b>0)$ 的切线交 x 轴于 A，交 y 轴于 B，则 $|AB|$ 的最小值为（　　）

A．$2\sqrt{a^2+b^2}$　　　B．$a+b$　　　C．$\sqrt{2ab}$　　　D．$4\sqrt{ab}$

数学选择题的解法，除了上述介绍的 8 种方法外还有很多，如逆推法、变更问题法等等，但常用的为上述 8 种方法，也是较为简单、快捷的方法。任何解法的基础都是熟练掌握"三基"和具有丰富的数学解题经验，绝对不能投机取巧，乱闯瞎蒙。在解选择题时，除了单用一种解法外，有时还需要综合运用几种方法来解决。在解选择题时，应充分用直觉思维来处理题干和选择支中的信息，充分捕捉特征，广泛联想，调动自己原有的经验，根据一定的意向，越过许多中间环节，一步到达问题的答案。从考试的角度来看，解选择题只要选对就行，不管是什么方法，甚至可以猜测，但平时做题时要尽量弄清每一个选择支正确的理由与错误的原因，这样，才会在高考时充分利用题目自身提供的信息，化常规为特殊，避免小题大做，真正做到熟练、准确、快速，顺利完成三个层次的任务。

【练习答案】

练习 1　解析：$2a+b+c=(a+b)+(a+c)$

$$\geqslant 2\sqrt{(a+b)(a+c)}$$
$$=2\sqrt{a^2+ac+ab+bc}$$
$$=2\sqrt{a(a+b+c)+bc}$$
$$=2\sqrt{4-2\sqrt{3}}=2(\sqrt{3}-1).$$

故选 D。

练习 2　解析：当 $x=\dfrac{\pi}{2}$ 时，　$f(x)=\dfrac{3\pi+2}{2}>\dfrac{3\pi}{2}$，排除 C，故选 D。

练习 3　解析：由于 $y=g(x)$ 在区间 $[\dfrac{1}{2},2]$ 上是增函数，则必有 $g(2)>g(\dfrac{1}{2})$，在 A，B，C 三个选项中对 a 分别取特殊值均可得到使 $g(2)>g(\dfrac{1}{2})$ 不成立的值，故 A、B、C 被排除，故选 D。

练习4 解析：函数 $y=1+a^x$ 的图象过点（0，2）、（1，1+a），所以其反函数图象过点 M（2，0）、N（1+a，1）。

又 $0<a<1$，所以 $2>1+a$，所以点 N 在 M 的左侧，故选 A。

练习5

练习6 解析：设 $f(x)=x(x-1)(x-2)=x(x^2-3x+2)=x^3-3x^2+2x$

此时 $a=1$，$b=-3$，$c=2$，$d=0$，故选 A。

练习7 解析：令 $a=(1,0)$，$c=(0,m)$，则 $b=(-1,m)$，所以 $a\cdot b=-1$

设 a 与 b 的夹角为 θ，则 $\cos\theta=\dfrac{a\cdot b}{|a|\cdot|b|}=-\dfrac{1}{|b|}=-\dfrac{1}{2}$，故选 C。

练习8 解析：利用特殊图形如正方体我们不难发现①、②、③、④均不正确，故选 D。

练习9 解析：当 $f(x)=\dfrac{1}{x}$ 时，$\dfrac{|f(x_2)-f(x_1)|}{|x_2-x_1|}=\dfrac{1}{|x_1x_2|}<1$.

所以 $|f(x_2)-f(x_1)|<|x_2-x_1|$ 恒成立，故选 A。

练习10 解析：因为 $a\leqslant b$ 的含义是 $a<b$ 或 $a=b$，于是若 B 成立，则有 D 成立；同理，若 C 成立，则 D 也成立，以上与指令"供选择的答案中只有一个正确"相矛盾，故排除 B，C，再考虑 A，D，取 $c=3$ 代入得 $a=\sqrt{3}-\sqrt{2},b=2-\sqrt{3}$，显然 $a>b$，排除 D，故选 A。

练习11 解析：由图象知，该直线的斜率小于等于渐近线的斜率 $\dfrac{b}{a}$，所以 $\dfrac{b}{a}\geqslant\sqrt{3}$，离心率 $e^2=\dfrac{c^2}{a^2}=\dfrac{a^2+b^2}{a^2}\geqslant 4$.所以 $e\geqslant 2$，选 C。

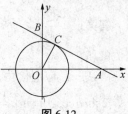

图 6-12

练习12 解析：外接球的表面积，比起内接正方体的全面积来自然要大些，但绝对不是它的约6倍（C）或约9倍（D），也不可能与其近似相等（A），故选 B。

练习13 解析：令 $a=b=1$，则椭圆将变成了单位圆 $x^2+y^2=1$，如图6-12，

$$|AB|^2 = |OA|^2 + |OB|^2 \geq 2|OA||OB| = 2|OC||AB|$$

所以$|AB| \geq 2|OC| = 2$，即$|AB|$最小值为2，故选B。

6.4.2 正确、合理、迅速是解填空题最重要的策略

1. 正确

正确是数学解题之本，然而解答填空题时，由于不反映过程，只要求填出结果，从而结论是判断解题是否正确的唯一标准，因此对正确性的要求从某种意义上来讲更高、更严格，用笔误等理由是无法解释的。为保证答案的正确性，要求必须认真审题，明确要求，弄清概念，明白算理，正确表达，才有可能答好填空题。

2. 合理

合理是正确的前提，运算过程合理，运算方法简单不仅是迅速解题之关键，也为运算结果正确提供了必要的保证，因此必须养成用理性思维指导计算、合理跳步、善于转化的习惯，避免机械地套用公式、定理和"小题大做"的不良习惯。

3. 迅速

迅速是较高要求，是高考得高分的基础之一。迅速的基础是概念清楚，定理明白，运算熟练，合理性只是给运算创造了必要的前提，要提高解题的速度，还必须注意一些解题策略和方法。解填空题的常用方法有直接法、数形结合法和特殊化法。

1.直接法，就是直接从题设条件出发，利用定义、性质、定理、公式等，经过判断、计算得到结论的方法。

例1 已知$\sin 2a = -\sin a, a \in (\dfrac{\pi}{2}, \pi)$，则$\cot a =$ _____ 。

答案：$-\dfrac{\sqrt{3}}{3}$

解析：

解法一：应用倍角正弦公式，依题设得

$2\sin a \cos a + \sin a = 0$,

即$\sin a 2\cos a + 1 = 0$,

$\because a \in (\frac{\pi}{2}, \pi), \therefore \sin a \neq 0,$

得 $2\cos a + 1 = 0,$

$\therefore \cos a = -\frac{1}{2}, \sin a = \frac{\sqrt{3}}{2}.$

从而 $\cot a = \frac{\cos a}{\sin a} = -\frac{\sqrt{3}}{3}.$

解法二：依题设得 $\sin 2a = \sin(-a)$

$\because \pi < 2a < 2\pi, -\pi < -a < -\frac{\pi}{2},$

$\therefore 2a = -a + \pi.$

解得 $a = \frac{2\pi}{3}$

$\therefore \cot a = -\frac{\sqrt{3}}{3}$

点评：直接法是解填空题最常用的基本方法，使用直接法解填空题，要善于透过现象抓本质，自觉地有意识地采取灵活简捷的解法，如本题的解法二显然比解法一简捷多了。

2. 数形结合法，就是借助图形的直观性，通过数形结合的方法。迅速作出判断的方法。文氏图、三角函数线、函数的图象及方程的曲线等都是常用图形。

例 2 若关于 x 的方程 $\sqrt{1-x^2} = k(x-2)$ 有两个不等实根，则实数 k 的取值范围是_____。

答案：$-\frac{\sqrt{3}}{3} < k \leq 0$

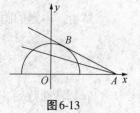

图 6-13

解析如图 6-13，令 $y_1 = \sqrt{1-x^2}, y_2 = k(x-2),$

如图知 $k_{AB} < k \leq 0$

其中 AB 为半圆的切线，计算得 $k_{AB} = -\frac{\sqrt{3}}{3}, -\frac{\sqrt{3}}{3} < k \leq 0$

点评：数形结合法在解填空题时是经常用到的一种方法。在平时学习时要有意识地运用数形结合法解决数学问题，做到"胸中有图""见数（式）联形"。

3. 特殊化法：当填空题的结论唯一或其值为定值时，我们只需把题中的参变量用特殊值（或特殊函数、特殊角、特殊数列等）代替之，即可得到结论。

（1）特殊值

例3 设 $a>b>1$，则 $\log_a b$、$\log_b a$、$\log_{ab} b$ 的大小关系为_____。

答案：$\log_{ab} b < \log_a b < \log_b a$

解析：注意到三数大小关系确定，不妨令 $a=4$，$b=2$，

则 $\log_a b = \frac{1}{2}$，$\log_{ab} b = \frac{1}{3}$，$\log_b a = 2$，

$\therefore \log_{ab} b < \log_a b < \log_b a$

（2）特殊函数

例4 如果函数 $f(x)=x^2+bx+c$ 对任意实数 t 都有 $f(2+t)=f(2-t)$，那么 $f(1)$、$f(2)$、$f(4)$ 的大小为_____。

答案：$f(2)<f(1)<f(4)$

解析：$f(x)$ 的对称轴为 $x=2$，取特殊函数 $f(x)=(x-2)^2$ 易得 $f(2)<f(1)<f(4)$。

（3）特殊角

例5 $\cos^2 a+\cos^2(a+120°)+\cos^2(a+240°)$ 的值是_____。

答案：$\frac{3}{2}$

解析：本题的隐含条件是式子的值为定值，即与 a 无关，故可令 $a=0°$，得值 $\frac{3}{2}$。

（4）特殊数列

例6 已知等差数列 $\{a_n\}$ 的公差 $d \neq 0$，且 a_1、a_3、a_9 成等比数列，则 $\dfrac{a_1+a_3+a_9}{a_2+a_4+a_{10}}$ 的值是_____。

答案：$\dfrac{13}{16}$

解：考虑到 a_1、a_3、a_9 的下标成等比数列；故可令 $a_n = n$，易得值为 $\dfrac{13}{16}$。

点评：填空题的特殊化法只有在其结论唯一或为定值时才可使用。这时选用特殊值进行探求，避开了繁杂的运算，较简单地得到了正确结论，提高了速度，节约了时间。

附一　函数的周期性探讨

函数的周期性是函数的一个重要性质，不是所有的函数都是周期函数，周期函数并不一定都有最小正周期。

1. 周期函数的概念

定义：已知函数 $f(x)$ 的定义域为集 M，若存在实数 $T \neq 0$，使对于 M 中的一切 x 都有。

$x+T \in M$，　且 $f(x)=f(x+T)$ ①

则称函数 $f(x)$ 为以 T 为周期的周期函数

根据定义，若 T 为 $f(x)$ 的一个周期，则对 M 中的一切 x，有：

$f(x)=f(x+T)$

把 $x+(-T)$ 看成①中的 x，则 x 有 ②

$f([x+(-T)]=f[x+(-T)+T]$

即 $f(x-T)=f(x)$

所以 $-T$ 也是函数 $f(x)$ 的周期 ③

其次，由①、②、③可知

$F(x)=f(x \pm T)$

$=f[x \pm T \pm T]=f(x \pm 2T)$

$=f(x \pm 2Tw \pm T)=f(x \pm 3T)$

$=\cdots$

$=f(x \pm (n-1)T \pm T)=f(x \pm nT)$

即 $\pm nT$ $(n \in \mathbf{N})$ 也是函数 $f(x)$ 的周期。因此周期函数 $f(x)$ 的周期构成一个无穷集合。

由于 $x \pm nT \in M$，所以周期函数 $f(x)$ 的定义域一定是上下无界的无穷集合，这样就得到非周期函数的一个判定法。

如果函数 $f(x)$ 的定义域 M 是有界的或一方有界的无穷集合，则函数 $f(x)$ 不是周期函数，例如函数 $f(x)=\lg x$ 的定义域为 $(0, +\infty)$，它一定不是周期函数。

定义：若函数 $f(x)$ 有周期 $T>0$，且满足 $0<\alpha<T$ 的一切 α 都不是函数 $f(x)$

的周期，则称 T 为 $f(x)$ 的最小正周期。

例1 研究狄里赫利特函数的周期性

$$D(x) = \begin{cases} 1 & x\text{是有理数} \\ 0 & x\text{是无理数} \end{cases}$$

解：若 x 为正任意给定的有理数，则当 x 是有理数时，$x+\alpha$ 是有理数，当 x 是无理数时，$x+\alpha$ 也是无理数，所以：

$$D(x+\alpha) = \begin{cases} 1 & x\text{是有理数} \\ 0 & x\text{是无理数} \end{cases}$$

即函数 $D(x)$ 是以任意有理数为周期的周期函数，因为有理数集中没有最小正有理数，因此周期函数 $D(x)$ 没有最小正周期。

例2 研究 $f(x) = \sin 4x$ 的周期性

解：若函数 $f(x) = \sin 4x$ 是周期函数，则必存在实数 $T \neq 0$，对于一切 x 有：

$\sin 4(x+T) = \sin 4x$

$\sin 4(x+T) - \sin 4x = 0$

$\sin 2T \cos(4x+2T) = 0$

因为对于一切 x，$\cos(4x+2T)$ 不总等于零，所以

$\sin 2T = 0$

$2T = k\pi$，即 $T = \dfrac{k\pi}{2}, (k \in \mathbf{Z})$

显然，$\sin 4(x+\dfrac{k\pi}{2}) = \sin(4x+2k\pi) = \sin 4x$

故 $f(x) = \sin 4x$ 是以 $\dfrac{k\pi}{2}$ 为周期的周期函数，$\dfrac{k\pi}{2}$ 中的最小正数为 $\pi/2$，因此，$f(x) = \sin 4x$ 的有最小正周期 $\dfrac{\pi}{2}$。

从上述诸例，可以看出，周期函数不一定有最小正周期，那么什么样的周期函数才有最小正周期呢？这个问题已得到解决，结论是：不是常量的、连续的周期函数都存在最小正周期。

2. 研究函数周期性的方法

确定函数的周期性，可以使对它的研究和作图大大简化，为了作出以 ω 为周

期的周期函数的图象，只须选择任一点 x_0 作出 (x_0, x_0+T) 上这个函数的图象，然后把所得的图象周期拓展就可以得到该函数图象的全部。

确定函数周期性的方法，主要是应用周期函数的定义和它的性质。

①应用周期函数的定义（例1、例2是求周期，例3证明不是周期函数）

例1 研究函数 $y=\cos x$ 的周期性。

解：若函数 $y=\cos x$ 是周期函数，周期为 $T\neq 0$，则对一切实数 x 有：

$\cos(x+T)=\cos x$,

即 $\cos(x+T)-\cos x=0$,

$\sin\dfrac{2x+T}{2}\sin\dfrac{T}{2}=0$

由于对一切实数 x，$\sin\dfrac{2x+T}{2}$ 不恒为零，所以

$\sin\dfrac{T}{2}=0$

即 $\dfrac{T}{2}=k\pi$

$T=2k\pi \quad (k\in \mathbf{Z})$

显然，$\cos(x+2k\pi)=\cos x$，所以 $y=\cos x$ 是周期函数，其周期为 $2k\pi$，最小正周期为 2π。

又解，由 $\cos x(x+2k\pi)=\cos x$ 知 $\cos x$ 是周期为 $2k\pi$ 的周期函数，我们来证明它没有小于 2π 的正周期。

若函数 $y=\cos x$ 有周期 $0<T<2\pi$，则对于一切实数 x 都有：

$\cos(x+T)=\cos x$

取 $x=0$，则 $\cos T=\cos 0=1$

显然，当 $0<T<2\pi$ 时，此等式不能成立，所以 $y=\cos \pi$ 没有小于 2π 的正周期，因此，$y=\cos x$ 的最小正周期为 2π。

类似地，可知 $\sin x$、$\cos x$ 的周期为 2π，$\tan x$、$\cot x$ 的周期为 π。

例2 研究函数 $f(x)=x-[x]$ 的周期性。

解：为了讨论函数 $f(x)=x-[x]$ 的周期性，我们先分区间写出它的解析式。

$x\in[0, 1)$, $f(x)=x$; $\qquad x\in[-1, 0)$, $f(x)=x-(-1)=x+1$;

$x\in[1, 2)$, $f(x)=x-1$; $\qquad x\in[-2, -1)$, $f(x)=x-(-2)=x+2$;

$x\in[2, 3)$, $f(x)=x-2$; $\qquad x\in[-3, -2)$, $f(x)=x+3$;

……

$x \in [n, n+1)$, $f(x) = x-n$; $x \in [-(n+1), -n)$, $f(x) = x+n+1$;
因此，函数 $f(x)$ 的图象如附图 1-1。

附图 1-1

从图形看出，任意整数都是它的周期，非整数都不是它的周期，它的最小正周期是 1。

现在再用解析法来证明
$f(x+1) = f(x+1) - [x+1] = (x+1) - ([x]+1)$
$= x - [x] = f(x)$
所以 1 是 $f(x) = x - [x]$ 的周期

我们再来证明 $f(x)$ 没有小于 1 的正周期，设 $0 < T < 1$，是函数 $f(x)$ 的周期，则对于一切实数 x 有：
$f(x+T) = (x+T) - [x+T] = f(x)$
若取 $x=2$，则
$f(2+T) = (2+T) - [2+T] = (2+T) - 2 = T$
$f(2) = 2 - [2] = 2 - 2 = 0$
$\therefore f(2+T) \neq f(2)$
即 $f(x+T) = f(x)$ 不是对一切实数 x 成立，因而 $f(x)$ 没有小于 1 的正周期。
鉴于上述，可知 $f(x) = x - [x]$ 的最小正周期是 1。

例 3 证明 $\cos\sqrt[3]{x}$ 不是周期函数

解：设 $\cos\sqrt[3]{x}$ 是周期为 T 的周期函数，则对任意实数 x 有
$\cos\sqrt[3]{x+T} = \cos\sqrt[3]{x}$
令 $x=0$，则 $\cos\sqrt[3]{T} = \cos\sqrt[3]{0} = 1$
$\therefore \sqrt[3]{T} = 2k\pi$ ($k \in \mathbf{Z}$)
令 $x=T$，则 $\cos\sqrt[3]{2T} = \cos\sqrt[3]{T}$

即 $\cos\sqrt[3]{2T} = \cos 2k\pi = 1$

$\therefore \sqrt[3]{2T} = 2k'\pi \qquad (k \in J)$

由（1）、（2）知

$$\frac{\sqrt[3]{T}}{\sqrt[3]{2T}} = \frac{k}{k'}$$

即 $\dfrac{1}{\sqrt[3]{2}} = \dfrac{k}{k'} =$ 有理数

此式显然不能成立，所以 $\cos\sqrt[3]{x}$ 不是周期函数。

例4 把曲线 $f(x) = 3^x$（$0 \leqslant x \leqslant 4$）关于 y 轴对称地延拓到 $[-4, 0]$ 上，然后把所得到的函数以周期 $T=8$，延拓在整个数轴上，求此曲线的方程。

解：把函数 $f(x) = 3^x$（$0 \leqslant x \leqslant 4$），关于 y 轴对称地延拓到 $[-4, 0]$ 上，则应满足 $f(x) = f(-x) = 3^{-x}$，

所以有

$$f(x) = \begin{cases} 3^x & (0 \leqslant x \leqslant 4) \\ 3^{-x} & (-4 \leqslant x \leqslant 0) \end{cases}$$

再把上述函数以周期 $T=8$ 周期地延拓，则应满足

$f(x-8k) = f(x) = 3^x \qquad (8k \leqslant x \leqslant 8k+4)$

$f(x-8k) = f(x) = 3^{-x} \qquad (8k-4 \leqslant x \leqslant 8k) \qquad (k \in \mathbf{Z})$

即：

$$f(x) = \begin{cases} 3^{x-8k} & (8k \leqslant x \leqslant 8k+4) \\ 3^{8k-x} & (8k-4 \leqslant x \leqslant 8k) \end{cases} \qquad (k \in \mathbf{Z})$$

这就是所求曲线的方程。

3. 应用周期函数的性质

定理1

（1）若函数 $f(x)$ 是以 T 为周期的周期函数，c 为不等于零的常数，则函数 $f(x)+c$；$cf(x)$ 也是以 T 为周期的周期函数；

（2）若函数 $f(x)$ 是以 T 为最小正周期的函数，c 为不等于零的常数，则函数 $f(x)+c$；$cf(x)$ 也是以 T 为最小正周期的函数。

证：(1) 根据条件，对函数 $f(x)$ 的定义域中的一切 x 有
$$f(x+T)=f(x)$$
从而
$$f(x+T)+c=f(x)+c,$$
$$cf(x+T)=cf(x)$$
所以函数 $f(x+c)$，$cf(x)$ 都是以 T 为周期的周期正数。

(2) 设 $f(x)$ 是以 T 为最小正周期的函数，根据定理1(1)，$f(x+c)$，$cf(x)$ 都是以 T 为周期的函数，若 $f(x)+c$，$cf(x)$ 的最小正周期为 $0<\alpha<T$，则对函数 $f(x)$ 定义域中的一切 x 有：

$$f(x+a+c)=f(x)+c \qquad cf(x+a)=cf(x) \qquad ①$$

另一方面，由于 $0<\alpha<\omega$ 不是函数 $f(x)$ 的周期，所以必存在 $x=x_0$ 使
$$f(x_0+\alpha)\neq f(x_0)$$
从而
$$f(x_0+\alpha)+c\neq f(x_0)+c \qquad cf(x_0+\alpha)\neq f(x_0) \qquad ②$$

①、②的矛盾说明，函数 $f(x)+c$，$cf(x)$ 不可能有小于 T 的正周期 α，所以它们的最小正周期都是 T。

推论，若函数 $f(x)$ 是以 T 为周期（或最小正周期）的函数，则函数 $af(x)+c$ 也是以 T 为周期（或最小正周期）的函数，其中 a，c 为常数，且 $a\neq 0$。

定理2

(1) 若函数 $f(x)(-\infty<x<+\infty)$ 是以 T 为周期的周期函数，则函数 $f(ax+b)$ ($a\neq 0$) 是以 $\dfrac{T}{a}$ 为周期的周期函数。

(2) 若函数 $f(x)(-\infty<x<+\infty)$ 是以 T 为最小正周期的函数，则函数 $f(ax+b)$ ($a\neq 0$)，也是以 $\dfrac{T}{|a|}$ 为最小正周期的周期函数。

证：(1) 由已知条件，对一切实数 x 有
$$f(x)=f(x+T)$$
由于当 $x\in \mathbf{R}$ 时，$ax+b\in \mathbf{R}$，所以
$$f(ax+b)=f[(ax+b)+T]$$
$$=f[a(x+\dfrac{T}{a})+b]$$

即函数 $f(ax+b)$ 是以 $\frac{T}{a}$ 为周期的函数。

(2) 已知函数 $f(x)$ 的最小正周期为 T，根据定理 2 (1)，函数 $f(ax+b)$ 的周期为 $\frac{T}{a}$，设函数 $f(ax+b)$ 的最小正周期为 α，且 $0<\alpha<\frac{T}{|a|}$，则对于一切实数 x 有：

$$f(ax+b) = f[(ax+b)+T]$$

$$= f[(ax+b)+a\alpha]$$

设 $ax+b=X$，则
$$f(X) = f(X+a\alpha)$$

当 α 取遍 $\{x|ax+b\in \mathbf{R}, x\in \mathbf{R}\}$ 各数时，$x=ax+b$ 取遍 $\mathbf{R}$ 中的所有数，因此上式表明 $a\alpha$ 是函数 $f(x)$ 的周期，当然 $|a\alpha|$ 也是 $f(x)$ 的周期。

$$0<|a\alpha|=|a||\alpha|<|a|\cdot\frac{T}{|a|}=T$$

这与 $f(x)$ 的最小正周期为 T 相矛盾，故知函数 $f(ax+b)$ 的最小正周期为 $\frac{T}{|a|}$。

例如 $A\sin(ax+b)$ $(A\neq 0, a\neq 0)$ 的最小正周期为 $\frac{2\pi}{|a|}$。

定理 3

(1) 若函数 $f(x)$ 是以 T 为周期的函数，则函数 $\frac{1}{f(x)}$ $(f(x)\neq 0)$ 也是以 T 为周期的函数。

(2) 若函数 $f(x)$ 的最小正周期为 T，则函数 $\frac{1}{f(x)}$ $(f(x)\neq 0)$ 的最小正周期也是 T。

此定理可类似于定理 1、2 加以证明。

定理 4

若函数 $f(x)$，$g(x)$ 都是以 T 为周期的周期函数则函数 $f(x)+g(x)$ 也是以 T 为周期的周期函数。

证：已知函数 $f(x)$，$g(x)$ 都是以 T 为周期的周期函数，则对于其定义域内的一切 x 分别有

$f(x)=f(x+T)$，$g(x)=g(x+T)$

把以上二式相加得：

$f(x)+g(x)=f(x+T)+g(x+T)$　　(A)

由于函数 $f(x)+g(x)$ 的定义域是函数 $f(x)$ 和 $g(x)$ 的定义域的交集，所以对函数 $f(x)+g(x)$ 的定义域中的一切 x，(A) 都成立。即函数 $f(x)+g(x)$ 也是以 T 为周期的周期函数。

例如，$\sin 2x$ 与 $\tan x$ 都是以 π 为周期的周期函数，根据定理 (4)，函数 $\sin 2x+\tan x$ 也是以 T 为周期的周期函数。

推论：若函数 $f(x)$，$g(x)$ 都是以 T 为周期的周期函数，则函数 $af(x)+bg(x)+c$（a、b、c 为实数）也是以 T 为周期的周期函数。

应该注意 1. 若 $f(x)$、$g(x)$ 为具有不同周期的周期函数，则其和 $f(x)+g(x)$ 不一定是周期函数。

2. 若 $f(x)$、$g(x)$ 为具有相同最小正周期函数，则这个最小正周期不一定是 $af(x)+bg(x)+c$ 的最小正周期，例如 $f(x)=\tan x-\cot x$ 的最小正周期为 $\frac{\pi}{2}$，事实上，$f(x)=\tan x-\cot x=\dfrac{\sin x}{\cos x}-\dfrac{\cos x}{\sin x}=\dfrac{-\cos 2x}{\sin x\cos x}=-2\cot 2x$　　$T=\dfrac{\pi}{2}$。

例 1　研究函数 $f(x)=\sin 3x+\cot\dfrac{x}{3}$ 的周期性。

解：函数 $\sin 3x$ 是以 $\dfrac{2\pi}{3}$ 为最小正周期的周期函数；函数 $\cot\dfrac{x}{3}$ 是以 3π 为最小正周期的周期函数，两个最小正周期 $\dfrac{2\pi}{3}$，$3\pi=\dfrac{9\pi}{3}$ 的最小公倍数是 $\dfrac{18\pi}{3}=6\pi$，所以函数 $\sin 3x$ 和 $\cot\dfrac{x}{3}$ 都是以 6π 为周期的周期函数，根据定理 4，其和 $\sin 3x+\cot\dfrac{x}{3}$ 也是以 6π 为周期的周期函数。

$$f(x+6\pi)=\sin 3(x+6\pi)+\tan\dfrac{x+6\pi}{3}$$
$$=\sin(3x+9\cdot 2\pi)+\cot\left(\dfrac{x}{3}+2\pi\right)$$

$$=\sin 3x + \cot \frac{x}{3} = f(x)$$

例2 研究函数 $f(x) = \tan\sqrt{2}x + \tan\sqrt{5}x$ 的周期性。

解：函数 $\tan\sqrt{2}x$ 的周期为 $\frac{\pi}{\sqrt{2}}$，$\tan\sqrt{5}x$ 的周期为 $\frac{\pi}{\sqrt{5}}$ 若函数 $f(x) = \tan\sqrt{2}x + \tan\sqrt{5}x$ 的周期为 ω，则 ω 应为 $\frac{\pi}{\sqrt{2}}$，$\frac{\pi}{\sqrt{5}}$ 的公倍数，即

$$T = k\left(\frac{\pi}{\sqrt{2}}\right),\ T = k'\left(\frac{\pi}{\sqrt{5}}\right),\ (k,\ k' \in J)$$

于是有：

$$k\left(\frac{\pi}{\sqrt{2}}\right) = k'\left(\frac{\pi}{\sqrt{5}}\right) \quad 即\ \frac{k}{k'} = \frac{\sqrt{2}}{\sqrt{5}}$$

由于 $\frac{k}{k'}$ 是有理数，$\frac{\sqrt{2}}{\sqrt{5}}$ 是无理数，此式显然不能成立，这个矛盾说明 $f(x) = \tan\sqrt{2}x + \tan\sqrt{5}x$ 不是周期函数。

例3 研究函数 $f(x) = \sin 2x + \sin \pi x$ 的周期性。

解：$\sin 2x$ 的周期为 π，$\sin \pi x$ 的周期为 2，若 $f(x) = \sin 2x + \sin \pi x$ 是以 T 为周期函数，则 T 应为 2 和 π 的公倍数，

$T = 2k,\ T = \pi k'$，其中 $k,\ k' \in \mathbf{Z}$ 于是有：

$2k = \pi k'$，即 $\frac{k}{k'} = \frac{\pi}{2}$

由于 $\frac{k}{k'}$ 是有理数，$\frac{\pi}{2}$ 是无理数，此式显然不能成立。因此 $f(x)$ 不是周期函数。

怎样的两个具有不同周期的周期函数的和才是周期函数呢？这个问题已经解决，其结论是：

若连续函数 $f(x)$ 的周期为 T_1，$g(x)$ 的周期为 T_2，则函数 $f(x) + g(x)$ 是周期函数的充要条件是 T_1、T_2 有公倍数。

还要指出，具有相同最小正周期的周期函数的和可能没有最小正周期，即使其和有最小正周期它也不一定和这两个函数的最小正周期相同。

例如，函数 $\sin x$ 和 $-\sin x+c$（c 为常数），都是以 2π 为最小正周期的周期函数，其和 $\sin x+(-\sin x+c)=c$ 虽是周期函数，但它没有最小正周期。

又如，函数 $f(x)=-\sin x$；$g(x)=\sin x\cos x+\sin x$ 都是 2π 为最小正周期的周期函数，其和

$$f(x)+g(x)=\sin x\cos x=\frac{1}{2}\sin 2x。$$

是以 π 而不是 2π 为最小正周期。

定理 5 若函数 $f(x)$，$g(x)$ 都是以 T 为周期的周期函数，则函数 $f(x)g(x)$ 也是以 T 为周期的周期函数。

证明可仿定理 4 进行。

和定理 4 一样，应该注意具有不同周期的两个周期函数的积可能不是周期函数。

例 3 研究函数 $f(x)=\sin(ax)$、$\sin(bx)$ 的周期性，其中 $ab\neq 0$

解：$\sin ax$ 的周期为 $\dfrac{2\pi}{a}$；

$\sin bx$ 的周期为 $\dfrac{2\pi}{b}$。

若 $f(x)$ 是以 T 为周期的周期函数，则

$T=k\dfrac{2\pi}{a}$，$T=k\dfrac{2\pi}{b}$，其中 $k, k'\in \mathbf{Z}$，

于是有

$k\dfrac{2\pi}{a}=k'\dfrac{2\pi}{b}$

即 $\dfrac{k}{k'}=\dfrac{b}{a}$

因此，当 $\dfrac{b}{a}$ 为有理数时，$f(x)$ 是周期函数，当 $\dfrac{b}{a}$ 不是有理数时，$f(x)$ 不是周期函数。

那么，怎样的两个具有不同周期函数的积才是周期函数呢，其结论是：两个连续周期函数的积为周期函数的充要条件是它们的周期有公倍数或它们的周期的比是有理数。

还应注意，具有相同的最小正周期 T 的两个周期函数的积可能没有最小的正周期，或者有与 T 不同的最小正周期。

例如，函数 $\sin x, \cos x$ 都是以 2π 为最小正周期的函数但其积 $\sin x \cdot \cos x = \frac{1}{2}\sin 2x$，是以 π 为最小正周期的函数。

又如，函数 $\tan x$；$\cot x$ 都是以 π 为最小正周期的函数，但其积 $\tan x \cdot \cot x = 1$ 是没有最小正周期的函数。

定理 6

（1）若函数 $T(x)$ 是以 T 为周期的周期函数，则复合函数 $f[\varphi(x)]$ 也是以 T 为周期的周期函数；

（2）若函数 $u=\varphi(x)$ 是以 T 为最小正周期的周期函数，函数 $f(u)$ 是严格单调的，则复合函数 $f[\varphi(x)]$ 也是以 T 为最小正周期的周期函数。

证：（1）已知 $\varphi(x)$ 是以 T 为周期的函数，则对其定义域中的一切 x 有：
$\varphi(x+T) = \varphi(x)$
从而 $f[\varphi(x+T)] = f[\varphi(x)]$

由于复合函数 $f[\varphi(x)]$ 的定义域是函数 $\varphi(x)$ 的定义域的子集，所以对复合函数 $f[\varphi(x)]$ 的定义域中的一切 x，上式都成立，即 $f[\varphi(x)]$ 是以 T 为周期的周期函数。

（2）已知 $\varphi(x)$ 的最小正周期为 T，由（1）知复合函数 $f[T(x)]$ 也是以 T 为周期的周期函数。

设 $f[\varphi(x)]$ 的最小正周期为 β，且 $0<\beta<T$，则对其定义域中的一切 x 有：

$\varphi(x+\beta) \neq \varphi(x)$ ①

且 $f[\varphi(x+\beta)] = f[\varphi(x)]$ ②

但由于 $f(u)$ 是严格单调的，当 $\varphi(x+\beta) \neq \varphi(x)$ 时必有

$f[\varphi(x+\beta)] \neq f[\varphi(x)]$ ③

这样②、③的矛盾就说明了复合函数 $f[\varphi(x)]$ 没有小于 T 的最小正周期，因此，$f[\varphi(x)]$ 没有小于 T 的最小正周期，因此，$f[\varphi(x)]$ 的最小正周期也是 T。

例 5 研究下列函数的周期性

（1）$y=2^{\sin x}$ （2）$y=\cos^2 x$

解：（1）把函数 $y=2^{\sin x}$ 看成是由 $y=2^u$，$u=\sin x$ 构成的复合函数。由于 $y=2^u$ 是

严格递增的，$u=\sin x$ 的最小正周期为 2π，根据定理 6（2），复合函数 $y=2^{\sin x}$ 的最小正周期为 2π。

（2）把函数 $y=\cos^2 x$ 看成是由函数 $y=u^2$，$u=\cos x$ 构成的复合函数，由于函数 $y=u^2$ 不是单调的，$u=\cos x$ 的最小正周期，根据定理 6（1）复合函数 $y=\cos^2 x$ 是以 2π 为周期的周期函数，但 2π 不一定是它的正周期。事实上，由 $\cos^2 x=\dfrac{1}{2}(1+\cos 2x)$ 知它的最小周期为 π。

还要指出，若 $f(u)$ 是周期函数而 $u=\varphi(x)$ 不是周期函数，复合函数 $f[\varphi(x)]$ 也可能是周期函数。

例如，$f(u)=\cos u$ 是周期函数，$u=\alpha x+\beta$（$x\neq 0$）不是周期函数，但它们构成的复合函数 $\cos(\alpha x+\beta)$ 则是以 $\dfrac{2\pi}{|\alpha|}$ 为周期的周期函数。

又如，$f(u)=\cos u$ 是周期函数，$u=\sqrt[3]{x}$ 不是周期函数，它们构成的复合函数 $\cos\sqrt[3]{x}$ 就不是周期函数。

定理 7　若对函数 $f(x)$ 定义域中的一切 x，存在某个常数 $T\neq 0$，使得

$$f(x+T)=\frac{1}{f(x)}$$

或 $f(x+T)=-\dfrac{1}{f(x)}$

则函数 $f(x)$ 是以 $2T$ 为周期的周期函数。

证：对于函数 $f(x)$ 定义域中的一切 x，有
$f(x+2T)=f[(x+T)+T]$
$=\dfrac{1}{f(x+T)}=\dfrac{1}{\dfrac{1}{f(x)}}=f(x)$

或 $f(x+2T)=f[(x+T)+T]$
$=\dfrac{1}{f(x+T)}=\dfrac{1}{-\dfrac{1}{f(x)}}=f(x)$

所以函数 $f(x)$ 是以 $2T$ 为周期的周期函数。

例如，由于
$$\tan\left(x+\frac{\pi}{2}\right) = -\cot x = -\frac{1}{\tan x}$$

根据定理 7，$\tan x$ 是以 $2\left(\frac{\pi}{2}\right)$ 即 π 为周期的周期函数。

又如，由于 $e^{\cos(x+\pi)} = \dfrac{1}{e^{\cos x}}$，根据定理 7，$e^{\cos x}$ 是以 2π 为周期的周期函数。

定理 7 还可推广如下：

定理 7′ 若对函数 $f(x)$ 定义域 **R** 中的一切 x 和某个常数 $T \neq 0$ 都有
$$f(x+T) = \frac{1}{f(x)}$$

或 $f(x+T) = -\dfrac{1}{f(x)}$

且 T 为上式成立的最小正数，则函数 $f(x)$ 是以 $2T$ 为最小正周期的周期函数。

证：根据定理 7，$f(x)$ 是以 $2T$ 为周期的周期函数，设它的最小正周期为 2β，且

$0 < \beta < T$, $0 < 2\beta < 2T$

则对 $f(x)$ 定义域中的一切 x 都有
$$f(x) = f(x+2\beta)$$

由于 $f(x) = \dfrac{1}{f(x+T)}$

所以 $f(x+2\beta) = \dfrac{1}{f(x+T)}$

令 $x+T = X$，则当 $x \in \mathbf{R}$ 时，$x+T \in \mathbf{R}$，反之亦然，于是 $X \in \mathbf{R}$，上式可写成
$$f(X + 2\beta - T) = \frac{1}{f(x)}$$

由于 $0 < \beta < T$ 知 $2\beta - T < T$，这与 T 使 $f(x+T) = \dfrac{1}{f(x)}$ 成立的最小正数相矛盾，

所以 $f(x)$ 的最小正周期为 $2T$。

定理 8 若函数 $y=f(x)$ $(-\infty<x<+\infty)$ 的图象关于两个垂直轴 $x=a$, $x=b$ $(b>a)$ 对称，则函数 $f(x)$ 是以 $2(b-a)$ 为周期的周期函数。

证：已知出函数 $y=f(x)$ $(-\infty<x<+\infty)$ 的图象关于两个垂直轴 $x=a$, $x=b$ 对称，则对一切实数 x 都有

$f(x)=f(2a-x)$ ①
$f(x)=f(2b-x)$ ②

由于 $x\in \mathbf{R}$, $2a-x\in \mathbf{R}$

$\therefore f(x)=f(2a-x)$ 根据①
$=f[2b-(2a-x)]$ 根据②
$=f[x+2(b-a)]$

即函数 $f(x)$ 是以 $2(b-a)$ 为周期的周期函数。

例如，曲线 $y=\sin x$ 关于直线 $x=\dfrac{\pi}{2}$，$x=-\dfrac{\pi}{2}$ 对称，根据定理 8，函数 $\sin x$ 是以 $2[\dfrac{\pi}{2}-(-\dfrac{\pi}{2})]$ 即 2π 为周期的周期函数。

定理 9 若函数 $y=f(x)$ $(-\infty<x<\infty)$ 的图象关于点 $M(a, y_0)$ 和直线 $x=b$ 对称，则函数 $f(x)$ 是以 $4(b-a)$ 为周期的周期函数。

证：根据题设条件对于一切实数 x 有

$2y_0=f(x)+f(2a-x)$ ①
$f(x)=f(2-x)$ ②

由于当时 $x\in \mathbf{R}$ 时，$x+4(b-a)\in \mathbf{R}$，并有：

$f[x+4(b-a)]=f[2b-4a-2b-x]$
$=f(4a-2b-x)$ （根据②）
$=f[2a-(2b-2a+x)]$
$=2y_0-f[2b-2a-x]$ （根据①）
$=2y_0-f[2b-2a-x]$
$=2y_0-f(2a-x)$ （根据②）
$=2y_0-[2y_0-f(x)]$ （根据①）
$=f(x)$

即函数 $f(x)$ 是以 $4(b-a)$ 为周期的周期函数。

例如，函数 $\sin x$ 关于点 $(0, 0)$ 和直线 $x=\dfrac{\pi}{2}$ 对称，根据定理 9、函数 $\sin x$ 是

以 $4\left(\dfrac{\pi}{2}-0\right)$ 即 2π 为周期的周期函数。

【练习】

1. 求下列函数的周期：

(1) $f(x)=2\cos\left(4x+\dfrac{\pi}{4}\right)$;

(2) $f(x)=\dfrac{1}{2}\tan 3x+1$;

(3) $f(x)=1+\tan\dfrac{x}{5}+\cos\dfrac{x}{3}$;

(4) $f(x)=\lg\cos x$.

2. 证明 $\tan x$、$\cot x$ 的最小正周期是 π。

3. 证明下列函数不是周期函数：

(1) $f(x)=\sin x^2$

(2) $f(x)=x\cos x$

4. 设 $f(x)$、$g(x)$ 的周期分别为 T_1，T_2，且 $\dfrac{T_1}{T_2}$ 为有理数，则函数 $f(x)+g(x)$，$f(x)\cdot g(x)$ 是周期函数。

5. 设已知函数 $f(x)=x$ $(-\pi\leqslant x\leqslant\pi)$，试在整个数轴上对此函数作以 2π 为周期的周期延拓。

附二 三大几何作图问题的解

古希腊三大几何作图问题

公元前 5 世纪，古希腊人对几何学开始有了比较完整的、系统的讨论，他们的研究成果除了被欧几里得（Euclid，约公元前 330～前 275）纳入《几何原本》之外，同时还有其它问题的探索。最为著名的问题之一是几何作图的三大问题：化圆为方、三等分角、立方倍积。

实际上，这三个作图题是已被古希腊人解决了的问题的扩张而已。一个角既然可被平分，自然地可以考虑它的三等分问题；以正方形对角线为边作出的正方形的面积是原来正方形面积的二倍，就容易想到作一个立方体，使它的体积等于已知立方体体积的二倍；讨论了图形等面积的变换问题，进而可以考虑作一个正方形，使它的面积等于一个圆的面积。这些问题就被简称为三等分角、立方倍积和化圆为方。

但问题在于作图工具只允许使用无刻度的直尺和圆规，也就是我们平时所说的尺规作图。这种限制最早大约是由古希腊人恩诺皮得斯（Oenopides，约公元前 465 年左右）提出，以后经柏拉图（Plato，约公元前 430～前 349）大力提倡，欧几里得再以理论形式把它总结在《几何原本》中，成为希腊几何学的金科玉律。

其实，作图工具的这种限制并非个别人的癖好和主观旨意，追溯起来，主要有三个原因：

（1）和当时研究的对象和方法有关：因为初等平面几何研究的对象，只限于直尺和圆以及由它们（或它们的一部分）的组成的图形。只要有了直尺和圆规这两种作图工具，直线和圆就都可以作，自然无需增加别的工具。从希腊几何的基本精神看，力图从极少的基本假设（定义、公理、公设）出发，推导出尽可能多的命题，对于作图工具，自然也相应地限制到不能再少的程序。

（2）和古希腊几何研究的指导思想有关：古希腊人研究几何学的目的是为了训练逻辑思维，训练逻辑思维的几何学要对作图工具有所限制。因此，在几何作图时，就只许凭借规定的有限工具而不使用更多的工具。古希腊人深信，不论多么复杂的图形都能依靠足够的耐心和聪明才智，仅用尺规将图作出来。

（3）希腊人通过尺规作图来证明一个几何图形的存在问题。亚里士多德（Aristotle，公元前384～前322）曾明确指出，必须保证所引用的概念不自相矛盾，即必须证明它们的存在性。为了解决这一问题，希腊人从原则上只承认可作图的概念是存在的，由于直线和圆在公设里已承认可作图，因而其它图形则由圆和直线作出，从而对尺规作图的可行性赋予了特殊的地位。

尺规作图的范围

1. 什么叫尺规作图

什么叫做尺规作图呢？按古希腊人研究几何问题的传统，所谓尺规作图，是在平面上给出一些初等几何图形：点、直线、圆，利用这些图形，来作一些满足某些要求的几何图形。但在作图的过程中，仅限于有限次使用直尺和圆规，当然这里的直尺是指没有刻度的、只能画直线的尺，而圆规则只能画圆。

作图公法：1. 过两点作一直线；2. 已知圆心和半径可作一圆；3. 求直线与直线、直线与圆、圆与圆的交点（若交点存在）。

2. 尺规作图的范围

利用直尺和圆规，我们能够作出哪些初等图形呢？在初等几何里，我们知道下面的图是可作的（读者不妨自己用直尺和圆规完成下列尺规作图）：

（1）二等分已知线段；

（2）二等分已知角；

（3）已知直线 l 和 l 外一点 p，过 p 作直线垂直于 l。

（4）已知线段 a, b，作 $a+b$，$a-b$，ab，a/b，ra，这里 r 是正有理数。ra 的作法如下：设 $r=p/q$，p 和 q 都是自然数，则 $ra=pa/q$，先作 a 的 p 倍，再作 pa/q，即 ra 可以作出。

（5）内分或外分一线段成已知比；

（6）作三条已知线的第四比例项；

（7）作二条已知线段的第三比例项；（$a:b=b:x$）

（8）作二已知线段的等比中项或比例中项；

（9）任意给定自然数 n，作已知线段的 n 倍，以及 n 等分已知线段；

（10）已知线段 a 作 $\sqrt{a}$。

如附图 2-1，$OA=a$，$AB=1$。以 OB 为直径作圆，过 A 作 OB 的垂线交圆周于 C，直角三角形 OAC 与直角三角形 OBC 有一个公共角 $\angle COB$，由此可得，$\angle OCA=\angle ABC$，这样一来，$\triangle OAC \sim \triangle CAB$，设 $AC=x$，我们有：

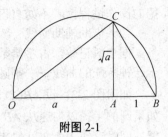

附图 2-1

$$\frac{a}{x}=\frac{x}{1},$$
$$x^2=a,$$
$$x=\sqrt{a}$$

由于尺规作图在理论上的限制，使得希腊几何留下两项任务有待解决：第一项是特殊任务，这就是三大几何作图问题，它引起人们极大的兴趣，虽然它的答案是否定的，但至今还使一些人着迷，本专题正是为了解决这一问题而开设的。第二项任务则具有普遍意义，即源于古希腊人通过作图来证明数学对象（尤其是几何对象）的存在性，然而仅用尺规显然限制过严，这就需要突破狭隘的几何方法的束缚，放宽存在性问题的准则。

3. 三等分角的非尺规作图方法

由于三大作图问题对作图工具给予了严格的限制，致使得长时间内问题无法解决，但如果取消这一限制，人们早已探索出许多有关三大问题的解法，下面将介绍几种三等分角的几何作图方法，其共同特点是突破了尺规作图的限制。

（1）"数学之神"阿基米德（Archimedes，公元前 287～前 212）的作法

阿基米德在几何学上的造诣是很深的，从他的著作里可以看到这位学者对三等分角问题的研究，他的方法堪称简单明了。

设所要等分的角为 $\angle AOB$，如附图 2-2，阿基米德取一直尺，令其一端为点 P，另在直尺边缘上取一点 Q，以 O 为圆心，PQ 长为半径作圆，交 $\angle AOB$ 两边于 A，B。让 P 点在 OA 的反向延长线上移动，Q 点保持在圆上移动，当直尺刚好通过 B 点（即 B，Q，P 在一条直线上）时，画出直线 PQB，此时由

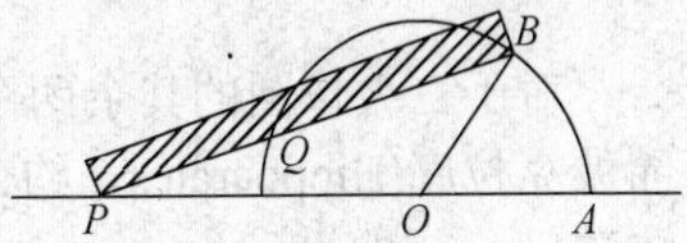

附图 2-2

$PQ=QO=OB$

得 $\angle APB=\dfrac{1}{3}\angle AOB$

显然，这个方法中直尺除了画直线外，还通过取定 PQ 等于所作圆的半径，使直尺起到了画直线以外的作用，这样就取消了直尺上无刻度的限制。（对阿基米

德的操作过程读者不妨自己动手一试）

（2）借助辅助曲线

据史料记载，古希腊数学家吉比亚斯（Hippias，约公元前460年左右）借助于一种特殊的曲线——割圆曲线，找到了求解三等分角的另一种方法。

如附图2-3，设 $ABCD$ 是正方形，$\overline{BED}$ 是以为圆心，AB 为半径的 1/4 圆弧，如果圆的半径以匀速从 AB 顺时针绕 A 点转动到 AD 的位置，同时直线 BC 亦以匀速平行下移到 AD 的位置，且转动的半径和平移的直线同时和 AD 重合，则 AB 与 BC 在运动中的交点所成的轨迹称为割圆曲线 BG。

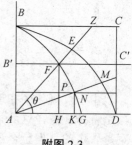

附图2-3

设 $\theta = \angle DAZ$ 为待分的任意角，其始边在 AD 上，终边与 BC 交于 Z 点，与圆弧 $\overline{BD}$ 交于 E 点，与割圆曲线 BG 交于 F 点（如附图2-3），过 F 点作 AD 的垂线，垂足为 H，将 FH 三等分，使 $PH = \frac{1}{3} FH$，再作 $PN // AD$ 交割圆曲线于 N 点，过 A 点作直线 AN，交圆弧 BD 于 M 点，再作 $NK \perp AD$ 交 AD 于 K。由于

$$\frac{\overline{DM}}{\overline{DE}} = \frac{NK}{FH} = \frac{PH}{FH} = \frac{1}{3},$$

所以 $\overline{DM} = \frac{1}{3} \overline{DE}$，

即 $\angle DAM = \frac{1}{3} \angle DAZ = \frac{1}{3} \theta$，

利用割圆曲线，还可以将已知角 θ 任意 n 等分。值得注意的是，割圆曲线是以运动的观点认识曲线，这与尔后的解析几何观点不谋而合。此外，梅内克斯发明用蚌线、阿基米德用螺线也解决了三等分任意的问题。

对于三大作图的其余两个问题，希腊人也设法给予解决。其中倍立方问题由希波克拉底(Hippocrates，约公元前460年)归结为求线段 a 与 $2a$ 之间的两个比例中项 x，y，即设

$$\frac{a}{x} = \frac{x}{y} = \frac{y}{2a}$$

则 $x^2 = ay$ 且 $y^2 = 2ax$，消去 y，得 $x^3 = 2a^3$。如果 a 是已知立方体的棱长，那么 x 就是所求倍立方体的棱长。

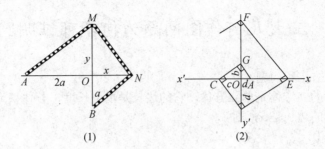

附图 2-4

后人在这一基础上用两个矩（即构成直角的两把尺连起来所成的直角尺）作出了 a 与 $2a$ 的两个比例中项（如附图 2-4（1）所示）。先作 $MB \perp AN$，取 $OB=a$，$OA=2A$。将两个直角尺 AMN 和 MNB 放置成附图 2-4 的位置，即角尺顶点 M，N 分别落在这两条垂线上，且两者的 MN 也重合，另外两边还分别通过 A，B 两点。则 $x=ON$，$y=OM$ 就是所求的两个等比中项。如果矩上有刻度，则用一个矩就可解决这一问题（请读者自己动手试一试）根据这一原理，还可作已知线段 a、b 的平方比，立方比，四次方比……（如附图 2-4（2）所示）

此外，梅内克斯（Menaechmns，约公元前 375～前 325）还发明了用圆锥曲线；丢克莱斯（Diocles，约公元前 2 世纪）发明了用蔓叶线求解立方倍积问题，这些成果构成了古代高等几何的主要内容。

化圆为方问题由于 π 的超越性，看似很难解决，但欧洲文艺复兴时代的大师达·芬奇（Leonando Da Vinci，1452～1519）却发明了一种妙不可言的方法。他取一个圆柱，使圆柱的底与已知圆半径 r 相等，高为底面半径 r 的一半，将这个圆柱在平面上滚动一周，则产生一个矩形，这个矩形的面积是

$$S=2\pi r \cdot \frac{r}{2} = \pi r^2$$

恰好等于圆的面积，再将矩形作等积变换化为正方形即可。这一问题的讨论还使古希腊人强烈的感受到曲—直的本质区别，逐渐领会到"无穷"是方圆转化的关键，他们用逼近的思想探求曲与直的关系，并大大发展了穷竭法这一古代的杰出思想方法。

可见，只要放宽尺规作图的限制，人们在探求三大问题的解决过程中，不断发挥聪明才智，表现出了杰出的数学思想方法和创造能力。

三大几何作图问题为何不可证明？

（1）立方倍积问题

设给出的立方体是单立方体，它的边长是单位长度，若体积为立方体体积两倍的立方体的边长是 x，则

$$x^3-2=0$$

已经证明这个方程没有有理根，从而也没有二次不尽根。另一方面，解这个方程，得 $x=\sqrt[3]{2}$，其余的根为虚根。但 $\sqrt[3]{2}$ 不是二次不尽根，不能用直尺和圆规构造出长度为 $\sqrt[3]{2}$ 的线段。因此立方倍积问题是不可解的。

（2）化圆为方问题

考虑半径为 1 的单位圆，它的面积为 π，现在构造一个边长为 x 的正方形，它的面积为 π，于是

$$x^2=\pi$$

解这个方程，得：

$$x=\sqrt{\pi}$$

由于 $\sqrt{\pi}$ 是一个超越数，能用尺规作图的数至少是代数数，所以它不可能是二次不尽根，因此也不可能用尺规作出长度为 $\sqrt{\pi}$ 的线段，这样，"化圆为方"的问题也是不可解的。

值得一提的是，人类对超越数的认识经历过艰苦的历程。实变函数中曾证明了全体代数数是可数的，从而也证明了超越数的存在性。因为全体实数可划分为代数数和超越数两类，由此可以断言超越数比代数数多得多！正如数学史家埃•贝尔所说："点缀在平面上的代数数犹如夜空中的繁星，而沉沉的夜空则由超越数构成"。但是必须指出，一个个具体的超越数却难于寻觅，对它们是超越数这一身份的证明更是难上加难。

例如，自然对数的底 e 与 π 都是超越数，证明它们是超越数是困难的，吸引着许多数学家付出巨大的劳动去进行研究。直到 1873 年埃尔米特才给出了 e 是超越数的证明。他认为证明 π 的超越性更困难，而不敢去尝试。他给友人的信中写道："我不敢去试证明 π 的超越性。如果其他人承担这项工作，对于他们的成功没有比我更高兴的人了，但是请相信我，我亲爱的朋友，这决不会不使他们花去一些力气"。九年之后，林德曼在 1982 年用实质上与埃尔米特相同的方法证明了 π 的超越性。

（3）三等分角问题

我们要证明只用直尺和圆规三等分任意角是不可能的，并不排除特殊角可用尺规三等分，如 90°和 180°那样的角仍可以三等分，因而要说明的是，不能用尺规三等分角是指对每一个角的三等分都有效的普通方法不存在。为了证明这一点，只要反过来证明某一个角不能三等分就足够了，因此我们取一个 60°的角，并证明 60°角只用直尺和圆规不能三等分，从而证明了三等分任意角的一般方法是不存在的。

如附图 2-5 所示，在 xoy 坐标系中，设 $\angle QOP = 60°$，并设线段 OP 的长度为 1。假定三等分任意角是可能的，则 60°的三分之一是 20°，设 $\angle ROP = \theta = 20°$。那么，点 R 的纵坐标一定是有理数或二次不尽根。这相当于说 $\cos\theta = 1/OR$ 是有理数或二次不尽根。有三倍角公式

$$\cos 3\theta = 4\cos^3\theta - 3\cos\theta$$

因 $\cos 3\theta = \cos 60° = \dfrac{1}{2}$，所以

$$4\cos^3\theta - 3\cos\theta = \dfrac{1}{2}$$

令 $x = \cos\theta$ 并代入上式，得代数方程

$$8x^3 - 6x - 1 = 0$$

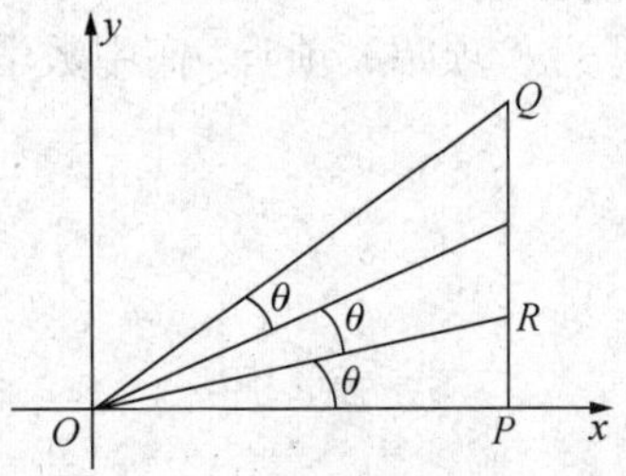

附图 2-5

而这个方程没有二次不尽根，由于 $x = 1/OR$，所以 OR 不是有理数或二次不尽根，即 R 点的纵坐标不是有理数或二次不尽根，因此不能由尺规作出，与前面的断言矛盾，这就证明了 60°角不能用尺规三等分。

参 考 文 献

[1] 孔企平、张维忠、黄荣金. 数学新课程与数学学习[M]. 北京：高等教育出版社.

[2] 黄翔. 数学教育的价值[M]. 北京：高等教育出版社.

[3] 马复. 设计合理的数学教学[M]. 北京：高等教育出版社.

[4] 吕传汉、汪秉彝. 中小学数学情境与提出问题教学探究[M]. 贵州：贵州人民出版社.

[5] 项昭、项昕. 高中数学选修课程专题研究[M]. 贵州：贵州人民出版社.